权威·前沿·原创

皮书系列为
"十二五""十三五""十四五"时期国家重点出版物出版专项规划项目

GREEN BOOK

智库成果出版与传播平台

中国社会科学院创新工程学术出版资助项目

旅游绿皮书
GREEN BOOK OF CHINA'S TOURISM

2024~2025年中国旅游发展分析与预测

TOURISM DEVELOPMENT IN CHINA: ANALYSIS AND FORECAST (2024-2025)

组织编写 / 中国社会科学院旅游研究中心

顾　　问 / 何德旭　陈国平　张广瑞　刘德谦
主　　编 / 宋　瑞
副 主 编 / 金　准　李为人　吴金梅

社会科学文献出版社
SOCIAL SCIENCES ACADEMIC PRESS (CHINA)

图书在版编目(CIP)数据

2024-2025年中国旅游发展分析与预测 / 宋瑞主编；金准，李为人，吴金梅副主编 . -- 北京：社会科学文献出版社，2025.2. --（旅游绿皮书）. -- ISBN 978-7-5228-5098-6

I. F592.3

中国国家版本馆CIP数据核字第20254KM606号

旅游绿皮书
2024~2025年中国旅游发展分析与预测

| 顾　　问 / 何德旭　陈国平　张广瑞　刘德谦
| 主　　编 / 宋　瑞
| 副 主 编 / 金　准　李为人　吴金梅

出 版 人 / 冀祥德
责任编辑 / 宋　静
责任印制 / 王京美

出　　版 / 社会科学文献出版社·皮书分社（010）59367127
　　　　　 地址：北京市北三环中路甲29号院华龙大厦　邮编：100029
　　　　　 网址：www.ssap.com.cn
发　　行 / 社会科学文献出版社（010）59367028
印　　装 / 三河市东方印刷有限公司

规　　格 / 开　本：787mm×1092mm　1/16
　　　　　 印　张：21.5　字　数：321千字
版　　次 / 2025年2月第1版　2025年2月第1次印刷
书　　号 / ISBN 978-7-5228-5098-6
定　　价 / 158.00元

读者服务电话：4008918866

▲ 版权所有 翻印必究

中国社会科学院旅游研究中心
"旅游绿皮书"编委会

顾　问　何德旭　陈国平　张广瑞　刘德谦

主　编　宋　瑞

副主编　金　准　李为人　吴金梅

编　委　（以姓氏音序排列）
　　　　冯　珺　金　准　李明德　李为人　厉新建
　　　　刘德谦　刘彦平　秦　宇　宋　瑞　宋子千
　　　　孙鹏义　魏　翔　魏小安　吴金梅　夏杰长
　　　　曾博伟　张广瑞　赵　鑫

编撰人员名单

总 报 告

    撰稿人 中国社会科学院旅游研究中心

    执笔人 宋 瑞 冯 珺

专题报告撰稿人 （以专题报告出现先后为序）

    王学峰 张 辉 曾博伟 孟衬衬 董 朔
    高舜礼 金 准 付裕裕 陶志华 宋昌耀
    宋 瑞 刘佳昊 张 琳 杨一江 陈庆阳
    沈 涵 付 磊 宋 磊 梁国庆 杨明月
    刘彦平 张相宜 吴金梅 吴文智 刘启欣
    唐 培 王薪宇 黄 璜 刘祥艳 杨劲松
    邵玉翡 万 燕 揭珈诚 李咪咪 唐继宗
    陈伍香 张进福

编 辑 部

    杨晓琰 赵 洁 夏亚龙 孙鹏义 张琴悦
    闻家轩

主要编撰者简介

宋 瑞 中国社会科学院旅游研究中心主任，中国社会科学院财经战略研究院研究员，中国社会科学院大学教授、博士生导师，文化和旅游部"十四五"规划专家委员会委员，国家社科基金重大项目首席专家，文化和旅游部研究基地首席专家，世界旅游城市联合会专家委员会特聘专家，《旅游学刊》《旅游管理》等期刊编委，长期担任"旅游绿皮书""休闲绿皮书"主编，从事旅游产业、可持续发展和休闲研究。主持国家社科基金项目3项、国家社科基金重大项目子课题2项以及中央宣传部、国家发展改革委、中国社会科学院、文化和旅游部、世界旅游城市联合会等机构委托课题30余项，先后在瑞典哥德堡大学、美国宾夕法尼亚州立大学从事访问学者，在《财贸经济》《旅游学刊》及 Journal of Sustainable Tourism 等期刊发表学术文章多篇，出版专著译著近20本。

金 准 中国社会科学院旅游研究中心秘书长，中国社会科学院财经战略研究院副研究员、管理学博士、硕士生导师，世界旅游城市联合会专家委员会特聘专家，主要研究领域为旅游产业政策、国际旅游比较、休闲产业等。在《人民日报（理论版）》《经济管理》《旅游学刊》等发表学术文章多篇，主持国家社科基金项目及中国社会科学院、文化和旅游部、世界旅游城市联合会等委托课题几十项，《财贸经济》《经济管理》等刊物的匿名审稿人，出版《世界旅游产业新格局与中国旅游强国之路》《"一带一路"与黄河旅游》等专著多部。

李为人 中国社会科学院旅游研究中心副秘书长，中国社会科学院大学应用经济学院副院长、税收政策与治理研究中心主任，管理学博士、副教授、研究生导师。中国税收教育研究会理事、中国国际税收研究会理事、北京大数据协会财税大数据专业委员会副会长兼秘书长、中央财经大学税收筹划与法律研究中心特约研究员。主要研究领域为税收理论与政策、区域税收政策、数字经济税收及治理、税收风险管控等。编著《中国旅游发展分析与预测》《中国区域税收发展报告》《中国数字经济税收发展报告》等；在《税务研究》《国际税收》等期刊发表学术论文多篇；主持中国社会科学院国家高端智库课题"数据产权保护与利用研究"以及国家税务总局课题"促进中国文化产业发展的税收政策研究"等。

吴金梅 中国社会科学院旅游研究中心副主任，北京首都旅游集团党委常委、副总经理，兼任中国全聚德集团董事长、中国康辉集团董事长，管理学博士、研究员、正高级经济师，担任中国旅游协会休闲度假分会会长。主要研究领域为企业发展战略、旅游产业政策、文旅产业投融资、都市休闲发展等。出版专著《进军旅游业——中国大企业进入旅游业研究》《全聚德：始于1864》等，多年来参与国家社科基金、中国社会科学院重大项目等多个科研项目，在旅游期刊、报纸等媒体发表论文多篇。自2013年起任"旅游绿皮书"副主编，曾任"休闲绿皮书"副主编、《中国自驾游发展报告》主编。

序

2月的北京，风里已有几分暖意。玉兰花苞鼓鼓的，一簇簇挤在枝丫上探头探脑。蓝天之下，灿然的阳光正孕育着一个新的春天。

与春天一起到来的，是我们编撰的第23本"旅游绿皮书"。

刚刚过去的2024年，是中国旅游业历史上具有标志意义的一年。5月召开的全国旅游发展大会，是党中央首次以旅游发展为主题召开的重要会议，会上传达了习近平总书记对旅游工作作出的重要指示。在提振国内居民消费、促进入境旅游发展等一系列政策带动下，旅游市场呈现诸多亮点，旅游与文化等的多元融合不断推动产业创新，重要节假日旅游市场再现往日繁华景象，"中国游"（China Travel）在国际媒体引起广泛关注。

已经到来的2025年，是中国社会经济发展和旅游强国建设的关键一年。"十四五"规划即将收官，"十五五"规划正在谋划，新一轮全面深化改革逐步落实，新时代旅游强国建设工作加快推进。如何使旅游在全方位扩大国内需求、推动高水平对外开放发挥更大作用，如何加快建设旅游强国，如何让旅游业更好服务美好生活、促进经济发展、构筑精神家园、展示中国形象、增进文明互鉴，如何实现旅游业高质量发展，成为政策制定者和行业实践者必须关注的重要问题。

为了梳理并展望2024~2025年我国旅游领域的重要前沿问题，我们邀请来自不同领域的专家展开全面分析。其中，既有对旅游新质生产力、人工智能（AI）、数字赋能、ESG等前沿问题的探讨，也有对旅游企业跨国经营、城市文旅品牌、地方性文化遗产保护等实践问题的关注；既涉及全国层面"十五五"旅游区域协调发展、旅游促进各民族交往交流交融等议题，也涵盖地方文旅集团、地方传统文化遗产赋能消费场景等话题。

时光荏苒，年复一年。作为中国旅游业的参与者、观察者、记录者和思考者，在过去20余年里，我们编撰的"旅游绿皮书"得以连续出版，离不开包括您在内所有读者的殷切关注，离不开作者们的无私投入，离不开所在单位的大力支持，也离不开出版社的长期努力。

DeepSeek 说，"旅游的本质是在时空转换中完成对日常生活的诗性反叛，是通过肉身位移实现认知重构的觉醒仪式"。步入以人工智能为代表的数智化时代，也许正如DeepSeek所言，旅游将成为人类对抗"存在孤独"的集体仪式和抵抗"文明熵增"的终极解药。

愿您开卷有益。

宋瑞

2025年2月10日

摘　要

《旅游绿皮书：2024~2025年中国旅游发展分析与预测》，是中国社会科学院旅游研究中心组织编撰的第23本旅游发展年度报告。全书通过总报告和专题报告对2024~2025年中国旅游发展进行了透视和展望。

2024年，在全球经济增速下行的背景下，全球旅游业恢复相对稳健。我国经济稳中有进，宏观调控政策不断加力，改革创新成为主旋律，第一次以党的名义召开的旅游发展大会胜利召开，习近平总书记对旅游发展作出重要指示。在提振国内居民消费、促进入境旅游发展等一系列政策带动下，旅游市场呈现诸多亮点，文旅融合和多元融合推动产业创新，入境旅游市场态势持续向好，"中国游"（China Travel）在国际媒体引起关注，旅游行业设备设施更新有序推进。2025年，旅游业高质量发展的关键在于用好法定假日延长带来的市场机遇，持续发挥大型事件活动的牵引作用，巩固和利用免签政策促进入境游发展。对于建设旅游强国的长期目标而言，应着力处理好数量与质量、产业与事业、国际与国内、守正与创新的关系，走好独具特色的中国旅游发展之路。

除总报告外，全书设置了3个专题篇，邀请来自不同领域的专家从不同角度进行全面分析。一是"战略前瞻篇"，重点分析"十四五"时期我国旅游业发展态势以及"十五五"期间的发展战略、区域协调、新质生产力等问题。二是"行业前沿篇"，重点研究我国旅游企业跨国经营、旅游企业ESG发展、数字化赋能旅游全场景消费、人工智能技术应用等问题。三是"区域发展篇"，重点关注各地在促进旅游发展中的创新做法与典型经验，涉及旅游促进民族"三交"、城市文旅品牌演化、传统文化与消费新场景、地域性文化遗产系统性保护与监管创新以及地方文旅集团发展等。作为"旅游绿皮书"的传统优势板块，国内旅游、入境旅游、出境旅游、港澳台旅游等报告则为读者了解相关市场发展提供了翔实数据和系统分析。

关键词： 旅游业　旅游强国　"中国游"

目 录

Ⅰ 总报告

G.1 2024~2025年中国旅游发展分析与展望
　　……………………………………… 中国社会科学院旅游研究中心 / 001

Ⅱ 战略前瞻篇

G.2 "十五五"时期我国旅游业区域协调发展的战略重点与路径选择
　　……………………………………………………… 王学峰　张　辉 / 019

G.3 旅游领域发展新质生产力的基本认识和主要任务
　　……………………………………………… 曾博伟　孟衬衬　董　朔 / 030

G.4 "十四五"时期旅游产业恢复及其思考………………… 高舜礼 / 039

Ⅲ 行业前沿篇

G.5 我国旅游企业跨国经营的新趋势 ………… 金　准　付裕裕 / 049

G.6 我国旅游企业ESG发展新趋势 …… 陶志华　宋昌耀　宋　瑞 / 064

G.7 数字化赋能旅游全场景消费……………………… 刘佳昊 张　琳 / 081
G.8 人工智能技术在入境旅游中的应用趋势与展望
　　………………………………… 杨一江 陈庆阳 沈　涵 / 098
G.9 旅游汽车租赁业现状与趋势………… 付　磊 宋　磊 梁国庆 / 112

Ⅳ　区域发展篇

G.10 旅游促进各民族交往交流交融的实践发展 ………… 杨明月 / 133
G.11 城市文旅品牌的演化与升维 ……………… 刘彦平 张相宜 / 145
G.12 用非遗彩灯点亮消费新场景
　　——京彩灯会的启示 ……………………………… 吴金梅 / 162
G.13 地域性文化遗产系统性保护与统一监管的创新路径
　　——以古徽州地区为例 ………… 吴文智 刘启欣 唐　培 / 173
G.14 地方文旅集团的阶段历程、现状分析与发展趋势 …… 王薪宇 / 195

Ⅴ　三大市场篇

G.15 2023~2025年中国国内旅游发展分析与展望 ……… 黄　璜 / 209
G.16 2024~2025年中国入境旅游发展分析与展望 ……… 刘祥艳 / 226
G.17 2024~2025年中国出境旅游发展分析与展望
　　………………………………………………… 杨劲松 邵玉翡 / 238

Ⅵ　港澳台旅游篇

G.18 2024~2025年香港旅游业发展分析与展望
　　………………………………… 万　燕 揭珈诚 李咪咪 / 250

G.19　2024~2025年澳门旅游业发展分析与展望 ………… 唐继宗 / 272

G.20　2023~2025年台湾旅游业发展分析与展望
　　　　…………………………………… 陈伍香　张进福 / 285

Abstract ……………………………………………………… / 304
Contents ……………………………………………………… / 306

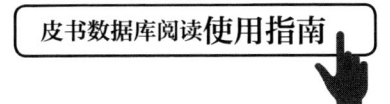

皮书数据库阅读**使用指南**

总报告

G.1
2024~2025年中国旅游发展分析与展望

中国社会科学院旅游研究中心*

摘　要： 2024年全球经济延续低水平增长态势，而全球旅游市场有望迎来客流和收入的全面复苏。尽管面临复杂严峻形势，但我国经济增长基本面依然保持强大韧性，在相关改革举措和宏观政策的带动下，市场预期和消费需求得以提振。2024年，全国旅游发展大会胜利召开，旅游领域相关政策精准发力，城市和乡村旅游市场呈现诸多亮点，文旅融合和多元融合推动产业创新，入境旅游市场发展态势持续向好，"中国游"在国际媒体上引起关注，旅游业设备设施更新有序推进。2025年，旅游业高质量发展的关键在于用好法定假日延长带来的市场机遇，持续发挥大型事件活动的牵引作用，巩固和利用免签政策促进入境游发展。对于建设旅游强国的长期目标而言，应着力处理好数量与质量、产业与事业、国际与国内、守正与创新的关系，

---

* 执笔人：宋瑞、冯珺。宋瑞，中国社会科学院旅游研究中心主任、中国社会科学院财经战略研究院研究员、博士生导师，研究方向为旅游政策、旅游可持续发展、休闲基础理论与公共政策；冯珺，北京冬奥文化与冰雪运动发展研究基地研究员，中国社会科学院旅游研究中心特约研究员，研究方向为服务经济学、旅游管理、体育与旅游融合发展。

走好独具特色的中国旅游发展之路。

关键词： 旅游强国建设　旅游业高质量发展　现代旅游业体系

一　2024~2025年国内外发展环境分析

（一）国际环境

1. 全球经济：延续低水平增长态势

2024年，以石油为代表的大宗商品生产和运输受阻、地缘政治和军事冲突以及极端天气事件等不利因素叠加，导致新兴市场和发展中经济体的经济增长前景黯淡，而以欧洲为代表的发达经济体仍未找到摆脱增长迟缓的有效路径。整体而言，全球经济以较低的增长速度保持稳定态势。国际货币基金组织（IMF）在2025年1月发布的《世界经济展望报告》中指出，2025年全球经济增速预计达到3.3%，较2024年10月的预测值高0.1个百分点，但仍低于2000~2019年3.7%的历史平均水平。其中，将发达经济体的增速预期从原来的1.8%微调至1.9%，而对新兴市场和发展中经济体2025年经济增速的预期则维持在4.2%。

世界银行于2024年中发布的《全球经济展望》指出，地缘政治局势紧张、国际贸易碎片化、利率水平长期高企和气候灾难的共同作用使全球经济增长明显承压。2024~2025年，将近60%的经济体增长速度预计将低于其在21世纪10年代的平均水平，这些经济体的人口总和占全球人口的80%以上。在具体增长速度预测方面，世界银行认为，2024~2025年，全球经济体的平均增速将维持2.6%~2.7%的较低水平。而平均通胀率预计为3.5%左右，从而使居民的实际购买力受到一定抑制，且企业面临的成本压力也难以在短期内完全消除。

世界经济论坛发布的最新一期《首席经济学家展望》调查报告指出，

虽然54%的受访经济学家预计全球经济状况在2025年将保持不变，但预计经济状况走弱的比例为37%，这一数字是预计经济状况走强人数的4倍以上。受访的首席经济学家对欧洲的经济前景最为悲观，超过70%的受访者预测欧洲经济增长会"疲软"或"非常疲软"。前景不容乐观的经济体还包括拉丁美洲和加勒比海地区以及撒哈拉以南的非洲地区，认为经济"疲软"或"非常疲软"的受访经济学家占比在35%~40%。

2. 全球旅游：客流和收入迎来全面复苏

全球旅游在2024年全面复苏，且旅游消费的恢复速度快于游客规模。联合国世界旅游组织发布的《世界旅游晴雨表》数据显示，2024年1~9月全球国际旅游人数已恢复至2019年的98%，达11亿人次。其中，中东仍然是增长最强劲的地区，国际入境游客比2019年增长了29%。非洲入境游客比2019年增长了6%，欧洲入境游客比2019年高出1%，美洲地区和亚太地区入境游客分别恢复到2019年的97%和85%。除全球大型客源市场表现强劲外，航空连通性和签证便利化的改善也在相当程度上推动国际旅游市场复苏。从旅游核心行业的特点来看，在线旅行社（OTA）全球布局不断加速，个性化体验和品质化创新推动旅行社转型，龙头酒店集团加速扩张，景区产品和服务更加复合化，主题公园数智化特征进一步加强，节能减排成为航空业主要发展任务，数字化技术不断丰富博物馆展示方式，旅游演艺市场成为消费热点。城市在旅游发展中的地位愈加重要，城市旅游形象更加突出，科技创新应用得到普遍重视，游客新需求得到进一步满足，社区即景区和可持续旅游成为行业发展的新趋势。

（二）国内环境

1. 国内经济保持强大韧性

2024年，尽管面临外部压力加大、内部困难增多的复杂严峻形势，中国经济仍走出了一条"前高、中低、后扬"的增长曲线，经济基本面展现出强大的韧性和增长潜力。2024年中国国内生产总值（GDP）预计超过130万亿元，增速预计保持在5%左右。这一增速在全球主要经济体中位居前列，对全球经济增长的贡献接近30%。包括世界银行、国际货币基金组织在内的多家国际机构上调对2024年中国经济增长的预期，普遍认为中国仍是全球经济增长的最大引擎。

2. 改革举措和宏观政策提振预期

2024年，党的二十届三中全会将经济体制改革作为重点，作出了构建高水平社会主义市场经济体制，激发全社会内生动力和创新活力，以及加快完善现代市场体系、宏观调控体系、开放型经济体系等改革部署。2024年1~11月，人民币贷款增加17.1万亿元，全国固定资产投资增长3.3%，社会消费品零售总额同比增长3.5%。一揽子增量政策持续显现积极作用，市场流通货币增加，经济体感有所改善，市场信心和社会预期更加稳健。2025年将首次实施更加积极的财政政策，并将连续实施14年的稳健货币政策调整为适度宽松的货币政策，预计将进一步提振市场预期，推动经济持续回升向好。

3. 产业创新有效培育新质生产力

2024年，各产业部门立足自身比较优势实现市场创新，因地制宜发展新质生产力，特别是以集成电路、人工智能、量子技术、新能源汽车等为代表的科技创新取得重要进展。2024年1~11月，中国芯片出口额突破万亿元大关，同比增长20.3%，中国企业首次跃升为全球第三大芯片代工厂。《中国综合算力指数（2024年）》显示，中国算力基础设施规模的全球占比已达26%以上，国产人工智能大模型"豆包"的活跃用户规模跃居全球第二位。新能源汽车年产量首次突破1000万辆，新能源乘用车占世界新能源乘用车的市场份额将近70%。产业创新的高科技、高效能、高质量特征正在加速培育新质生产力，引领传统产业智能化改造和数字化转型持续推进。

二 2024年旅游强国建设与高质量发展

（一）明确新时代建设旅游强国目标

2024年5月17日，全国旅游发展大会在北京召开。这次会议是党中央首次以旅游发展为主题召开的重要会议。会上传达了习近平总书记对旅游工作作出的重要指示，"要以新时代中国特色社会主义思想为指导，完整准确全面贯彻新发展理念，坚持守正创新、提质增效、融合发展，统筹政府与市场、供给与需求、保护与开发、国内与国际、发展与安全，着力完善现代旅游业体系，加快建设旅游强国，让旅游业更好服务美好生活、促进经济发展、构筑精神家园、展示中国形象、增进文明互鉴"。这为新时代旅游强国建设提供了明确方向和强大动力。

（二）旅游及相关消费受到高度重视

目前，消费已经成为经济增长第一拉动力。2024年，总需求不足成为经济运行面临的突出矛盾。扩大消费，可以有效弥补需求缺口，稳定经济增长速度，增强经济发展的韧性和稳定性，其中以文化和旅游为代表的服务消费具有弹性大、市场广、层级多的特点，从而受到高度重视。2024年《国务院关于促进服务消费高质量发展的意见》提出6方面20项重点任务，明确要求激发文化娱乐、旅游、体育、教育和培训、居住服务等改善型消费活力。在此背景下，文化和旅游部门围绕传统节日、法定假日和暑期等旅游旺季，组织各地、各支持机构贯穿开展文化和旅游消费促进活动，坚持供需两端发力，提升文旅产品供给质量，优化文旅消费环境，进一步释放旅游消费潜力。

总体来看，2024年，旅游消费在若干关键指标上已接近或超过2019年水平。根据文化和旅游部数据中心数据，2024年前三季度我国国内出游达42.37亿人次，比上年同期增加5.63亿人次，同比增长15.3%。国内游客出游总花费4.35万亿元，比上年增加0.66万亿元，同比增长17.9%（见图1）。

（三）地方政府积极出台政策推动旅游发展

地方政府在旅游发展中不断创新，积极出台相关政策。例如，北京市印发《北京市推动旅游业高质量发展的实施意见》，明确提出把北京建设成为旅游强国建设先行区、国际一流旅游城市和全球旅游目的地。山东省印发

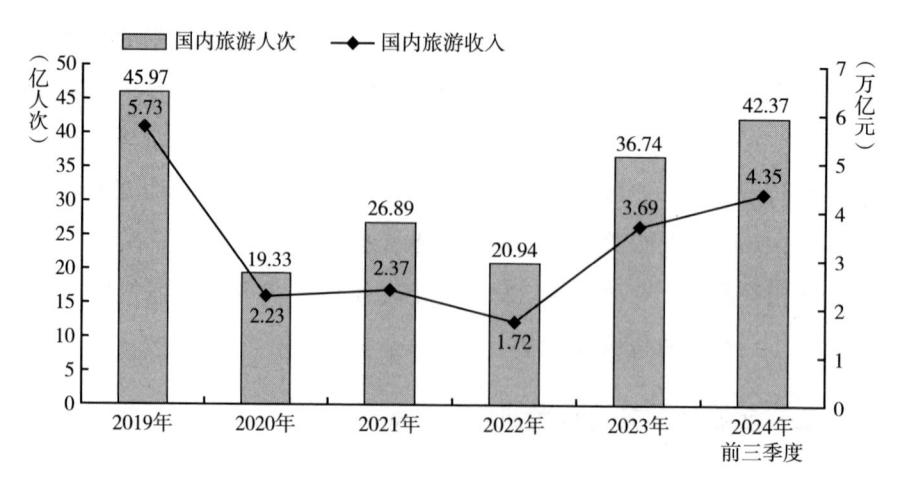

图 1　2019 年至 2024 年前三季度国内旅游人次及旅游收入情况

资料来源：文化和旅游部数据中心。

《完善现代旅游业体系 加快旅游强省建设的行动方案（2024—2027 年）》，从加快构建科学保护利用体系、不断完善旅游产品供给体系等 7 个方面明确主要任务。山西省印发《关于推动文旅产业高质量发展的实施意见》，涵盖深化改革创新增强发展动能、构建旅游核心吸引物体系、促进"文旅+"业态创新发展、推进入境旅游健康有序发展等 9 方面 40 项内容。湖南省出台《打造万亿产业，推进文化创意旅游产业倍增若干措施》，聚焦实施财政金融政策持续支持、强化项目招商增加有效投资、打造文旅精品丰富产品供给、创建消费品牌激发潜在消费、加快科技赋能促进文化创新、实施五大工程强化人才保障等 6 个重要领域和关键环节。

（四）场景化体验化成为城市旅游竞争趋势

2024 年，城市目的地依然是旅游体验和旅游消费的重要市场，通过品牌建设塑造目的地综合竞争力的场景旅游、强调深度体验和特殊探索体验的私家定制旅游、更加重视自我需求与性价比的反向旅游和平替旅游成为城市旅游休闲消费的主要方式。

从目的地品牌建设引致的场景旅游来看，短视频平台发挥了重要的流量引导和互动参与作用。例如，甘肃天水凭借平台爆火的特色麻辣烫视频收获广泛关注，当地通过紧抓服务保障工作强化品牌建设，使天水一跃入选全国"黑马"旅游目的地前10强。据美团、大众点评、去哪儿网等第三方平台统计，2024年3月，甘肃天水地区麻辣烫堂食订单量较前两个月增长超过140%，旅游搜索热度上涨186%，酒店民宿、景点门票、交通等旅游消费提前预订量同比增长18倍。通过短视频和直播宣发，配合公共服务持续优化品牌形象，淄博"复烤"再次成为全国热点话题，2024年1~11月，淄博实现旅游收入661.16亿元，同比增长11.5%。2024年10月，怀化发型师晓华凭借一条理发短视频迅速走红，吸引百万点赞。怀化第一时间推出相关政策，出示交通票据以及晓华理发店打卡照，可享受超过30个旅游景区优惠和民宿、餐饮、娱乐场馆等消费折扣。短短7天内，围绕理发这一生活场景旅游共带动怀化现场消费超过2000万元，拉动全市综合消费达1.2亿元，晓华理发店所在的长泥坡村被网友亲切称为"5A级景区"。

从强调消费体验的个性化旅游产品来看，自驾旅游、一人旅游、开放空间旅游成为城市旅游市场新趋势。得益于可自主规划行程路线、自由选择消费内容、享受更加舒适便利的出游空间等优势，2024年自驾游市场快速增长。《2024中国自驾游报告》显示，我国自驾游出行规模超过46亿人次，占国内出游总人数的比重达78%以上，且租车时长同比增长130%。一人旅游与自驾游类似，同样侧重个性化旅游消费的选择权和自由度。携程在2024年初披露的数据表明，一人旅游的订单占比提升了25%以上。2024年9月起上海博物馆试行散客免预约入馆，10月起北京奥林匹克公园取消围栏和入园安全检查限制，12月起进入西湖景区不需提前申请"西湖通"，开放空间旅游的市场热情迅速攀升。开放空间与传统景区景点相比为游客节省了门票等硬性支出，从而在旅游体验和个性化需求方面释放了更多消费潜力。

从消费市场涌现的反向旅游和平替旅游趋势来看，针对小众城市的独立和个性化消费选择显著增加。多家OTA平台数据显示，2024年"五一"假期，扬州、洛阳等三、四线目的地城市的旅游订单平均增长11%，实现了对一、二线目的地城市的增幅反超。马蜂窝数据显示，"平替旅游"相关站内搜索和浏览量较上年同期增长33.7%，以"90后"和"00后"为代表的年轻消费者是选择"平替旅游"的主力，合计占比将近60%。反向旅游和平替旅游的流行在一定程度上反映了旅游消费观念的转变，即摈弃对于传统热门目的地的盲目跟风，将性价比和有效需求的满足作为消费决策的首要考量，这一变化有望给非传统目的地和新兴旅游城市带来更多市场机遇。

（五）"奔县旅游"推进乡村全面振兴

2024年，"奔县旅游"成为市场热词。从顶层设计布局对旅游助农的牵引作用来看，《中共中央 国务院关于学习运用"千村示范、万村整治"工程经验有力有效推进乡村全面振兴的意见》明确提出实施乡村文旅深度融合工程，推进乡村旅游集聚区（村）建设，培育生态旅游、森林康养、休闲露营等新业态，推进乡村民宿规范发展、提升品质。作为贯彻落实该意见精神的配套举措，文化和旅游部办公厅印发《关于开展2024年"四季村晚"活动的通知》，以"村晚+"丰富活动内涵，推动"村晚"由侧重文艺演出向文化和旅游节庆展示转变，积极发展民族、乡村特色文化产业和旅游产业。与此同时，《"大地欢歌"全国乡村文化建设年工作方案》部署了实施乡村旅游精品工程、美好生活休闲度假工程，从而有效推动乡村旅游公共服务水平的提升和乡村旅游风景道的建设。

从健康产品和服务对旅游惠农的推动作用来看，文化和旅游部等多部门联合印发《关于推进健康乡村建设的指导意见》，要求积极促进健康与旅游融合，开展乡村旅游餐饮提升行动，围绕乡村旅游因地制宜发展乡村健康产业。典型产品形态表现为游客深度参与田地耕种、庄稼收割、畜禽养殖等农事活动，以及结合乡村物产特色的粗粮、杂粮细做美食等。乡村旅游市场对此作出积极反馈。例如，携程的乡村振兴战略落地品牌"携程度假农庄"在2024年累计带动超4万人的行业新增就业，其中80%以上的雇员为本地村民，推动了当地人均年收入增加超4万元。

从提升文化内涵对旅游兴农的促进作用来看，文化和旅游部针对5个国家级文化生态保护实验区开展建设成果验收工作，将全国乡村旅游重点村、全域旅游示范区建设情况以及促进文化和旅游融合发展的创新性纳入对应指标，引导国家级文化生态保护区更好开展文化观光游、文化体验游、文化休闲游活动。市场反馈表明，"非遗+"通过提升文化内涵有效赋能和带动乡村旅游高质量发展。以武陵山区（鄂西南）国家级文化生态保护实验区为例，2024年恩施州全年旅游接待人次突破1亿大关，实现旅游综合收入748亿元，同比分别增长16.4%和19.5%。作为突出红色文化传承的特殊形式，红色旅游与乡村旅游的融合发展取得积极成效。随着《红色旅游融合发展区等级划分》经文化和旅游部批准后正式发布，红色旅游与乡村旅游关联业态的丰富程度成为指引性规范要求，乡村旅游等业态应为游客提供餐饮、住宿、观光、休憩配套服务得到进一步明确。

（六）政府引导旅游供给多样化创新化发展

近年来，有关部门积极引导旅游供给的多样化和创新化发展。高等级旅游景区、度假区、休闲街区、夜间消费聚集区等不断丰富，各类业态创新和管理创新案例等连续发布。2024年，新一批国家级夜间文化和旅游消费集聚区、新一批国家5A级旅游景区、新一批国家级滑雪旅游度假地、新一批国家文化产业示范基地、新一批22家国家级旅游度假区、新一批国家级旅游休闲街区、新一批国家数字乡村试点地区、新一批国家级非物质文化遗产生产性保护示范基地以及第一批全国智慧旅游沉浸式体验新空间培育试点项目等陆续公布，极大地丰富了优质旅游供给。此外，全国文化和旅游市场管理创新十佳案例和优秀案例、文化和旅游赋能乡村振兴十佳案例和优秀案例、全国国内旅游宣传推广十佳案例和优秀案例、全国文化和旅游装备技术提升优秀案例、文化和旅游数字化创新示范案例、文化和旅游领域改革创新典型案例、交通运输与旅游融合发展示范案例、全国红色旅游新技术应用优秀案例、智慧旅游适老化典型案例、文化和旅游数字化创新示范案例等一系列案例发布，对鼓励各地改革创新发挥了引导作用。

（七）文旅深度融合催化业态创新

文旅融合作为近年来旅游市场的持续热点，2024年的显著特征在于通过产品的多要素耦合和产业链的多元化延展成功催化文旅业态创新，不断提升旅游目的地吸引力。

一是通过融合形态创新成功提升目的地的持续获客能力。例如，作为全国首个国潮品牌之都的福建泉州全力打造蟳埔·簪花围项目，实现了传统非遗与文旅经济的彼此赋能，着力突出世遗之美、非遗之美、人文之美特点，以"非遗体验+国潮旅拍"的竞争优势成功出圈。2024年"五一"、国庆假期，"簪花围"日接待量最高达到9万人次，为蟳埔村增加5亿元收入。河北唐山通过深度挖掘属地文化，以历史场景复原、实物展览展示、传统文化演绎等方式，形成了"唐山宴"这一集特色餐饮、民俗传承、文化体验、休闲观光、研学实践于一体的文旅展商综合消费业态，2024年日均接待量近2万人次。

二是文化产品头部IP实现对于线下旅游市场的引流导流。如国内首个3A大型单机游戏《黑神话：悟空》上线后全网爆火，山西因在36个游戏场景中作为27处场景的现实取景地而迎来旅游热潮。山西临汾通过文化古迹旅游线路景区直播、短视频切片、数字资产等多种形式丰富产品供给，通过优化景区服务积极承接文旅流量。2024年国庆假期，《黑神话：悟空》涉及的山西27个文物景点累计接待游客188.54万人次，累计实现门票收入5616.7万元。由中央电视台、爱奇艺等联合出品的民族题材电视剧《我的阿勒泰》热播，为阿勒泰地区带来曝光热度。以此为契机，当地积极开发培育旅游新产品、新线路，以"影视+旅游"为文旅市场高质量发展注入新活力，为游客带来更多"情绪价值"。2024年1~11月，阿勒泰地区累计接待游客3800万人次，同比增长27%；实现旅游收入335亿元，同比增长28.6%。

三是虚拟现实（VR）和人工智能技术形成文旅融合的科技支撑。如浙江新昌"山海经奇 英雄之路"沉浸式奇幻秀以《山海经》大禹治水故事为主线,结合绍兴本地大禹文化打造国内首个传统文化沉浸式夜游主题景区。通过3D mapping投影、穹幕激光矩阵、FM射频和RFID感应等技术将超级文化IP融入真山真水,在光影科技中带给游客震撼的视觉观感和沉浸式体验。作为虚拟现实和扩展现实的大空间沉浸式体验项目,《唐朝诡事录·西行》国潮沉浸互动剧场通过创新的六轴动感平台装置模拟触觉、嗅觉、风感、热感、水雾感等体验状态,使游客在几万平方米空间中身临其境地领略大唐盛世。截至2024年底,《唐朝诡事录·西行》国潮沉浸互动剧场在全国范围内运营的门店数量已达16家,其中多家门店曾登顶大众点评VR文旅销量榜第一。

(八)跨界元素赋能旅游产品开发

在旅游业高质量发展进程中,单一目的地和传统旅游产品吸引力趋弱,而各类跨界元素赋能旅游产品开发,成功开辟不同细分领域的"第二增长曲线"。2024年,国家广播电视总局组织开展"跟着微短剧去旅行"计划,创作播出100部主题优秀微短剧,形成一批可复制可推广的"微短剧+文旅"促进消费的新模式。《等你三千年》《一梦枕星河》《恋恋茶园》等微短剧分别带动邯郸古城、苏州古镇和古堰画乡的旅游发展。此外,国家体育总局、文化和旅游部联合发布"跟着赛事去旅行"2024年暑期全国户外运动赛事目录、2024~2025年全国冰雪赛事目录等。文化和旅游部为丰富冰雪旅游产品,进一步促进和扩大冰雪旅游消费,将12条旅游线路确定为2024~2025年全国冰雪旅游精品线路,并联合国家体育总局公布了第三批共7个国家级滑雪旅游度假地。

作为一种产业融合形态,研学旅游以寓教于乐的形式实现了对于传统教育培训的拓展和补充,并有效带动了家庭和亲子旅游消费。由于研学旅游活动链条较长、涉及主体类型多样,文化和旅游部办公厅印发了《关于促进旅行社研学旅游业务健康发展的通知》,旨在进一步加强对旅行社经营研学旅游业务的规范引导,切实提高旅行社研学旅游产品质量和服务水平。此外,文化和旅游部确定由黑龙江、浙江、安徽、山东、湖北、四川等6省份

作为研学旅游基地品质提升试点省份，引导各级各类研学旅游资源主体为提升青少年综合素养提供更好支撑。

在低空经济被写入政府工作报告并明确列为新增长引擎的背景下，低空旅游已步入起步布局阶段。《无人驾驶航空器飞行管理暂行条例》正式施行，为低空飞行活动提供了明确的法律依据和规范。国家体育总局修订《航空体育运动管理办法》，国家体育总局航管中心出台了《关于促进低空经济发展的若干意见》，为发展通用航空和低空经济提供政策支持。中央空管委将在合肥、杭州、深圳、苏州、成都、重庆等6个城市开展电动垂直起降飞行器（eVTOL）试点。随着低空经济相关政策环境持续优化，空中观光、空中运动、飞行体验等低空旅游产品和服务拥有可观的市场潜力。

（九）银发旅游推动幸福产业升级

随着人口达峰和老龄化进程深化，满足老年人群体的旅游美好生活需要是作为"幸福产业"的旅游业转型升级与高质量发展的题中应有之义。国务院办公厅印发《关于发展银发经济增进老年人福祉的意见》，提出完善老少同乐、家庭友好的酒店、民宿等服务设施，鼓励开发家庭同游产品，拓展推广怀旧游、青春游等主题产品。《国务院关于促进服务消费高质量发展的意见》提出增开银发旅游专列，对车厢进行适老化、舒适化改造，丰富旅游线路和服务供给。人力资源社会保障部印发《关于强化支持举措助力银发经济发展壮大的通知》，提出抓好银发经济相关品牌建设，选树培育一批文化旅游行业品牌。

目前，银发旅游在旅游市场开发与旅游消费促进方面的重要作用日益凸显。从银发旅游的典型市场表现来看，一方面，旅游基础设施的适老化改造成效显著。如中国铁路青藏集团有限公司为老年旅客开设"点对点"绿色进站通道，列车运行中在车厢内组织开展各种文娱活动，配备随车医生和导游全程提供"陪伴式"服务，2024年累计发送"银发族"旅客1.4万余人次。另一方面，针对老年细分市场的旅游产品与服务不断涌现。国际邮轮协会数据显示，60岁及以上的银发族是游轮最大的消费群体。在我国部分头部邮轮产品中，年龄在50岁及以上的中老年群体占比最高可达90%。2024年，在上海开放大学指导下，上海教育电视台牵头，携手上海老年大学与维京游轮、招商维京游轮共同打造了"银发趣学游·圆梦看世界"项目，成为我国首例国际老年游学项目。

（十）入境旅游市场态势持续向好

我国于2023年12月对法国、德国等6国试行单方面免签政策，2024年先后进行了多次扩容。截至2024年12月，文莱、法国、德国、意大利等38国持普通护照人员来华经商、旅游观光、探亲访友、交流访问、过境不超过30天，即可免签入境。与此同时，我国不断扩大过境免签政策范围。目前，符合条件的俄罗斯、巴西、英国、美国、加拿大等54国人员，从我国过境前往第三国（地区）时可从24个省（区、市）60个口岸免签入境。此外，我国已与25个国家实现全面互免签证。

免签等一系列便利化政策的实施，推动外国人来华旅游持续升温，不仅"中国游"（China Travel）成为海外社交媒体热词，而且产生了多重效应。一是入境人次显著增加。国家移民管理局数据显示，2024年前11个月，全国各口岸入境外国人2921.8万人次，同比增长86.2%；其中通过免签入境1744.6万人次，同比增长123.3%。携程数据显示，2024年前11个月，上海口岸入境外国人数量为上年同期的2倍；其中，免签入境外国人数量为上年同期的4.8倍。11月中国对韩日等试行免签政策后，"周五下班来中国过周末"在韩日两国青年群体中成为潮流。文化和旅游部数据中心预测显示，2024年全年入境旅游人次有望恢复到2019年的90%以上，入出境旅游人数和国际旅游收入将分别超过2.64亿人次和1070亿美元。二是到访地区更加多元。随着免签政策适用范围的扩大，除北京、上海、广州、深圳等超大城市外，成都、重庆、杭州、西安等也成为外国游客入境游首站选择，张家界、重庆、成都、丽江、香格里拉、大同、黄山等地也受到更多关注。三是散客比例明显提升。实施免签政策，极大地提高了个人出行的便利性，越来越多的外国游客选择以自由行方式来华旅游。北京市文化和旅游局数据显

示，2024年上半年，境外来京游客散客比重上升到30%左右。业内人士估算，2024年我国入境旅游人次散客占比或将超过九成。四是游客体验更加深度。随着免签政策"扩面加时"，更多外国游客将目光从东部一线城市转向广袤的中西部。他们既感受到中华传统文化，又体验到中国现代化风貌，并发出"好 City 啊！"（意为时尚、现代化）的赞叹。入境游客不再满足于走马观花式的旅游，而倾向于深度体验游和文化主题游，对中国的认识更加全面、真实、立体。

（十一）旅游业设备设施有序更新

在加快建设旅游强国的背景下，淘汰和更换超期服役、年久失修、能耗过高的行业设备设施，能够切实保障旅游业安全生产，更好地实现旅游社会效益、经济效益、环境效益相统一。国务院印发《推动大规模设备更新和消费品以旧换新行动方案》，确立了到2027年包括文旅在内的7个领域设备投资规模较2023年增长25%以上的目标，并提出推进索道缆车、游乐设备、演艺设备等文旅设备更新提升的具体要求。作为旅游业大规模设备更新和消费品以旧换新的配套政策，国家发展改革委等部门印发《推动文化和旅游领域设备更新实施方案》，部署了观光游览设施、游乐设施、演艺设备更新提升行动，智慧文旅改造提升行动，以及历史文化名城和街区保护行动等重点任务。文化和旅游部办公厅等部门印发《关于将酒店电视终端纳入地方消费品以旧换新工作范围的通知》，将酒店老旧电视终端设备更新换代与家电以旧换新工作联动，切实改善人民群众差旅出行收视体验。

各地在统一部署的基础上有序推动文化和旅游领域设备更新工作。《湖北省推动文化和旅游领域设备更新工作实施方案》坚持"市场为主、政府引导，鼓励先进、淘汰落后，总体谋划、有序推进"原则，《安徽省推动文化和旅游领域设备更新行动方案》建立"储备一批、更新一批、建设一批、投入一批"的滚动接续机制，《江苏省文化和旅游相关领域设备更新行动方案》主要涉及游客运载设备、旅游观光设备、游乐设施、演艺设备、智能管理服务设备、沉浸式体验设备等更新升级对象。《广东省文化旅游领域设备设施更新提升工作方案》已经取得明显进展，2024年推动旅游景区、旅游度假区完成大中型游乐设施、非公路用旅游观光车辆、旅游观光船、客运索道等设备更新200项，到2027年预计推动旅游景区、旅游度假区完成设备更新700项。

三 走好独具特色的中国旅游发展之路

（一）2025年旅游业发展：实现国内与国际市场高质量双轮驱动

1. 用好法定假日延长带来的黄金窗口

根据国务院发布关于修改《全国年节及纪念日放假办法》的决定，2025年春节假期从3天延长至4天，"五一"假期从1天增加到2天，全年国家法定假日总天数达到13天。公共假期延长预计将为游客提供更大的旅游决策灵活性，激发游客探索精品旅游目的地的热情，从而显著促进旅游人次和消费增长。为进一步用好法定假日延长带来的旅游市场黄金窗口，应从顶层设计层面提前规划消费优惠和补贴政策，加强区域间旅游线路开发与合作，强化交通基础设施和公共服务设施保障，实现以旅游休闲时间供给撬动旅游市场发展的"杠杆效应"最大化。

2. 持续发挥大型事件活动的牵引作用

2025年，应持续发挥体育、文艺等领域大型事件活动对旅游市场，特别是消费场景的牵引带动作用，激发更多"旅游+"业态创新。抢抓哈尔滨举办第九届亚洲冬季运动会关键窗口，通过丰富冰雪产品供给、深化品牌形象塑造、加强区域市场联动、拓展媒介营销渠道等多种方式延续"尔滨"文旅热度，推动哈尔滨乃至东北地区冰雪旅游高质量发展。以第十五届全国运动会由广东、香港、澳门三地共同举办为契机，优化赛事文旅套餐设计和主题旅游产品策划，实现旅游基础设施与服务协同提升，切实推动粤港澳大湾区城市旅游市场提质升级，激发更多文旅新亮点和消费新动能。此外，应进一步挖掘演唱会、艺术展演等文旅融合业态潜力，提升特色旅游目的地知名度和市场形象，实现由短期流量热度到长效消费前景的市场转化。

3.巩固和利用免签政策的入境游机遇

过境免签政策全面放宽优化带来了入境旅游市场环境的显著改善，创造了"外国游客来华跨年"等入境游市场新机遇。为充分巩固和利用免签政策优势，进一步做好入境旅游市场开发工作，一是要提升多语种服务能力，扩大具备涉外接待能力的导游队伍，注重小语种导游培养，在景区、酒店、机场等游客集散地增加多语种导览标识和服务信息，设立多语种旅游咨询热线和在线服务平台；二是要切实改善国际游客支付便利性，进一步落实《关于进一步优化重点文旅场所支付服务提升支付便利性的通知》精神，确保重点文旅场所实现境内外银行卡受理全覆盖，完善面向国际游客的移动支付服务，在机场、港口等口岸地区以及外籍游客密集场所进一步优化外币兑换服务；三是要加强交通枢纽建设和景区交通接驳，推动机场、港口、火车站等交通枢纽改扩建工作，改善初次来华游客的交通接驳服务体验。

（二）迈向旅游强国之路：深刻把握旅游强国建设的战略重心

1.实现规模扩大与品质提升的高质量均衡

"十五五"期间，应着力提升旅游产品和服务质量，通过多元融合提升目的地吸引力，不断完善上下游产业和关联产业布局，实现旅游人次可持续增长，旅游收入相对于国民收入实现更快增长。应重点开发更多形式、更高品质的国内旅游和入境旅游资源，创造更有利于旅游消费市场的政策环境，积极培育现代旅游文化和生活风尚。促使居民出游频率和旅游消费水平不断提高、旅游价值和体验跨越式提升，并通过实现旅游业繁荣带动相关产业发展、创造更多就业机会，促使旅游对社会稳定和民生福祉作出更大贡献。

2.实现产业发育与事业发展的高质量协同

"十五五"期间，应进一步确保市场在旅游业资源配置中发挥决定性作用，供给多样化、高质量的旅游产品和服务，满足旅游者多元化需求。通过出台针对性更强的产业政策，引导旅游市场高效开发与合理布局，同时落实公共部门旅游推广主体责任，通过惠民政策组合有效提振旅游消费。应牢固树立并积极践行旅游作为经济性产业和公益性事业发展的优化协同高效原则。进一步强化旅游基础设施建设，扩大旅游基本公共服务覆盖范围、提高服务水平；建设完善的旅游信息服务平台，确保行业信息传播的安全性、准确性和时效性；更加重视和强调旅游市场监管，保障旅游活动安全有序，促进旅游资源可持续开发利用。

3. 实现国内旅游与出入境游的高质量同步

"十五五"期间，应加大优质旅游资源的国际推广力度，通过"一带一路"倡议、亚太经合组织、上海合作组织等平台积极参与国际旅游宣传推介，推动中华优秀传统文化和旅游资源"走出去"，在国内国际两个市场充分发挥旅游的独特作用和综合价值。应进一步统筹国内旅游和出入境游市场，使旅游资源得到全面开发和有效利用，实现差异化产品开发和精准营销推广的相互补充、品牌形象和产业发展的相互促进、市场规模与稳定性的相互支撑。

4. 实现改革创新与守正笃实的高质量耦合

"十五五"期间，应确立扩大旅游业总产出、提高旅游资源配置效率的旅游领域改革目标导向。针对数字技术应用和旅游业态多元融合带来的产权界定、获益和处分难点，完善统一的产权保护制度、市场准入制度和公平竞争制度，加快建设旅游全国统一大市场。以旅游公共服务供给最大化、最优化为原则，切实强化旅游行政部门提供公共旅游服务、弥补市场缺陷、保障公众合法旅游权益、协调和处置各类市场纠纷等重点职能。同时改革完善旅游要素市场，形成更有利于旅游市场资源配置的制度设计与政策保障，全面实现旅游产业政策整体衔接与协同优化，为市场和社会主体支撑旅游高质量发展释放资源和空间。

参考文献

王昌林主编《2024年中国经济形势分析与预测》，社会科学文献出版社，2023。

宋瑞主编《中国旅游发展分析与预测》，社会科学文献出版社，2016~2023。

宋瑞等：《中国式现代化背景下文化和旅游融合发展的五重逻辑与重要议题》，《旅游学刊》2024年第1期。

宋瑞、冯珺：《中国旅游业复苏研究：理论框架、趋势特征与对策建议》，《旅游论坛》2024年第3期。

宋瑞：《论独具特色的中国旅游发展道路》，《价格理论与实践》2024年第7期。

IMF, *World Economic Outlook*（*October 2024*），2024-10-22, https：//www.imf.org/external/datamapper/datasets/WEO.

OECD, *Economic Outlook*, 2024-12-04, https：//www.oecd.org/economic-outlook/.

UNWTO, *World Tourism Barometer*, 2024-11-01, https：//www.e-unwto.org/toc/wtobarometereng/22/4.

战略前瞻篇

G.2 "十五五"时期我国旅游业区域协调发展的战略重点与路径选择

王学峰 张 辉*

摘 要： "十五五"时期是我国旅游业高质量发展的关键阶段。本文剖析了当前旅游业发展面临的新形势，聚焦旅游业区域协调发展存在的突出问题，在肯定旅游对区域协调发展促进作用的基础上，提出"十五五"时期旅游业区域协调发展的战略重点为构建旅游强国高质量发展的空间格局、推动东中西部及东北地区协调发展、融入国家区域重大战略发挥带动作用、促进城乡规划融合与休闲空间创新，为此，要聚焦县域旅游发展，筑牢强国基础；强化廊道建设，促进区域联动；因地制宜推进，塑造区域格局；把握流量风口，创新文旅发展；完善产业体系，激发市场活力。"十五五"时期，我国致力于构建文旅深度融合、内外市场繁荣、多业协同联动、区域协调发展的大旅游格局。

---

* 王学峰，北京交通大学经济管理学院副教授，研究方向为区域旅游规划与开发；张辉，北京交通大学经济管理学院教授，研究方向为旅游经济与产业政策。

关键词： 旅游业 "十五五"时期 区域协调发展

党的十九大报告明确，到 2035 年要显著缩小城乡区域发展差距和居民生活水平差距，到 2050 年实现全体人民共同富裕。党的二十大报告着重指出，要着力提升产业链供应链韧性与安全水平，大力推进城乡融合及区域协调发展。鉴于我国经济社会空间结构差异显著，走区域协作、共同发展之路是实现中国式现代化与共同富裕的必然选择。"十五五"时期作为我国旅游业区域协调发展的关键节点，其战略重点与路径选择对推动中国式旅游现代化意义深远。

一 "十五五"时期中国旅游业面临的新形势

（一）加快建设旅游强国的战略指引

2024 年 5 月 17 日，全国旅游发展大会于北京隆重召开，这是党中央首次以旅游发展为主题召开的重要会议。习近平总书记在会上充分肯定了改革开放尤其是党的十八大以来旅游工作取得的突出成绩，并对加快建设旅游强国、推动旅游业高质量发展作出全面部署，提出了明确要求，着重强调"着力完善现代旅游业体系，加快建设旅游强国"。习近平总书记的重要论述和指示批示，为我国"十五五"时期的旅游工作指明了前行方向，是建设旅游强国、推动旅游业高质量发展的行动纲领。

（二）中国式现代化催生旅游业大发展契机

人口规模巨大的中国式现代化为旅游业孕育了广阔的市场空间。全体人民共同富裕的现代化定位，使旅游业成为幸福产业；物质文明与精神文明协调发展的现代化进程，有力地推动了文化和旅游的深度融合；人与自然和谐共生的现代化理念，促进旅游业可持续发展；走和平发展道路的现代化战略,推动旅游业对外开放与合作。伴随人民生活水平提升和消费观念转变,旅游消费需求持续上扬,为"十五五"时期旅游业高质量发展奠定了坚实基础。

(三)新质生产力驱动行业创新与价值跃升

在新质生产力的强劲推动下,旅游业迎来前所未有的黄金发展机遇期。新质生产力不仅推动旅游传统业态升级换代,更引领未来旅游生态的重塑。数字文旅建设无疑是"十五五"时期的重点关注领域。5G、大数据、人工智能、虚拟技术、云计算、VR、AR等新一代信息技术与先进制造技术在文旅产业深度融合应用,催生众多新颖的旅游产品和消费场景。借助高科技赋能、新业态培育与新模式创新,旅游业通过创新驱动和可持续发展路径,逐步构建起多元高效、协同发展的生态体系。

(四)产业融合拓展旅游业边界

展望"十五五",深入推进旅游业融合仍是核心任务。"旅游+"与"+旅游"的双向融合模式持续拓展旅游业边界。一方面,与文化、体育、农业等领域深度融合,塑造特色鲜明的旅游消费目的地;另一方面,利用互联网、科技、数字等现代元素为传统旅游业态赋能,推动旅游产品创新升级与市场多元化拓展。伴随消费场景迭代更新,整合在地资源并实现旅游化利用,方能催生新玩法、新业态与新模式,为旅游业可持续发展注入强大活力,促使旅游与城市更新、乡村振兴、工业复兴协同共进,达成真正意义上的产业融合。

二 "十五五"时期中国旅游业区域协调发展的突出问题

"十五五"时期至2035年,我国社会经济发展机遇与挑战并存,且挑战更为严峻。东部地区已迈入后工业化阶段,充分挖掘东部旅游发达地区发展潜能、培育新动能,持续推进城市旅游业国际化进程,使其在城市产业转型和现代服务业培育中发挥关键作用，并强化对中、西部旅游欠发达地区的辐射带动效应，成为构建区域旅游协调发展格局的关键所在。

对于处于工业化初期或中期的中西部地区而言，依托丰富的自然环境和人文旅游资源，借助不断改善的外部发展条件，加快提升发展速度与质量，开辟新赛道，培育新增长极，是区域旅游协调发展的核心议题。此外，全面融入国家区域经济战略是中国旅游业区域协调发展的基本导向。充分发挥旅游业的综合带动、联动辐射与先导先行作用，紧密围绕国家区域战略需求，全方位推动旅游业在国家区域战略中发挥更大效能、担当更重要角色，特别是助力京津冀协同发展、粤港澳大湾区建设、长三角一体化、长江经济带发展、海南自由贸易港建设等国家战略实施，进而推动区域旅游业全面对接、融合与一体化发展，为旅游业发展注入持久动力。

三 旅游发展对区域协调发展战略的赋能作用

旅游业具有资源禀赋区域差异显著、消费辐射区域外溢明显、就业区域广泛、品牌塑造区域特色突出以及市场联动区域关联性强等特点，在优化国土空间开发格局、促进区域经济协调发展、增进民生福祉、塑造区域品牌形象以及统筹国内国际双循环等方面发挥着至关重要的作用。

（一）旅游助力优化国土空间开发格局

旅游资源的区域差异性决定了旅游业可通过因地制宜规划旅游功能区、合理布局旅游设施，在盘活闲置低效土地资源的同时提升土地配置效率，助力构建主体功能清晰、优势互补、高质量发展的国土空间开发保护新格局。以国家旅游休闲城市、旅游新区、旅游特色小镇等规划建设为抓手，有序引导人口和产业向生态优良地区集聚，促进城乡区域协调发展。

（二）旅游成为联通区域经济循环的纽带

跨区域流动的旅游消费，尤其是东部向中西部的梯度扩散，能加速区域资金、技术、人才、信息等要素流动，推动区域分工协作与产业有序转移，为区域经济社会高质量协调发展注入强大动力。同时，旅游合作也是深化区域互利共赢的关键平台。通过共建精品旅游线路、打造区域旅游品牌、培育区域旅游市场主体，充分激发区域间互利共赢的协同效应，推动区域协同发展落地生根。

（三）旅游充当增进民生福祉的催化剂

旅游因就业的区域广泛性为从业人员在旅游行业就业创业提供了广阔平台。旅游从业人员广泛分布于餐饮、交通、商贸等领域，这些领域就业容量大、门槛低、机会多，在城乡、区域、行业间形成立体式旅游就业网络。借助乡村旅游、康养旅游、研学旅游等业态发展，旅游就业惠及更多欠发达地区群众，对提高居民收入水平、缩小区域发展差距、增进民生福祉意义重大。

（四）旅游铸就塑造区域品牌形象的名片

旅游以独特自然人文资源为核心吸引力，特色鲜明的区域旅游品牌是展示区域形象、提升区域竞争力的有力名片。深入挖掘区域特色旅游资源，打造具有代表性的旅游精品和IP，能大幅提升区域品牌形象与美誉度，为区域协调发展注入独特文化内涵。同时，旅游业也是彰显区域软实力的重要窗口。通过讲述本地旅游故事、传播优秀旅游文化、树立文明旅游形象，全方位提升区域文化影响力。

（五）旅游担当统筹国内国际双循环的稳定器

旅游与商贸投资相互促进、与文化交流相得益彰。在新发展阶段，入境旅游是构建社会主义现代化强国国际环境的稳定器，出境旅游是中国企业"走出去"的先导，中外人文交流、文明互鉴在很大程度上也依托旅游实现。把握好国内旅游与入境旅游、出境旅游的平衡，充分发挥旅游在构建国内大循环和参与国际循环中的独特作用，是双循环新发展格局的内在要求。

四 "十五五"时期中国旅游业区域协调发展的战略重点

"十五五"时期,中国旅游业发展应秉持点状辐射、带状串联、网状协同理念,贯彻区域协调发展战略、区域重大战略、主体功能区战略,整合跨区域资源要素,以人为本,以旅游城市和城市群为主体形态,以旅游强县为重要支撑,打造国家文化公园、国家级旅游廊道、旅游交通线和旅游带,培育一批世界级旅游景区和度假区、国家级旅游休闲城市和街区、国家文化产业和旅游产业融合发展示范区、绿色旅游发展先行区,构建区域协调、城乡融合、优势互补、全域联动的文化和旅游发展空间布局。

(一)构建旅游强国高质量发展的空间格局

依据国土空间规划,全面落实国土空间开发保护要求与主体功能区战略,立足区域资源环境承载能力和国土空间开发适宜性双评价,注重旅游空间存量挖掘与利用效率提升,打造主体功能突出、优势互补、高质量发展的文化和旅游空间布局。推进美丽中国建设,将绿色旅游融入国家公园、国家文化公园及各类生态文明示范区建设体系,建立生态产品旅游价值实现的区域协调机制,加快形成旅游绿色生产生活方式。依托国家综合立体交通网,增强旅游中心城市和城市群等优势区域的集散与承载能力,培育跨区域特色旅游功能区、旅游风景道、精品文化带、遗产廊道,创建一批世界级、国家级景区、度假区和入境旅游精品线路。积极建设旅游强省、强市、强县,为旅游强国筑牢高质量发展的空间支撑体系。

(二)推动东中西部及东北地区协调发展

东中西部及东北地区跨区域旅游协作是促进区域协调发展的重要途径。积极引导各区域探索互为客源地和目的地的合作模式,促进旅游人员流动与互动,实现旅游业互利共赢。东部地区应加快培育以国家文化公园、主题公园、度假区、民宿集约发展区为依托,以科技、艺术、人文、资本、创新为支撑的现代旅游业，率先建成一批文化底蕴深厚、服务品质卓越、市场竞争力强的世界级旅游景区和度假区，并加大对中西部和东北地区的支持力度，推动区域旅游协调发展。中部地区立足丰富的自然生态和人文历史资源，发挥各省份比较优势，推动差异化、协同化发展，构建良性互动、优势互补的区域旅游格局。西部地区发挥自然生态、民族民俗、边境风光等优势，强化旅游基础设施和公共服务体系建设，突出特色旅游发展，将旅游业打造成区域支柱产业。东北地区凭借生态优势，围绕冰雪资源，丰富冰雪运动休闲、温泉康养等产品业态，打造集观光游览、休闲度假、运动健身等功能于一体的世界级冰雪旅游胜地，以丹东、延边等边境地区为突破口，整合边境旅游资源，打造东北边境旅游带。

（三）融入国家区域重大战略，发挥带动作用

积极拓展与共建"一带一路"国家的文化旅游合作，持续优化入境旅游便利化措施，加快构建更高水平开放型旅游经济空间网络体系。加大改革力度推进海南自由贸易港建设，畅通海南环岛旅游交通，扩大免签政策适用范围，助力国际旅游消费中心建设。持续推进京津冀、粤港澳、长三角等重点区域建设世界级旅游目的地和城市群，鼓励长江经济带和黄河流域探索旅游促进生态保护与绿色发展新模式，推动流域经济与区域经济联动协同，强化对东中西部地区协调发展的拉动支撑作用。

（四）促进城乡规划融合与休闲空间创新

习近平总书记指出，工农关系、城乡关系处理得当与否在一定程度上决定现代化成败。应将城乡视为整体，强化规划引领，统筹推进城乡规划建设，打通城乡规划、建设、治理融合发展的堵点，多维度提升城乡融合水平。持续优化城市文化和旅游休闲功能，通过文旅深度融合推动休闲空间创新发展与高质量提升。秉持以人民为中心原则，在城市更新与和美乡村建设中充分考量文化和旅游休闲空间需求，增强空间吸引力与影响力，注重地方文化保护与弘扬，营造主客共享的文化和旅游休闲环境，培育多元休闲业

态,为民众提供现代化、多元化、个性化的文化和旅游休闲产品及服务,保障休闲空间可持续发展。加快环城市休闲度假带建设,以社区为中心构建休闲生活圈,创设文化和旅游消费新场景,推动建设一批文化特色鲜明的国家级旅游休闲街区、国家级夜间文化和旅游消费集聚区,培育智慧旅游沉浸式体验新空间、地方城乡文化和旅游休闲新地标。

(五)优化旅游城市和目的地空间布局

"十五五"期间,持续优化旅游城市和目的地空间布局,积极推进世界级旅游城市、旅游枢纽城市、重点旅游城市和特色旅游目的地建设,是我国建设世界旅游强国的核心区域与战略支撑。支持城市群、都市圈、中心城市发挥资源要素优势,打造区域文化和旅游发展高地与协同创新中心。依托综合交通体系,建设一批旅游枢纽城市,提升其对区域旅游的辐射带动能力;支持有条件的城市积极谋划建设世界级旅游城市,突出重点、发挥优势、分类施策,打造一批重点旅游城市和特色旅游目的地。尤其要关注资源禀赋优良、文化特色突出的县域、乡村等下沉市场,将其培育成拉动当地旅游发展的新引擎。

五 "十五五"时期中国旅游业区域协调发展的路径选择

(一)聚焦县域旅游发展,筑牢强国基础

伴随县域旅游城市基础设施与综合配套的持续完善,我国已步入县域发展全面转型阶段。在迈向旅游强国的征程中,"十五五"时期需要一批旅游名城、名县作为关键支撑,推动更多文化旅游资源大县向旅游名县、强县转变,形成以名城、名县带动旅游强省建设的整体格局,为区域协调发展注入新动力。受政策引导、流量赋能等因素驱动,主打休闲放松、生活气息的"奔县游"热度不减,旅游市场下沉趋势显著,呈现"小城热"和"反向旅

游"特征，客源地和目的地更加多元化。《全国县域旅游发展研究报告2024》显示，2023年全国县域旅游综合实力百强县平均实现旅游总收入164亿元，接待游客总人数达1563.85万人次，同比分别增长27.72%、21.13%。众多连锁酒店集团和中高档酒店加速布局四、五线城市及县域市场，县域旅游市场正成为点燃区域经济发展的新引擎。"十五五"时期应着力提升服务品质与游客体验，持续创新旅游业态、丰富产品供给，借助"文旅+"融合发展模式，激发县域文旅内生动力，推动县域旅游高质量发展。

（二）强化廊道建设，促进区域联动

遵循景观连续性、文化完整性、市场品牌性和产业集聚性原则，结合交通干线与国家重大发展战略，依托线性江、河、山等自然文化廊道和交通通道，选取关键节点，秉持"文化场景化、场景主题化、主题线路化"思路，串点成线、连线成廊，打造品牌化旅游廊道，并串联重点旅游城市和特色旅游功能区，有效推动各类特色旅游区协同发展。同时，加强沿线生态资源保护与风情小镇、特色村寨、汽车营地、绿道系统等规划建设，完善游憩和交通服务设施，开展国家旅游风景道示范工程，持续推进长江国际黄金旅游带、黄河文化旅游带、京张体育文化旅游带、成渝古道文化旅游带、长江上游生态文化旅游带、成绵乐世界遗产精品旅游带、太行山风景道、杭黄世界级自然生态和文化旅游廊道等开发建设，深化文化和旅游融合。

（三）因地制宜推进，塑造区域格局

按照"分类指导、分区管理、差异化推进"原则，依据各区域旅游业发展现状，充分发挥旅游业综合带动作用，使其在解决区域协调发展问题中发挥关键效能，推动要素在区域间优化配置与整合，形成特色鲜明、优势互补的区域旅游产业发展新格局。支持通过旅游助力革命老区、民族地区、贫困地区、边疆地区和欠发达地区加快发展，巩固拓展脱贫攻坚成果并实现与乡村振兴有效衔接。加大文化挖掘与保护力度，打造红色旅游融合发展示范区、

休闲农业重点县、美丽休闲乡村、少数民族特色村镇、民族文化旅游示范区、边境旅游试验区、边境旅游带、跨境铁路旅游线、跨境旅游合作区等。

（四）把握流量风口，创新文旅发展

"十五五"期间，各旅游目的地应紧紧抓住"流量风口"，精准对接需求，主动提供即时价值供给，赢得长期市场。当前，互联网和社交媒体平台发展迅猛，抖音、小红书等短视频和社交媒体平台已成为重要旅游推广渠道。年青一代作为社交媒体主力军和文旅消费主力，其旅游消费呈现"兴趣导向""内容为王""性价比高"等特点。充分利用平台高流量和广覆盖优势打造个性化文旅IP，既能实现文旅产业经济效益精准转化，又能带动地方配套产业协同发展。此外，要紧密把握旅游业与新质生产力的有机结合，出台相关支持政策。在从旅游大国迈向旅游强国进程中，必须通过产品创新创造全新体验，培育文旅新产品、新业态、新模式、新格局，持续深化旅游业供给侧结构性改革，提升我国旅游业国际竞争力和影响力。

（五）完善产业体系，激发市场活力

进一步实施旅游企业培育计划，完善现代旅游业体系，推动各类旅游市场主体发展壮大，提升其能级，发挥企业创新主体作用，促进旅游企业在技术升级、管理创新、研发投入、产品更新、品牌塑造、标准化建设等方面开展系统性工作，形成优质旅游企业梯度培育、集群发展格局，激发市场活力，增强发展内生动力。推动旅游与相关产业在交叉领域实现突破、融合与跨界发展，提高旅游行业全要素生产率，提高旅游产业链供应链韧性和安全水平。加大力度培养多语种、复合型人才，造就一批旅游主播、民宿管家、文化创意、旅游演艺、露营、体育旅游等新兴业态职业经理人。

六 结论

在中国式现代化新情境下，新发展理念赋予"十五五"时期"区域协

调发展"新内涵。处于转型升级关键期的中国旅游业，应积极探寻战略突破口，培育新竞争优势，打造区域旅游业升级版。在共同富裕目标驱动下，旅游业需更好地服务于产业、城乡、区域协调融合发展，优化空间布局，与其他产业协同互促，构建特色旅游共享空间。优化大中城市、县域、小城镇、重点农村旅游发展格局，强化"县域消费"支撑，引导社交媒体热点转化与流量承接，优化地方文旅品牌建设，完善多层内需体系，营造国内旅游市场供需匹配、繁荣发展新局面；培育新型国家旅游线路，构建点状辐射、带状串联、网状协同旅游空间格局，促进城乡、区域协调发展，建设一批旅游城市和特色旅游目的地。

参考文献

葛全胜、席建超：《新常态下中国区域旅游发展战略若干思考》，《地理科学进展》2015 年第 7 期。

樊杰：《"十五五"时期中国区域协调发展的理论探索、战略创新与路径选择》，《中国科学院院刊》2024 年第 4 期。

孙久文、虎琳：《"十五五"时期区域协调发展的内涵、问题与实践》，《江西社会科学》2024 年第 7 期。

胡北明、王之婧、胡灵珊：《"十四五"时期中国旅游产业发展：地区差异、热点演变及高质量路径——基于 31 省份规划文本解读》，《生态经济》2023 年第 2 期。

廖军华、王欢：《新发展阶段旅游业高质量发展的现实困境与破解之道》，《改革》2022 年第 5 期。

G.3 旅游领域发展新质生产力的基本认识和主要任务

曾博伟　孟衬衬　董朔*

摘　要： 在经济全球化以及人民生活水平不断提高的今天，旅游业已成为许多国家经济发展的支柱性产业。为了不断创新和发展新的旅游业态，提高旅游业的整体竞争力，研究和探讨旅游新质生产力的提升对于推动旅游业的可持续发展具有重要的现实意义。旅游新质生产力是指由旅游资源形成的吸引力、旅游设施形成的接待能力和旅游服务形成的服务能力三者共同构成的综合能力，在推动旅游业高质量发展方面发挥着重要作用。旅游新质生产力具有高科技、高效能、高质量的特征，同时通过引入新技术和创新管理方式，给予旅游业新体验、新服务、新装备、新产品等，使旅游业可以更好地满足游客的需求，提供更加丰富和个性化的旅游产品与服务，从而促进旅游业长期可持续发展。

关键词： 旅游业　旅游新质生产力　旅游产业创新

一　引言

2023年7月以来，习近平总书记在四川、黑龙江、浙江、广西等地考

---

* 曾博伟，北京联合大学旅游学院教授、硕士生导师，中国社会科学院旅游研究中心特约研究员，研究方向为旅游政策与法规和旅游经济；孟衬衬，北京联合大学旅游学院硕士研究生，研究方向为旅游政策与法规和旅游经济；董朔，北京联合大学旅游学院硕士研究生，研究方向为夜游经济和旅游新业态。

察调研时，提出要整合科技创新资源，引领发展战略性新兴产业和未来产业，加快形成新质生产力。2024年1月，习近平总书记在二十届中央政治局第十一次集体学习时，对"新质生产力"进行了系统阐述论述。习近平总书记指出，"新质生产力是创新起主导作用，摆脱传统经济增长方式、生产力发展路径，具有高科技、高效能、高质量特征，符合新发展理念的先进生产力质态。它由技术革命性突破、生产要素创新性配置、产业深度转型升级而催生，以劳动者、劳动资料、劳动对象及其优化组合的跃升为基本内涵，以全要素生产率大幅提升为核心标志，特点是创新，关键在质优，本质是先进生产力"。[①] 目前，理论界对新质生产力的研究还处于不断深化的过程。如何结合行业实际，进一步认识旅游新质生产力，找到发展旅游新质生产力的任务重点，也是需要旅游业界认真思考的命题。

二 对旅游新质生产力的基本认识

（一）发展新质生产力是旅游领域的重要任务

高科技是新质生产力的关键所在和动力源泉，但旅游领域同样面临发挥创新主导作用，摆脱传统经济增长方式和生产力发展路径，按照新发展理念发展先进生产力的要求。改革开放40多年，中国旅游业取得了很大成就，但总体而言，创新不足、粗放发展的问题比较突出，借助科技的翅膀实现发展旅游新质生产力，推动旅游业加快转型，依然是旅游业当前的重要任务。

（二）发展旅游新质生产力的主要方式是推动科技在旅游领域的应用

旅游本身不是高新技术的原发领域，主要是高新技术的应用场景。一方

[①] 习近平：《发展新质生产力是推动高质量发展的内在要求和重要着力点》，《求是》2024年第11期。

面，科技为旅游高质量发展赋能，提高了旅游产业的供给能力；另一方面，旅游产业为科技提供运用的渠道和空间，加速推动了高新技术的转化。从新质生产力本身的视角看，高新技术更多体现为原发型新质生产力，而旅游新质生产力主要体现为应用型新质生产力；从发展新质生产力强调的创新视角看，旅游新质生产力主要不是科技创新，而是通过科技运用促进的产业创新。① 发展旅游新质生产力，核心是科技和旅游的深度融合。

（三）旅游新质生产力要突出自身的特点和规律

新质生产力主要是从生产的供给端提出，而旅游业的供给来源、供给类型和供给渠道多元，更多的是从消费的需求端呈现；加之旅游体系的复杂性，我们不能简单套用新质生产力的一套说法来解释旅游新质生产力的发展，而需要结合旅游自身发展的需求，提出旅游新质生产力发展的目标和任务。② 结合旅游的特点和规律，可以对旅游新质生产力进行一个初步的界定，即旅游新质生产力是指以满足人民群众不断升级的旅游高品质生活为指引，并通过促进高新技术在旅游领域的深度应用，推动旅游供给的产品创新、业态创新、服务创新和模式创新，具有智能化、数字化、融合化、高效化、精准化、绿色化特征，符合新发展理念的先进生产力质态。

三 发展旅游新质生产力的主要任务

（一）激活旅游新体验

旅游产业本质上是一种体验经济，因此，通过数字化等科技改造和提升旅游业，增强旅游的沉浸感和体验感，既是打造新质生产力的重要内容，也是提高旅游业竞争力的重要方式。目前，文化和旅游部、国家发展改革委与

---

① 冯学钢、李志远：《新质生产力与旅游业高质量发展：动力机制、关键问题及创新实践》，《上海经济研究》2024年第9期。
② 侯洁：《文旅新质生产力从哪里来到哪里去》，《今日国土》2024年第5期。

工业和信息化部正在推动全国智慧旅游沉浸式体验新空间培育试点项目，通过数字化技术激活旅游体验正在成为旅游高质量发展的新风口。吃住行游购娱是旅游体验的六要素，旅游业与数字化技术的结合，并不会消灭体验六要素，反而会通过给传统体验带来新鲜感受体现出新技术的力量。比如，在旅游吸引物方面，大唐不夜城的虚拟现实体验《唐朝诡事录》、扬州大运河博物馆、敦煌莫高窟等项目，都极大地丰富了游客的体验；在旅游娱乐方面，华清池的长恨歌、重庆1949等项目，通过声光电的数字技术营造情景交融的演出场面也得到游客的普遍赞誉；在旅游餐饮方面，将数字化技术运用到传统旅游餐饮改造，推动发展沉浸式的文化主题餐馆也有广阔的市场前景；在旅游主题住宿方面，一些地方正在尝试将数字技术运用到客房体验中。在旅游交通和旅游购物中，推动数字技术的广泛运用，不断增强消费者的独特体验，打造更多沉浸式网红旅游项目也正在成为旅游创新发展的新选择。

（二）提升旅游新服务

旅游总体上属于传统服务业，发展旅游新质生产力，就是要运用高新技术，推动"数字+"升级，实现旅游领域的数实融合，增加旅游产业的科技含量和附加值，进而降低旅游服务的成本、提高旅游的服务效能，并最大限度地满足旅游消费者的需求。其一，一方面，新技术的运用，可以降低旅游企业的服务成本，提高服务效率；另一方面，一些特殊的新技术使用本身也可以增强吸引力。比如，江苏宿迁骆马湖国家旅游度假区就通过引进无人驾驶车辆助力解决度假区内部交通问题；大连博涛通过大型机甲装备提升大连熊洞街吸引力。其二，数字化、人工智能等技术可以推动旅游领域柔性生产模式的形成。旅游需求是个性化需求，但传统的旅游服务过于刚性，很难精准满足消费者的差异化需求。未来可以借助数字化等技术，让旅游服务更加柔性，通过技术助力的定制化生产，不断优化服务流程，更好满足消费者多样化的旅游需求。比如，河南郑州的银基度假区，就通过数字化方式，针对每位游客规划其专属的线路。其三，数字化技术还可以通过全面武装旅游服务人员提高旅游行业的服务能力。劳动者及其优化组合的跃升本身就是新质生产力的基本内涵。提高旅游从业人员的服务能力，一方面靠培训，另一方面也离不开技术的支撑。未来可以通过旅游从业人员的大数据技术"武装"，为消费者提供更加细致入微、令人惊喜、让人回味的服务，从而推动旅游服务能力的整体跃升。其四，数字化等新技术还可以在旅游公共服务、旅游市场营销等方面发挥重要作用，推动旅游业服务效率的不断提高。

（三）打造旅游新装备

旅游除了对接消费端，还拉动制造端，这就意味着打造旅游新质生产力离不开旅游装备制造业的支撑。旅居车、可移动旅居设备、营地设施、旅游厕所、与旅游相关的节能环保等装备器材的技术水平提升不仅能给旅游业发展带来新的动力，同样也能为传统制造业开拓新的市场。2024年3月，国务院出台《推动大规模设备更新和消费品以旧换新行动方案》，提出"到2027年，工业、农业、建筑、交通、教育、文旅、医疗等领域设备投资规模较2023年增长25%以上"，并明确提出"推进索道缆车、游乐设备、演艺设备等文旅设备更新提升"。结合国家大政方针，出台旅游领域相关政策，积极推动旅游景区和旅游度假区等旅游区域索道缆车、游乐设备、演艺设备升级换代，并结合大数据、物联网、人工智能等技术，积极推动相关设备设施更新，应该成为今后一个时期旅游业关注的重点任务。

（四）培育旅游新产品

增量的旅游市场与存量的各类资源融合，就会形成不同的旅游产品。近年来，通过"旅游+"和"+旅游"，旅游与相关行业的融合不断深化。新技术的介入，一方面拓展了旅游新产品融合的深度和广度；另一方面也能提高旅游新产品运行的效率和运营的效益。因此，在打造旅游新质生产力过程中，需要推动各类技术广泛参与旅游和相关产业融合，培育更多高品质的旅游新产品。比如，在培育康养旅游产品中，通过运用大数据等相关技术，根据不同旅游者的身心状况，制定个性化的康养计划和方案，并结合特色的康养资源，有针对性地为旅游者开出医疗康养、生态康养、文化康养、运动康养等"处方"，就能实现康养旅游的全面提升。又比如，在培育乡村旅游产品中，利用区块链等技术，实现特色农产品的溯源，并使可溯源的特色农产品成为游客的伴手礼，在提高农产品附加值的同时，还可以增强旅游餐饮和旅游购物等环节的独特吸引力。[①] 再比如，低空经济是未来国家打造新质生产力的战略性新兴产业，与此同时，低空旅游也是极具增长潜力的旅游新产品。未来通过引入和发展低空新技术和新装备，进一步优化低空开放政策，大力发展通用航空产业和低空运动休闲旅游，也可以成为发展旅游新质生产力的重要内容。

（五）丰富旅游新业态

科技的快速进步正在颠覆传统旅游领域的劳动者、劳动资料、劳动对象的组合方式，打造旅游新质生产力，务必要转变传统的旅游发展模式，最大限度地激发市场主体的创新精神，通过丰富旅游新业态，实现旅游业的转型升级。其一，培育旅游短视频和直播相关的旅游新业态。当前，短视频和直播正在成为快速增长的流量入口，通过短视频营销旅游目的地和引导旅游消费，正在成为旅游产业发展的新潮流。未来，可以促进旅游短视频和直播同当地旅游发展的融合；同时培养和引进一批旅游领域的意见领袖，以新玩法和新场景为内容制作短视频和直播，推动相关新业态形成产业，快速发展。其二，旅游线上线下融合新业态。一方面，数字化带来的信息化，直接促进了旅游运行的线上化；另一方面，旅游作为体验经济，又必须通过线下消费才能实现。仅有线上，就会成为信息的空转；仅有线下，也很难让细分的小众市场最快速地触达消费者。只有实现线上和线下体验的无缝衔接，对业态创新的作用才能有效体现。随着移动互联网、物联网等技术的发展，旅游线上和线下消费的切换更加频繁，未来可以促进线上线下消费融合为重点，推

---

① 杜映：《在快旅慢游体系下康养旅游的发展思路研究》，《旅游与摄影》2022 年第 14 期。

动现有旅游消费场景的改造，打造更符合年轻人消费习惯的旅游新业态。其三，鼓励各类去中心化的旅游小微企业创造新业态。数字化的加速发展在促进中心化平台型企业发展的过程中，也会促进大量去中心化小微企业的发展。未来在规范旅游平台企业发展的同时，要更多关注培育各类具有创新特质的旅游小微企业，通过出台具有吸引力的特殊政策，孵化出更多贴近市场的旅游创新企业。

（六）拓展旅游新场景

打造旅游新质生产力除了关注当下发展，也要重视高科技后备人才的培养，在这方面，科技主题的研学旅游可以发挥独特的作用。未来拓展旅游新场景，发展科技研学旅游产品，也应该成为打造旅游新质生产力的重要内容。具体而言，一是促进科研院所和科技企业向游客开放。科研院所和科技企业是科技研学旅游最大的吸引物，但科研院所和科技企业缺少向社会开放的动力。未来需要加强相关部门的协调，在不干扰正常科研和保密的前提下，研究出台专项政策支持和鼓励更多科研院所和科技企业向社会公众或研学旅游团开放。二是出台鼓励大中小学生参加科技研学旅游的政策。尽管2016年教育部等11部门《关于推进中小学生研学旅行的意见》明确要求将研学旅行"纳入中小学教育教学计划"，但受制于升学压力等多重因素，各方参与研学旅游的积极性不高，未来需要出台更有力的政策，推动中小学生更多参加科技研学旅游，同时将相关政策拓展到大学生乃至社会公众之中。三是科学编排科技研学旅游线路。比如，北京海淀区为了推动科技研学的发展，就组织编排了各具特色的科技研学旅游线路，并推动将有条件的科研院所和科技企业纳入常规旅游线路编排中。四是推动编制科技研学旅游的课程体系。研学课程是研学旅游的核心内容，未来需要支持研学旅游机构，组织科技方面专家和旅游方面专家，以科技为主要内容，编写各类生动活泼、寓教于乐的科技研学课程。五是培育科技研学旅游市场主体。未来要出台优惠政策鼓励研学旅游机构和旅行社开发科技研学旅游产品，加快形成一支科技研学旅游人才队伍。

（七）创造旅游新模式

生态文明是中国特色社会主义建设的重要内容，绿色发展是新质生产力发展的根本要求。2018 年习近平总书记在查干湖考察时就明确指出"保护生态和发展生态旅游相得益彰"。生态资源是旅游业发展依托的本底资源，未来按照生态文明的理念发展旅游应该成为打造旅游新质生产力的重要模式。具体而言，一是推动建设一批绿色生态旅游示范区、零碳/低碳景区、零碳/低碳度假区。二是实现旅游景区和度假区生态技术迭代和要素更新，推进旅游景区和度假区普及新能源交通工具、集装箱旅馆、拼装式可拆卸季节性度假屋、集采式生活污水处理系统、太阳能夜间照明设备、秸秆和木屑等生物质建材，以及被动房等旅游新装备，因地制宜地通过虚拟现实、增强现实、沉浸式演出等旅游新场景替代对生态环境影响大的旅游项目。① 三是制定和推广绿色旅游认证计划，在旅游领域开展环保认证活动。四是讲好生态旅游故事，通过举办生态文明讲堂等活动，培训和聘请专业的生态解说员，探索生态导游员制度等方式，讲好生态故事；通过建立游客绿色行为管理机制，促使绿色生活方式成为广大游客的自然选择。

（八）优化旅游新政务

旅游既有商业端的市场供给，也有政府端的监管和公共服务供给。这就意味着发展旅游新质生产力，除了考虑市场的因素，还要将政府在优化旅游新政务中的因素考虑进去。其中，通过数字化提高政府旅游监管和公共服务能力，也是发展旅游新质生产力需要着力强化的内容。具体而言，一是推动旅游数据库建设，支持有条件的地方建立旅游数据资源动态采集管理系统，加强旅游公共数据共享平台和交换平台建设，逐步建立社会各方广泛参与政府旅游数据资源开放利用的新机制。二是加快推动旅游政务

---

① 陈怡宁、程翔、戴佳言：《新时期乡村旅游提质升级的路径研究》，《中国国情国力》2022 年第 10 期。

部门数字化转型，在旅游审批事项便利化、旅游市场投诉和执法效率提升等方面进一步发挥数字化的作用。三是构筑数字旅游安全防线，建立重要数据使用管理和安全评价机制，最大限度地防止数字化技术给旅游事业造成的安全风险。

G.4 "十四五"时期旅游产业恢复及其思考

高舜礼*

摘　要： 本文聚焦"十四五"期间旅游产业与市场的恢复状况，深入剖析旅游市场曲线的升降变化及背后原因，梳理并研究这一过程中的探索实践、消费现象和业界观点。针对即将到来的"十五五"旅游强国建设关键期，提出全面贯彻新发展理念的五点建议，包括切实转变旅游发展方式、加快产业和市场恢复、充分发挥旅游业综合功能、努力彰显与传播中国形象以及加速旅游产业与国际接轨。

关键词： 旅游产业　旅游市场　"十五五"　转型升级

"十四五"时期（2021~2025年）是全球及我国旅游发展的特殊阶段。受新冠疫情这一突发公共卫生事件影响，旅游业走过快速下滑与缓慢复苏的艰难历程。在此期间，各级政府部门、旅游企事业单位及广大从业者积极行动，进行了大量新尝试与探索，这些实践值得旅游业界关注与研究。

一　旅游市场 V 形曲线

从全球范围看，"十四五"时期旅游市场剧烈震荡，长期低迷后缓慢回升。疫情致使旅游市场遭受重创，游客流量锐减至谷底，近乎停滞。虽有短暂缓和，但仍面临诸多限制，市场在谷底徘徊，直至2023年初才开始缓慢

---

* 高舜礼，中国社会科学院旅游研究中心特约研究员，中国旅游报社原社长，研究方向为旅游相关领域。

复苏，即便经过2年时间，至今仍未完全恢复至疫情前水平。乐观估计，要达到2019年的旅游市场规模，可能需等到"十四五"期末。

与单纯的U形曲线相比，此次旅游市场的变化更像是U形与V形曲线的叠加。市场跌入谷底极为迅速，且在谷底的停留时间漫长，"纯旅游"客源稀缺。当前，旅游产业和市场的恢复尚不全面，偏远的国内旅游目的地、入境旅游市场以及大量旅游企业的经营状况仍与疫情前存在差距。

自2020年初至2024年这5年里，旅游产业和市场发生诸多变化。各地为应对疫情冲击、促进市场复苏，采取了多种措施，有些成效显著，有些则效果不佳，还出现了一些前所未有的现象。密切关注这些变化并客观分析相关举措，对促进旅游业长期可持续发展具有重要现实意义。

二 旅游复苏的诸多探索

（一）大幅便利入境签证

为吸引入境旅游，我国加大签证便利化力度，实施了免签、落地签、144小时过境免签等一系列政策措施。例如，放宽外籍人员申办口岸签证条件，在9个枢纽空港口岸允许外籍人员24小时直接过境免办查验手续，外籍人员可就近办理签证延期、换发、补发，有多次出入境需求的可申办再入境签证，同时简化签证申办材料。

这些政策自实施以来效果显著。以2024年第三季度为例，我国各口岸入境外国人达818.6万人次，同比增长48.8%，其中免签入境人员为488.5万人次，同比增长78.6%。在查验出入境人员中，内地居民7854.5万人次、港澳台居民6469.4万人次、外籍人员1646.1万人次，同比分别增长27.3%、28.9%、50.5%。①

---

① 《外国人免签入境488.5万人次》，光明网，2024年10月21日。

（二）争相减免景区门票

减免景区门票是刺激旅游市场的常见手段，"十四五"期间被多地用作提振市场的重要举措。在百度上搜索"景区免门票"，能得到海量相关网页，可见其应用之广泛。

以往，景区门票减免多用于旅游淡季吸引客源，属于常规营销手段。但在旅游市场整体低迷、游客量严重不足的情况下，其作用有限。一方面，减免门票对拉动客源增长效果不佳，主要吸引的是当地及周边游客，外地游客通常不会因节省门票而专程前往。另一方面，一地减免门票，其他地方纷纷效仿，导致营销效果大打折扣。此外，大面积免票多依靠政府指令，出台覆盖大多数旅游企业的普惠扶持政策，更有助于市场均衡发展和快速恢复。

（三）旅游局长出镜营销

为提升旅游影响力，部分市县旅游局长通过化妆出镜拍摄短视频，宣传当地旅游资源，成为"十四五"期间旅游营销的创新之举。在一些城市成为网红旅游地后，如淄博、洛阳、哈尔滨等，又有文旅局长跟进代言。部分地方还大幅提高文旅官方账号的发布频率，甚至有省份一天发布75条视频，引发热议。

近年来，一些地方在旅游宣传和营销方面投入巨大、创新不断，在时机把握、形式创新和市场影响等方面取得一定突破，有效地提升了地域知名度。但宣传营销需与旅游产品开发相匹配，否则易产生夸大宣传的泡沫，难以达到预期效果。这些出镜代言的文旅局长所在地区多为旅游后发市县，其目的主要是打造地域知名度和热度，但要借此带动当地旅游开发，难度较大。

（四）"网红城市"成为舆情热点

近年来，一些城市迅速走红成为网红城市，原因各异，如淄博烧烤、哈尔滨冰雪世界、天水麻辣烫、洛阳汉服夜游、贵州榕江村BA等现象引发广泛关注，成为"十四五"期间旅游的独特景观，甚至影响了媒体的报道视角，谈及旅游市场恢复常从网红城市说起。

城市成为网红后，能吸引大量游客、拉动综合消费。多数地方都希望打造网红城市，但网红现象的出现并非仅靠创意、努力和推广，还需机缘巧合。同时，大规模游客涌入会带来保障、供给和安全等问题，如郑州至开封的"夜骑吃包子"网红活动就因相关隐患于2024年11月上旬被叫停。

网红城市要实现长红面临诸多挑战。由于网红城市接待游客量远超常规，其供给、保障、服务和监管等方面面临巨大压力，一旦接待游客量达到极限，继续提升的空间有限。网红城市与长红旅游目的地的发展逻辑存在本质区别，要实现长红，需回归旅游发展的常规路径，注重旅游产品、公共服务、城市建设和商贸服务等方面的长期积累。

（五）鼓励职工疗休养

职工疗休养是全国工会系统的一项政策，近年来，部分省市进一步拓展。以浙江省为例，2015年印发相关意见，要求职工疗休养面向广大职工，通过政府采购、购买服务等方式委托旅行社、民宿、农家乐等提供服务，并将合规发票纳入报销范围。2020年7月，浙江省又提高报销标准至单人单次3000元，还允许直系亲属随同参加。职工举家出游通常会有额外消费，能全链条拉动当地旅游消费和社会零售消费，有力促进旅游产业和市场恢复。

广东省也积极推动职工疗休养，2024年4月印发经费管理使用办法，规定疗休养费用原则上由企业行政福利费承担。但因各市县财政状况不同，实施力度存在差异，如惠州市总工会对企业实行1∶1奖补，并优先面向劳模、退役军人、教师等重点人群开展疗休养。湖北、陕西、内蒙古、黑龙江等省份也出台了相应文件，主要面向劳模和先进人物。

三 纷繁芜杂的"新说道"

在旅游市场起伏过程中，旅游出行和消费出现了诸多新动向、新现象和新尝试，反映出旅游供求与消费的变化，引起业内人士关注与讨论。除了旅游市场快速恢复、"报复性增长"的预测已被证伪外，还有许多新趋势有待进一步观察和研究。

（一）反向旅游

反向旅游是相对于旺季、热点和拥挤旅游而言的，指选择前往冷僻或温冷地区旅游。与旺季出游相比，反向旅游可起到削峰填谷的作用，缓解热门景区的压力，对市场有一定的平衡作用。对于选择反向旅游的游客来说，尽管目的地开发和服务可能尚不完善，但能享受宁静、避开拥挤人群。对于目的地而言，既能获得旅游收入，又有助于提升知名度、吸引投资和推动开发。然而，如果接待条件和服务水平差距过大，可能引发负面舆情，影响后续游客选择。

反向旅游目的地应根据全年旅游接待实际情况判断，如拉萨、西宁、乌鲁木齐等西部城市，即使在旅游旺季也未必达到接待上限，更符合反向旅游的特征。

因为目前旅游市场整体处于复苏阶段，各地旅游接待尚未出现供不应求的情况，反向旅游的助力作用有限。

（二）"平替旅游"

"平替旅游"在国内外都引起了关注，其概念源于"平替产品"，在旅游行业中是指游客选择与原本心仪目的地类似但档次、价格较低或距离更近的替代地旅游。例如，游客因上海迪士尼价格高、距离远，而选择周边市县的游乐园。

"平替旅游"的积极意义在于鼓励游客出行，对旅游市场恢复有一定推动作用，同时也能缓解游客对高价旅游目的地的渴望，有助于调节游客情绪。对于被选择的替代地和原本的目的地而言，都能获得一定的宣传营销效果；但也存在风险，如替代地可能因与原目的地差距较大而遭受负面评价，如一些自称"东方威尼斯"的江南水乡古镇就因实际体验与宣传不符而被国际游客差评。

总体而言，"平替旅游"在旅游救市中的作用不宜高估，因为选择此类旅游方式的游客占比较小。

（三）"搭子旅游"

"搭子旅游"即临时找人结伴出游，其出现与"旅游特种兵""低价团"等现象有相似之处，主要参与者是有出游意愿但经济条件有限的年轻人。他们通过寻找搭子分担住宿费等费用，体现出一种自立和探索精神。

在网络上，"搭子旅游"话题热度较高，但在现实中，此类出游方式占比并不大，对旅游市场复苏的推动作用有限。

（四）网络旅游

网络旅游也称"网上旅游""虚拟旅游"，与网络营销、直播带货、线上预订等相关，类似于通过网络了解世界各地的旅游信息，实现"秀才不出门，便知天下景"。

当下流行的元宇宙概念也与网络旅游相关。据彭博行业研究报告，元宇宙市场规模2024年预计将达到8000亿美元。有观点认为元宇宙可让用户在家中借助其技术周游世界，颠覆传统旅游体验。但从专业旅游角度看，旅游的本质是离开常住地前往异地进行观光、休闲等活动，元宇宙所提供的虚拟场景无论多么逼真，都无法替代实地旅游的丰富性和随机性。因此，蹲在家里通过网络"旅游"只是一种"伪旅游"，与真实旅游体验存在巨大差距。

四　表象背后的缘由与实质

"十四五"期间，旅游业的种种现象并非偶然，而是有着深刻的社会背景和多种影响因素。了解这些因素有助于深入研究这一时期的旅游业发展。

（一）经过几十年的发展积累，旅游已关乎国计民生

自2009年国务院提出将旅游业培育成国民经济战略性支柱产业和人民群众满意的现代服务业以来，经过多年发展，旅游业在许多省市已成为支柱产业，与国计民生紧密相连。无论是旅游市场下滑还是企稳回升阶段，各级政府都高度重视旅游复苏，出台大量政策措施。旅游业在服务业中具有龙头带动作用，对于旅游城镇而言，游客流量直接影响当地经济和民生消费。疫情后，旅游业的强韧性再次凸显，各地期望旅游业能率先复苏，带动经济社会发展，因此加大了对旅游复苏的扶持力度。

（二）旅游市场猛跌缓起，各方面期盼尽快复苏

各地出台的旅游救市措施中，部分措施效果显著，但也有一些措施加剧了市场竞争，对市场恢复作用不明显。这主要是因为旅游市场的剧烈震荡、消费市场的长期低迷以及旅游企业的困境，导致一些地方急于求成，未深入研究市场规律就盲目跟风。对新出现的市场现象缺乏理性分析，将其视为救命稻草，有的地方甚至出现过度干预市场、部门与企业角色错位的情况，归根结底是对旅游市场恢复的期望过于迫切。

（三）互联网的广泛应用，对旅游形成"双刃剑"

互联网在旅游业中的应用主要集中在预订和信息服务方面，极大地方便了游客出行，也是在线旅游企业的主要盈利点。"虚拟旅游""搭子旅游"等新现象的出现也得益于互联网普及。但同时，部分地方和企业过度依赖互联网，一旦停止续费，流量和热度就会迅速下降，个别网红旅游城市甚至迅速"降温"。因此，旅游营销最终仍需遵循旅游发展规律，注重提升旅游吸引物品质，完善旅游公共设施和服务，这是无法走捷径的。

（四）旅游全域化发展，使参与方更趋社会化

近年来，全域旅游和融合发展理念促使旅游产业触角延伸至多个领域，

如乡村、农业、地产、康养等。这使旅游从业者背景更加多元化，不同专业背景的人员参与旅游发展，在带来新视角和新思路的同时，也容易出现观点和做法的偏差。未来，若能实现深度融合，将为旅游发展注入新活力。

五 "十五五"时期旅游应全面贯彻新发展理念

"十五五"时期（2026～2030年）是我国迈向旅游强国的关键阶段。2024年5月，习近平总书记对旅游工作作出重要指示，要求在建设旅游强国进程中全面贯彻新发展理念，充分发挥旅游业的五方面功能，并妥善处理一系列关系。因此，旅游业转型升级迫在眉睫，应在保持适度发展速度和规模的同时，加快向现代化强国目标迈进，实现质的突破和提升。

（一）切实转变旅游发展方式

我国作为人力资源和经济实力雄厚的大国，扩大旅游接待规模和增加收益并非难事，但规模和增速并不等同于产业素质。早在十多年前，行业主管部门就提出旅游转型升级和高质量发展，但由于发展惯性，转型进展缓慢。当前，旅游业还存在旅游景区经营困难、宾馆饭店评星积极性受挫、旅游开发项目闲置低效、旅游服务水平提升缓慢、部分地区旅游供给过剩等问题，要实现旅游高质量发展，不能仅靠倡导和创建，必须强化市场、质量、服务和绩效观念，积极盘活闲置项目，挤出发展泡沫，切实推动发展方式转变。

（二）加快恢复旅游业和市场

要使旅游业重回可持续发展轨道，需尽快实现旅游业和市场的全面恢复。具体目标是全面对比"十三五"时期的数据，不仅关注旅游旺季和黄金周，还要考察全年和全国的整体旅游情况；不仅着眼于国内旅游市场，也要重视入境旅游市场；不仅要看统计数字，还要关注旅游企事业单位的实际运营状况，同时关注旅游业的新增长点和发展势头。只有达到这些要求，才能真正摆脱疫情带来的创伤，实现旅游业的复苏。

（三）充分发挥旅游综合功能

目前我国旅游业的差距主要体现在非经济指标方面，过去过于侧重旅游的经济功能，部分地区过度追求旅游经济收益，导致旅游业综合功能未能充分发挥。未来，应转变观念，将旅游视为提升人民生活品质的重要手段，使其不仅造福旅游开发地，还要让全体旅游者和国民广泛受益，让人们从旅游消费中获得实实在在的获得感。

（四）努力传播中华文化

旅游是民间外交的重要阵地，也是展示民族文化、城乡发展和民众生活的关键窗口。大量游客的亲身经历和感受具有很强的传播力。今后，旅游应充分发挥载体和转化功能，促进文化资源优势向文化发展优势转化，发挥游客在文化传播中的作用；发挥催化和涵养功能，通过文旅融合提升民族精神气质；发挥彰显和传播功能，积极传播中华文化、展示中国形象。

（五）加速旅游业与国际接轨

我国旅游业经过近半个世纪的发展取得了举世瞩目的成就，部分领域已达到国际一流水平，但在一些方面仍与国际先进做法存在差距，如旅游创收与综合功效、资源保护与开发、标准化与特色化、门票政策与公益体现、文明旅游等。应全面贯彻新发展理念，充分借鉴国际先进经验，以全球视野推动旅游发展，全方位提升我国旅游业水平，跻身世界旅游强国行列。

参考文献

高舜礼：《旅游三大市场战略的演变与思考》，中国网，2022年6月9日。
高舜礼：《疫情下旅游的挣扎、变局与期待》，凤凰旅游，2022年3月29日。
高舜礼：《中国国际旅游疫后复苏的预期及影响》，《中国文化交流》2023年第3期。

高舜礼:《提振入境旅游需政府与市场同频共振》,华夏小康网,2023年11月12日。

高舜礼:《客观看待"反向旅游"热》,《中国经济周刊》2024年第13期。

高舜礼:《城门"大火","池鱼"应该咋办?》,"中国网"百家号,2024年2月2日。

高舜礼:《城市"常红"或"长红"是一种理想》,《新京报》2024年4月13日。

高舜礼:《"淄博烧烤"能成为旅游核心吸引物?》,中国网,2023年12月22日。

高舜礼:《局长以身代言旅游能否成"正果"?》,中国网,2023年2月23日。

高舜礼:《让旅游业更好服务美好生活》,《中国经济周刊》2024年第14期。

行业前沿篇

G.5 我国旅游企业跨国经营的新趋势

金准 付裕裕*

摘　要： 自改革开放以来，相关政策不断优化，推动中国旅游企业"走出去"，跨国经营已逐步成为旅游企业的战略选择。近年来，随着"一带一路"倡议的推进和全球旅游市场的复苏，我国旅游企业的跨国经营日益成为亮点。以华住、携程、锦江等为代表的旅游企业在海外市场不断收购，顺利推进中国旅游品牌的国际化进程，也由此推动了中国旅游业的海外增长。目前，我国旅游企业的跨国经营正在形成多种循环模式，推动中国旅游需求和文化的国际外溢，依托这种国际化战略，具有世界影响力的中国旅游企业正在形成。

关键词： 跨国经营　文化出海　双市场循环　产业—服务模式　数字化

---

* 金准，中国社会科学院旅游研究中心秘书长，研究方向为旅游经济、休闲经济、城市旅游；付裕裕，中国社会科学院大学商学院硕士研究生。

一　引言

　　企业的跨国经营，是指企业将自身的产品、服务、内容、技术或商业模式进行国际化运作，进入海外市场并在当地形成竞争力的一种战略行为。旅游企业的跨国经营，与以国内为基地运营入境和出境旅游不同，企业"走出去"的核心是进入国际市场并实现本地化适配和运营，而不仅仅是将产品卖到国外。这要求企业将生产经营业务拓展、布局到国际市场，统筹利用国际和国内两种资源、两个市场，开展跨国经营活动。

　　自改革开放以来，我国旅游企业持续探索和推动跨国经营模式。近年来，随着"一带一路"倡议的迅速推进，中国产业链向国际纵深布局，旅游业的海外经营亦获得了较大增长空间，中国旅游企业在海外持续做大做强，跨国投资经营成为其国内业务发展成熟后的必然选择。依托于中国旅游企业"走出去"，中国的旅游业在国内业务之外形成了巨大的国际发展空间。在这种国内国际统筹循环的发展模式中，中国的旅游企业正在成为世界旅游业的重要一极，展现出日益强大的影响力。

二　跨国经营成为我国旅游企业的重要增长点

（一）政策环境：国家鼓励企业"走出去"

　　自改革开放以来，我国通过一系列政策沿革，逐步建立起对企业"走出去"的一系列支持机制，覆盖投资审批、融资、外汇、监管服务、人民币国际化等多个方面，对于旅游企业，跨国经营已经成为其充分利用国内国际市场资源，向外输出自身能力，面向世界构建国际化业务，为进一步做大做强构建更广阔的发展空间的必然选择。

　　中国企业"走出去"战略可以追溯到改革开放初期，1979年，国务院首次提出"出国办企业"，标志着中国企业对外直接投资的开端。2000年，

"走出去"战略在全国人大九届三次会议上被正式提出,强调利用国内外两种资源、两个市场,此后,中国对外直接投资显著增加,对共建"一带一路"国家的投资也蓬勃发展。2004年,国务院发布《关于投资体制改革的决定》,国家发展改革委发布《境外投资项目核准暂行管理办法》,将对外投资管理的"审批制"改为"核准制"。2011年,《中共中央关于深化文化体制改革的决定》提出"文化走出去"工程。2014年,国家发展改革委出台《境外投资项目核准和备案管理办法》,对一般境外投资项目普遍施行"备案制",境外投资的核准手续持续简化,出海投资成为一种"趋势"。2013年,我国提出"一带一路"的重要倡议,坚持"企业主体、市场运作、政府引导、国际规则"的原则,鼓励更多企业参与。2014年,中国对外直接投资首次超过实际利用外资,标志着中国成为资本净输出国。2022年,商务部等27部门发布《关于推进对外文化贸易高质量发展的意见》,鼓励各类文化产品、服务及数字文化平台走向海外。在一系列政策的推动下,2023年,中国对外非金融类直接投资1301亿美元。

中国旅游企业审时度势,紧抓机遇,"出海远航",在国际市场不断总结经验、争取进步,谋求长足发展。

(二)发展历程:从探索到实质增长,跨国经营逐步成为旅游企业的战略选择

1. 1979~2009年:起步探索阶段

1979年,国务院提出"允许出国办企业",开启了国家对外投资和国际化战略的序幕。1993年,深圳华侨城集团在美国佛罗里达州奥兰多市开设"锦绣中华"主题公园,这是中国主题公园首次尝试国际化运营(2004年停止运营)。2000年10月,党的十五届五中全会明确提出"走出去"战略,至今已24年,提供相对成熟完善的"走出去"系列支持机制,鼓励文化类行业、餐饮业、战略性新兴产业等众多产业出海。2007年复星国际香港上市启动全球化进程,坚定推进全球化发展战略。2009年,锦江国际集团收购美国州际酒店集团50%的股份,标志着中国本土酒店品牌的首次国际化

尝试。2009年底，锦江集团收购美国州际酒店集团，标志着中国酒店品牌开始尝试出海。

2. 2010~2018年：快速扩张与资产布局

这一时期的海外收购热潮与中国资本市场的繁荣有关，尤其是国内房地产市场的快速发展为企业积累了大量资本，推动了企业向外投资，旅游企业主要以收购海外资产的形式出海，形成海外的快速扩张和资产布局，其中，旅游的实业资本也着力于在海外布局业务增长点，其中也沉淀一定的优质资产。

表1 2010~2018年部分旅游企业跨国经营重要事件

旅游企业	重要事件
锦江集团	2011年布局海外，锦江之星品牌进入菲律宾、法国、韩国、印度尼西亚等国。2013年，锦江国际集团收购法国卢浮酒店集团，迈出国际化经营的重要一步。2015年，锦江酒店收购欧洲第二大酒店集团——卢浮集团100%股权，进一步扩展欧洲市场；2018年锦江国际集团并购瑞典丽笙酒店集团，进一步丰富品牌矩阵
华侨城集团	2010年在柬埔寨推出大型演艺项目《吴哥的微笑》，在此后多年连续入选国家"文化走出去"重点项目
开元酒店集团	2013年，开元酒店集团收购德国法兰克福的金郁金香酒店和荷兰的假日酒店，布局欧洲市场
海昌集团	2013年以"轻资产模式"将主题公园品牌和成套设备出口至中东等国家，拓展国际业务
华强方特集团	2013年在伊朗开设"方特欢乐世界"主题公园，被视为中国大型文化产业项目走出国门的标志
复星国际	2015年收购全球知名度假品牌Club Med，深化文旅全球化战略
中国旅游集团公司	2015年，完成对英国Kew Green酒店集团的收购，布局海外高端市场
宋城演艺发展股份有限公司	2016年投资建设澳大利亚"传奇王国"演艺项目和泰国芭提雅项目，开启海外重资产运营模式
渝太地产	2016年以4.3亿港元收购伦敦的酒店物业，扩展国际不动产版图
携程旅行	2016年收购英国天巡（Skyscanner）、印度Travstarz Global Group和MakeMyTrip等公司，快速扩张海外业务
石基信息技术股份有限公司	2017年收购ReviewPro，进军酒店客户情报和大数据解决方案市场；2018年完成对StayNTouch的全资收购，进入基于云计算的酒店管理解决方案领域
美团	2017年宣布正式布局海外住宿业务，链接全球近百个国家5000多个城市；美团本地生活服务也从2018年开始陆续扩张，先后投资Gojek、Swiggy、Opay等平台

3. 2019年至今：以增长为基础的国际化战略

从2019年开始，中国旅游企业的跨国经营开始更多地着眼于全球市场，以业务的增长为基础构建国际化战略，由此推动了旅游海外事业的大幅度增长。2019年，携程宣布"G2战略"，目标为五年成为全球最大的国际旅游企业；2023年，华住集团发布"华住国际"品牌架构，为其中重要的标志性事件。

表2　2019~2024年部分旅游企业跨国经营重要事件

旅游企业	重要事件
携程	2019年，宣布"G2战略"，G2即2个"G"——Great Quality（高品质）和Globalization（全球化），其目标包括，三年成为亚洲最大的国际旅游企业，五年成为全球最大的国际旅游企业，十年成为无可争议的最具价值和最受尊敬的在线旅游企业
华侨城集团	2019年在柬埔寨启动"中柬文化创意园"项目，以文化输出与产业结合的方式进入国际市场
复星国际	2019年收购英国Thomas Cook品牌及其酒店品牌Casa Cook、Cook's Club，拓展海外市场
石基信息	2019年整合Snapshot与ACProject GmbH，强化云计算平台技术，并扩大欧洲市场份额；2023年，石基信息成为中东酒店技术市场的主要服务商，在阿布扎比和迪拜实现市场份额超过50%的覆盖。石基信息全面推进数字化技术在酒店行业的应用，通过整合云PMS（酒店管理系统）、大数据和分销解决方案，构建全球化竞争力；2024年，继续扩大在欧洲、中东和非洲市场的布局，与国际酒店集团深化合作，提供全面的酒店技术解决方案
驴妈妈旅游网	2019年在东南亚成立新加坡分公司，拓展海外市场
华住集团	2020年全资收购德意志酒店集团（Deutsche Hospitality）；2023年，发布全新品牌架构"华住国际"，重点拓展东南亚、中东和非洲市场。华住打通了国内和海外的会员直销模式；2024年2月，华住集团将德意志酒店集团更名为"华住国际"，推动品牌国际化认知；华住宣布进入沙特阿拉伯和埃及市场，强化在中东及非洲区域的业务扩展。2024年3月，华住与泰国Tanyakitt有限公司签署协议，将在曼谷开设首家施柏阁酒店，并计划在埃及拓展业务等；5月，计划拓展中东市场，首站选在沙特阿拉伯和阿联酋；8月，签约柬埔寨金边中心MaXX美仑美奂酒店，全权委托管理模式
中国旅游集团	2021年，中国旅游集团在马尔代夫开发安巴拉岛度假村，深耕海外高端旅游领域；2023年，中旅酒店通过在泰国控股公司SKG与国际化团队，与洲际、温德姆等展开品牌特许经营授权合作

续表

旅游企业	重要发展事件
海昌集团	2022年5月,海昌海洋公园首次出海,前往东南亚、中东地区,以战略合作、轻资产输出的方式,搭乘"一带一路"快车,加快全球化步伐,整体以轻资产运营输出为主
美团	2023年10月,与全球在线住宿预订平台Agoda达成合作
艺龙酒店科技	2023年,与菲律宾981酒店管理公司合作,在马尼拉开设首家艺龙海雅酒店海外版,计划三年内扩展至数十家门店;2023年9月,艺龙酒店科技的爱电竞首个海外项目落地马来西亚首都吉隆坡;2024年8月,艺龙酒店科技与菲律宾981酒管联手,落地艺龙海雅酒店海外版
同程旅行	2023年,推出AZGO比价返现平台及HopeGoo OTA品牌,重点布局东南亚区域
锦江	2023年,推出全新业务架构"锦江丽笙酒店",并稳步拓展海外市场;2024年7月,锦江国际计划落地越南芽庄锦江国际酒店和会安锦江国际酒店
亚朵	2024年,在非洲西南部国家安哥拉开设家亚朵S酒店

（三）第二曲线：跨国经营成为我国旅游企业的重要增长点

2019年以来的中国旅游企业跨国经营，其核心逻辑是在相对成熟的中国国内旅游业外，建立旅游企业进一步发展的第二曲线。中国的国内旅游业务经过几十年的增长，市场、业务、竞争环境都已经非常成熟，既定的市场增长空间变得越来越小，此时，需要寻找新的发展空间，一方面输出在国内形成的产业能力；另一方面构建新增长的载体，欧洲管理思想大师查尔斯·汉迪提出的第二曲线理论认为，在企业主营业务的增长曲线有达到峰值并开始放缓的趋势前，应通过引入新的业务、产品或模式来开启第二次增长。中国旅游业的跨国经营，正是在这样的战略考量下进行的。

从绩效来看，跨国经营已经为我国的旅游企业带来了现实的增长动力，并且呈现比其国内业务更快的增长速度，如2024年第一季度，携程集团的总收入增长约28%，而Trip.com和Skyscanner的预订额同比增长80%；华住集团总收入同比增长17.8%，国际收入同比增长16.6%；2024年第二季度，石基集团的云餐饮系统 Infrasys Cloud 上线总客户数已经达到 3955 家。在这样的高增长下，中国旅游企业在各项世界级的旅游榜单上名列前茅，锦江股份自从 2015 年收购欧洲卢浮集团以来，已跻身美国 *HOTELS* 杂志的全球酒店排名前 8 位，华住集团在"全球酒店集团 200 强"榜单排名第六。

基于携程、华住、石基、复星（Club Med）等公司披露的季报和半年报信息，表 3 梳理并列举了 2024 年携程、华住、石基、复星四大品牌的国外业务增长情况，并与其同期的总体业务增长率作对比，更加直观、清晰地展示了当前旅游企业的出海业务发展势头迅猛。

表 3　2024 年部分旅游企业海外业务和总体业务增长情况对比

集团	海外业务增长	总体业务增长
携程	第一季度：Trip.com 和 Skyscanner 预订额同比增长 80%，增速进一步加快。Trip.com 本季订单额增长 80% 以上，入境游预订同比增长超 4 倍。 第二季度：国际 OTA 平台总收入同比增长约 70%，出境酒店和机票预订已全面恢复至 2019 年水平，超越行业平均恢复率。 第三季度：国际各业务板块呈现快速增长态势，出境酒店和机票预订已经恢复至 2019 年同期 120% 的水平。公司国际 OTA 平台酒店和机票预订同比增长超过 60%	第一季度：携程集团的总收入为人民币 42.1 亿元，较 2023 年同期增长了约 28%。携程的国内旅游业务收入达到人民币 27.9 亿元，同比增长了约 32%。 第二季度：净收入 128 亿元，同比增长 14%。具体业务层面，酒店预订业务和旅游度假业务分别收入 51 亿元和 10 亿元，同比增长 20% 和 42%，增长最为强劲。 第三季度：携程实现净营业收入 159 亿元，同比上升 16%。住宿预订营业收入为 68 亿元，同比上升 22%；交通票务营业收入为 57 亿元，同比上升 5%。旅游度假业务营业收入为 16 亿元，同比上升 17%。净利润为 68 亿元
华住	第一季度：华住集团在全球范围内的在营酒店数量达 9817 家，国际业绩亦呈向好趋势，收入同比增长 16.6%，RevPAR 同比增长 4.5%，ADR 同比增长 0.2%，OCC 同比增长 2.3%。 第二季度：华住国际（Legacy-DH）收入 23.53 亿元，同比增长 13.7%。华住国际 ADR、OCC 和 RevPAR 均同比上升。 第三季度：海外 Legacy-DH 业务实现收入 13 亿元，同比增长 8.9%	第一季度：华住集团实现总收入约 53 亿元，同比增长 17.8%。国内出游人次 14.19 亿，比上年同期增加 2.03 亿，同比增长 16.7%；国内游客出游总花费 1.52 万亿元，比上年增加 0.22 万亿元，同比增长 17.0%。 第二季度：收入同比增长 11.2% 至 61 亿元，来自 Legacy-Huazhu 分部的收入同比增长 11.1%，来自 Legacy-DH 分部的收入同比增长 11.6%。 第三季度：华住在 18 个国家经营 10845 家酒店，集团实现营业收入 64 亿元，同比增长 2.4%

续表

集团	海外业务增长	总体业务增长
石基	第一季度：石基企业平台已签约客户中更多的标志性的酒店在全球上线，比如，半岛酒店和朗廷的豪华酒店，香港、伊斯坦布尔、东京、伦敦和纽约的半岛酒店都已成功上线石基企业平台。 第二季度：云餐饮系统Infrasys Cloud作为唯一签约全部全球影响前五大国际酒店集团的云餐饮管理系统，正在持续签约和上线越来越多的国际酒店集团和社会餐厅，报告期末上线总客户数3955家	第一季度：总资产为96.44亿元，较上年度末降幅为0.50%。公司实现营业收入6.31亿元，同比增长12.56%。 第二季度：公司主营收入13.82亿元，同比上升15.09%；公司单季度主营收入7.5亿元，同比上升17.31%。
复星	第二季度：Club Med在全球六大洲超过40个国家和地区开展营销和销售活动，并运营67家度假村，全球网络直销率达71.1%	第二季度：毛利为人民币3206.5百万元，同比增长4.2%。归属于本公司股东的盈利为321.8百万元，较2023年同期增长20.3%

三 依托跨国经营，形成我国旅游业的多重循环模式

旅游企业的"走出去"，为中国旅游业创造了更为广阔的市场空间，并逐渐形成业务、文化、服务、数据四个层面的国内国际双循环。旅游业的跨国经营，带出凝结中国超大规模市场经验的业务模式、输出反映文化感召力的中国方案、形成中国产业大出海的服务支撑，我国构建了国内国际一体化的数据资产。内在一张网，是归结中国高密度市场不断生成的商业模式；外在一张网，是填补蓬勃成长的国际市场空白，由此形成我国旅游业的新循环模式。

（一）业务循环——统筹国内国际两个市场

中国旅游企业"走出去"，依托的是国内国际两个高速成长的市场，中国具有全球最大的单一旅游市场，2023年中国国内旅游人次达48.9亿，2023年、2024年持续形成高速增长的态势，国际市场同样进入高速增长阶段，根据联合国世界旅游组织数据，2023年，全球国际游客人数约12.86

亿人次，比2022年增长了34%；2024年国际游客数量仍将进一步增长，尤其是中东、欧洲、东南亚等板块，国际旅游增长速度很快，国内国际两个快速增长的市场为统筹国内国际旅游市场、形成业务循环提供了契机，中国旅游企业由此大胆"走出去"，推动形成业务的国际循环。

市场的成长水平是中国旅游企业"走出去"的重要考量，例如，根据联合国世界旅游组织的数据，中东地区是率先实现游客量超过疫情前水平的地区，较2019年增长了22%，迪拜是中东旅游最火热的选择，在2024年第一季度，迪拜接待国际游客518万人次，同比增长11%，酒店平均入住率达到83%，华住集团首次拓展中东地区，即选在市场潜力巨大的沙特阿拉伯和阿联酋，其旗下全季酒店品牌在沙特阿拉伯开设酒店，并设置了在未来三年内达成至少10家的目标。

国内市场和国际市场均在高速增长，并具有各自的消费特点，将两项业务循环起来，将起到国内国际市场相互牵引的作用，在此过程中，可以形成业务线、商业模式、服务标准的全线升级，并由此成为中国旅游企业构建国际竞争力的动能。

（二）文化循环——推动中国需求、中国模式、中国文化的国际外溢

1. 中国需求接轨国际需求

中国旅游企业成长于应对超大规模市场的过程中，中国旅游企业在发展过程中完成了对自身和消费者的双向共塑，这种共塑凝结成为具有中国特色的思维方式、架构流程、市场关系和服务规范，并形成对应中国需求的中国旅游模式，中国旅游企业"走出去"同时是在输出、校验、调适中国旅游模式，在此过程中，中国需求在接轨国际需求，旅游企业在国际市场中的调适结果，还可以反向形成对国内市场的反馈，形成双向的校验调适。

中国超大规模的旅游需求，要求旅游服务具有高标准性、大承载力、快流转性，并对复杂场景和要求有标准化的服务模型，要求多触点、多通道、多切口、多场景的并线服务能力，服务流程要在触点、通道、切口、场景的轮转中形成闭环，这样的需求中锤炼出来的旅游模式在国际市场上具有独到

的竞争能力，例如，石基集团依托国内市场形成在宾客体验、后台运营、数字营销、管控模式、组织创新、技术赋能、业务模式7个维度上的行业数字化解决方案，强调场景、体验和技术的深度融合，注重酒店业数字化的一体化建设，这种依托国内需求凝结出来的能力，成为发掘国际需求的重要工具。再如华住集团，将传统烦琐的前台入住退房流程，改造成"30秒入住、0秒退房"的新流程，可以实现入住一体化，保证了速度快、保护隐私和无接触服务，大幅降低了顾客入住的烦琐程度、简化了住宿手续，同时降低了前台的工作强度，减少了不必要的错误，这种新流程的建立，源自对中国旅游需求的发现，一经塑造成形，就具有世界性的推广潜能。

2. 中国模式与国际模式融合

在全球化背景下，我国旅游业"走出去"所依托的，是在国内形成的中国独特模式与国外旅游市场需求相融合所形成的一种兼能服务大规模市场、满足快节奏需求、具有人性化特点的新模式、新标准。中国旅游企业的对外输出不仅包括硬件设施和服务流程，还包括管理和运营的软实力，这些标准的输出有助于提升中国旅游企业在海外的竞争力，并促进全球旅游业的交流与合作。

如在酒店标准方面，华住、锦江之星等在全球范围内扩张时，会将自身的管理和服务标准带到海外市场，包括客房服务标准、卫生标准、安全规范标准等。还有一些酒店品牌在海外开设分店时，会将中国传统文化元素和服务理念融入酒店设计和服务中。

中国旅游企业率先应用人工智能，也形成了可输出的中国模式。例如，携程利用AI模型精准判断同步数据的时机，准确预测航班舱位，顺利优化了用户机票查询体验。多语种翻译也是海外业务面临的重要方面，携程借助Amazon Bedrock上的Claude模型以及在Amazon SageMaker上的训练模型，构建了一套自动翻译及检测系统，包含多智能体协同，完成翻译、校对、质检、评估；专词库映射、历史译文参考、OTA行业术语匹配几个关键技术。携程还利用生成式AI突破现有翻译平台瓶颈，全面提升集团翻译能力，为全球业务拓展提供有力支撑。

在供应链标准方面，海外市场有着属于自身的客户群体以及供应链体系，中国旅游企业出海初期，相关业务系统主要基于国内部署架构，存在业务布局和系统架构不匹配的问题，会导致负向影响用户体验，从而制约企业发展。针对这一问题，2017年，携程引入亚马逊云科技云计算服务，顺利实现了业务的快速部署，大大缩减了新业务上线所需的时间。同时，携程将生成式AI技术引入具体业务场景，使其在海外市场的服务质量、运营效率和业绩都得到大幅提升。

3. 中国文化与中国文化平台出海

在中国旅游企业寻求跨国经营的同时，中国的文化产业也在大举出海，由此构成了中国旅游企业出海可依托的文化平台，中国旅游与中国文化在海外融合起来，形成互推互助之势。

目前，文化产业出海，正在形成中国文化的平台式网络化输出。内容平台方面，短视频平台（TikTok、Kwai）、社交平台（昆仑万维）、流媒体平台（芒果TV国际版）等在海外获得长足的发展；文娱内容方面，2023年，中国电视剧出口额同比增长四成，短剧方面增长迅猛，2023年中国网文海外市场规模已超40亿元，海外用户数达2.2亿，覆盖200多个地区；游戏方面，2023年中国自主研发游戏海外市场实际销售收入为163.66亿美元，《原神》《崩坏：星穹铁道》《黑神话：悟空》等，均在海外市场形成影响力。文化出海的大潮，为中国旅游企业出海提供了平台和内容工具，中国旅游企业依托这些文化平台和工具，形成了文化—产业的新影响方式，并由此形成文化产业—旅游产业的同步输出。

（三）服务循环——依托世界产业转移构架产业—服务循环

当前，我国旅游企业跨国经营的背景是中国产业的大出海。2023年，中国对外直接投资流量1772.9亿美元，较上年增长8.7%，占全球份额为11.4%，较上年提升0.5个百分点，连续12年位列全球前三，连续8年占全球份额超过一成。2023年末，中国对外直接投资存量2.96万亿美元，连续7年排名全球前三，境外企业覆盖全球超过80%的国家和地区，涵盖了国民经济的18个行业门类,其中流向租赁和商务服务、批发零售、制造、金融4个领域的投资占全年总量近八成①。中国品牌的影响力从传统制造业扩展到新兴科技领域,从小家电到服饰行业,足迹遍布全球。海尔、美的等家电企业通过全球并购、技术创新及本地化品牌运营,成功打入欧美、东南亚和拉美市场。伴随中国产业大出海而来的是商旅相关服务的紧缺以及与中国服务标准的不匹配。基于此,中国旅游企业随之"走出去",服务于中国的出海产业链,形成制造—服务循环,形成解决这一不匹配问题的有效助力。

旅游企业的跨国经营,力图解决产业出海所面临的差旅痛点,包括如下几点。② 第一,融合差旅资源挑战。海外差旅需要融合大量资源,本地化、全球化服务难以统一,需要旅游企业来协助融合资源。第二,差旅成本和支付挑战。海外支付体系与中国差异较大,酒店和其他服务的集中支付能力不足,部分市场如非洲、拉美等地区,公司信用卡支付发展滞后,增加了支付难度,中国旅游企业推动企业对公结算链路直通,并在全球范围内推进酒店协议价直采,降低整体差旅成本。第三,酒店资源分散与直采难题。海外单体酒店资源分散,难以谈判协议价,甚至无法接受中国先进的差旅支付理念,此外还存在动态定价较多、企业议价能力弱的问题,中国旅游企业在致力于通过直签协议价和区域集中采购,逐步优化酒店直采业务。第四,安全与风险管理挑战。企业员工在海外面临社会安全、自然灾害和职业健康等风险,出海企业难以应对员工的紧急医疗及心理支持需求,中国旅游企业致力于提供医疗援助和健康管理服务。第五,企业ESG和数据合规问题。需要旅游企业来推进差旅ESG管理,优化碳排放实践。第六,效率问题。员工出差面临流程烦琐的问题,旅游企业致力于实现海外差旅服务的国内化体验,如无须报销发票、自动推荐协议酒店等,大幅提升预订与出差效率。

中国的海外旅游企业在差旅服务、支付体系、安全管理、资源整合、

---

① 《中国对外直接投资连续十二年全球前三 近八成投向四大领域》,https://www.gov.cn/lianbo/bumen/202409/content_ 6976282.htm? slb=true。
② 《中国企业出海加速,差旅服务却总是跟不上?》,https://mp.weixin.qq.com/s/k7nFhlDtCK9uerC24pX_ Ug。

ESG 实践等方面为中国企业出海提供了强有力的支持，不仅解决了传统痛点，还通过技术和服务创新提升了整体效率和体验，助力中国企业在国际市场的稳步发展。依托于中国旅游企业的海外差旅解决方案，形成了中国产业海外转移图景中的产业—服务循环，实体经济与旅游业在出海业务中紧密地结合在了一起，成为一种联合体。

（四）数字循环——以数字化能力构建中国旅游企业的独特生产力

党的二十大报告提出"加快发展数字经济，促进数字经济和实体经济深度融合，打造具有国际竞争力的数字产业集群"。

当前，数字技术正在改变传统的全球贸易模式和基础，其与全球经济体系之间的相互融合发展趋势正在潜移默化地塑造着经济全球化的新秩序和新格局。数字全球化改变了全球经济、贸易、信息流通和社会互动的方式，通过促进信息、数据、技术和人才的跨国界流动，推动了全球经济一体化和产业创新。数字化能力的溢出，成为中国旅游企业向海外拓展业务的重要逻辑，国内国际连通的数字能力循环正在成为中国旅游企业参与国际运营和竞争的独特生产力。

数字化能力的溢出，正在协助中国旅游企业参与全球旅游业的运行变革。数字化正从三个维度深入推动世界旅游业革新，一是赋能消费者，更新消费形态；二是赋能生产者，实现更高质量的产品和服务输出；三是赋能治理者，提升政策效能。在此变革下，市场形成三个增长空间，一是传统国际旅游品牌数字化能力的不足，形成的新竞争空间；二是消费者需求变化，产生的新供给空间；三是通过协助传统旅游企业转型，形成的协同发展空间。数字化能力由此成为参与国际旅游竞争新格局的入场券。中国旅游企业在国内已经形成一定的数字化能力，具有参与国际竞争、供给和协同的能力，数字化能力也在成为中国旅游企业跨国运营的独特生产力。

中国旅游企业参与国际竞争的数字化能力，体现在三个方面。

第一，依托数字化能力，创造更高的运营效率。中国旅游企业在跨国经营中广泛地使用数字化系统来降本增效，利用数字化工具优化旅游资源配置

与运营管理。通过云计算、大数据等技术,实现各类旅游资源的优化配置和协同工作,减少资源浪费,由此形成更高的运营效率。

第二,依托数字化能力,形成更精准的市场拓展。拥有数字化能力,就可以借助数字化营销工具(如社交媒体、SEO优化、内容营销等),提升品牌曝光和市场份额。利用CRM系统实现客户生命周期管理,从而提高客户忠诚度、复购率及转介绍率。结合社交网络、线上口碑管理等手段,提升品牌声誉与客户黏性。

第三,依托数字化能力,连接更广泛的生态圈。数字化能力让数字化标准、数字化平台、数字化企业和数字化生态间可以相互联结,旅游企业的运营可以接入数字化生态圈,形成跨行业的合作与共赢。旅游企业通过与酒店、航空公司、地方政府等建立数据共享与协同合作的生态圈,通过资源整合提升整体产业链效能。

四 "引进来"与"走出去",构建开放型旅游经济

旅游企业"走出去",是与旅游企业在国内市场的耕耘紧密联系在一起的,旅游企业的跨国经营,不是简单的单向地"走出去",而是国际要素的"引进来",国内国际循环的打通,旅游企业的"走出去",形成了三个维度的广阔市场,一是"走出去"形成的国际化广阔市场,将国内独特的旅游模式与国际市场的广阔红利交汇融合,形成一个外生空间;二是"引进来"形成的国际化要素市场,"走出去"同步就是"引进来",国际旅游要素通过国际合作引进来,形成推动中国旅游产业升级的要素力量;三是国内旅游市场在开放环境中的培育发酵,共同催生一种独具中国特色的开放型旅游经济模式。旅游企业"走出去"的背后,是旅游业形成了更开放的发展环境、更广阔的市场空间、更强的国际竞争意识和能力,中国旅游业形成业务、文化、服务、数据四个层面的国内国际循环,打开了中国构建开放型旅游经济的格局。

在这一进程中,中国旅游业不仅要在国内市场精耕细作,更要逐步向世

界舞台扩展其影响力，构建以下发展格局。一是全球化的旅游业务布局。通过构建跨国旅游合作网络，参与国际旅游市场的经营，使中国旅游业在全球范围内广泛布局，并建立起广泛的联系合作网络。二是开放型的旅游经济体系。通过放宽市场准入、促进投资便利化、加强国际合作与交流等措施，推动旅游业的开放程度不断提升，形成内外联动、互利共赢的良好局面。三是培育出一批具有世界影响力的旅游企业，通过一批中国旅游企业"走出去"，参与国际竞争，并逐步壮大，将逐渐形成一批在品牌建设、市场运作、产品创新、服务质量等方面达到国际领先水平的具有世界影响力的旅游企业，成为中国旅游业走向世界的重要名片。

通过不断深化旅游业的改革，中国不仅为全球游客提供了更加丰富多彩的旅游体验，也为世界旅游业的繁荣发展贡献了中国智慧与中国力量，由此，中国正沿着一条开放创新的路径，立足当下，面向未来，稳步迈向旅游强国的行列。

参考文献

华创证券：《媒行业深度研究报告 文化出海正当时，积极把握全球化机遇》，2024年10月。

迈点研究院：《中国文旅企业和酒店品牌出海需求与挑战》，2024年11月。

史丹、聂新伟、齐飞：《数字经济全球化：技术竞争、规则博弈与中国选择》，《管理世界》2023年第9期。

G.6 我国旅游企业 ESG 发展新趋势*

陶志华　宋昌耀　宋　瑞**

摘　要： 当前，可持续发展日益成为全球普遍共识，ESG 信息披露已经成为企业实现可持续发展的重要工具。旅游业积极践行 ESG 理念是响应国家相关政策要求的表现，同时符合旅游业发展的基本特征，有利于旅游企业提升核心竞争力，对生态环境保护和社会治理也具有积极作用。从 CSR 到 ESG，我国旅游业的 ESG 发展大致经历了萌芽、初步探索和加速推进三个阶段。总体而言，我国旅游上市公司 ESG 表现良好，但 ESG 披露水平仍有较大提升空间。我国旅游企业推动 ESG 实践仍面临诸多障碍：行业对 ESG 理念的理解不够深入、旅游业 ESG 披露体系不完善、旅游企业 ESG 投入成本较高、缺乏 ESG 披露相关专业人才等。展望未来，要进一步深化对 ESG 理念的认识，让旅游业 ESG 披露指南成为行业规范指引，鼓励旅游企业积极作为，主动参与到 ESG 实践中，加强旅游业 ESG 研究，为行业提供理论支撑，共同推动旅游企业 ESG 进一步向好发展。

关键词： 旅游企业　ESG 理念　ESG 表现

---

* 本文系第八届中国科协青年人才托举工程项目"旅游经济与区域发展"（项目编号：2022QNRC001）和北京第二外国语学院旅游科学学院院级教改项目"'旅游投资与开发'数字化教学资源建设路径研究"的阶段性成果。
** 陶志华，中国社会科学院大学商学院博士研究生，研究方向为文旅融合、旅游投融资；宋昌耀，北京第二外国语学院旅游科学学院副教授、硕士生导师，研究方向为旅游经济与区域经济；宋瑞，中国社会科学院旅游研究中心主任、中国社会科学院财经战略研究院研究员，中国社会科学院大学教授、博士生导师，研究方向为旅游政策、旅游可持续发展、休闲基础理论与公共政策。

一 引言

环境、社会和公司治理（Environmental, Social and Governance，简称ESG）是联合国全球契约组织（United Nations Global Compact）于2004年提出的一个理念，主张企业在经营发展过程中要充分考虑非财务方面的绩效[1]。国际上，ESG理念的演变经历了多个阶段，最早可追溯到18世纪的"伦理投资"。经过20年的发展，ESG已经从一个新兴理念逐渐深入经济社会的方方面面。自2016年《巴黎协定》签署以来，经济社会向低碳转型和绿色可持续发展成为全球普遍共识。党的二十大报告明确提出，要推动实现全体人民共同富裕的现代化、人与自然和谐共生的现代化，推动绿色发展、加快发展方式绿色转型，积极稳妥推进碳达峰碳中和。ESG与中国式现代化建设要求和"双碳"目标高度契合，积极践行ESG理念有利于促进我国经济社会和生态环境的可持续发展，也有利于推动我国企业提高竞争优势、规避潜在风险、实现可持续经营。

在ESG理念出现之前，企业社会责任（Cooperate Social Responsibility，简称CSR）已经历了百年探索和发展，从最初的伦理投资导向到利益相关者理论加持下的管理导向，再到后来的可持续发展转向，CSR越来越受到重视[2]。在联合国对环境保护和可持续发展的积极推动下，国际组织对ESG标准的制定经过了不懈努力的历程。1997年，全球报告倡议组织（GRI）成立，提出了"通用准则、经济议题、环境议题和社会议题"四模块准则体系，成为迄今企业界运用最广泛的ESG报告框架。2007年，气候披露准则理事会（CDSB）成立，提出了基于7个原则和12个要素的气候变化信息披露框架。2011年，可持续发展会计准则理事会（SASB）成立，发布了涵盖11个经济部门77个行业的可持续发展会计准则。2015年，气候相关财

---

[1] 袁蓉丽、江纳、刘梦瑶：《ESG研究综述与展望》，《财会月刊》2022年第17期。
[2] 李诗、黄世忠：《从CSR到ESG的演进——文献回顾与未来展望》，《财务研究》2022年第4期。

务信息披露工作组（TCFD）成立，提出了由"治理、战略、风险管理、指标与目标"4个核心内容以及11项披露要求组成的TCFD框架，成为气候相关信息披露运用最广泛的规范。以上报告标准均成为推动CSR向ESG演变和发展的重要技术力量。

2023年，国际可持续发展准则理事会（ISSB）正式发布了可持续披露准则，旨在响应全球资本市场对企业披露与可持续相关的高质量信息的需求。对此，我国财政部宣布要以此为基础，制定体现国际准则有益经验、符合中国国情且能彰显中国特色的国家统一的可持续披露准则。2024年可被称为我国ESG强制披露元年。国务院出台的《关于加强监管防范风险推动资本市场高质量发展的若干意见》提出，"要健全上市公司可持续信息披露制度"。沪深北三大交易所相继发布了《上市公司自律监管指引——可持续发展报告（试行）》《上市公司自律监管指南——可持续发展报告编制（征求意见稿）》，标志着我国ESG制度体系建设初步成形。截至2024年9月，超过2200家上市公司披露了2023年度可持续发展报告或社会责任报告，家数再创新高。近三年披露家数年均增长20%左右[①]。

二 旅游业践行ESG理念的必要性和意义

旅游业积极践行ESG理念是响应国家政策要求、践行"绿水青山就是金山银山"理念的表现，也与旅游业环境敏感性、主体多元性、治理综合性的特性相契合，还有利于旅游企业提升自身的核心竞争力，对生态环境保护和社会治理也具有积极影响。

（一）响应国家相关政策要求

《中共中央 国务院关于加快经济社会发展全面绿色转型的意见》指

---

① 张汉青：《上市公司ESG制度体系建设架构初成形》，《经济参考报》2024年11月13日。

出,推动经济社会发展绿色化、低碳化,是新时代党治国理政新理念新实践的重要标志,是实现高质量发展的关键环节,是解决我国资源环境生态问题的基础之策,是建设人与自然和谐共生现代化的内在要求。ESG作为国际倡导的一种可持续发展理念,与我国新发展理念、"双碳"目标愿景和生态文明建设方向十分契合,已成为社会经济高质量发展的主动选择。旅游业的发展需要以优美的生态环境为前提和基础,在推动更高水平生态文明建设中的作用日益凸显。

习近平总书记指出,我国旅游业日益成为新兴的战略性支柱产业和具有显著时代特征的民生产业、幸福产业。随着旅游出行成为一种生活方式,相关的ESG问题也日益凸显。例如,交通工具的使用、酒店和餐饮业的废水排放、食品安全以及景区垃圾处理等,需要整个行业大力关注和重视。旅游企业要积极承担社会责任,在ESG理念的引领下,通过积极创新服务模式,精准把握市场需求和游客需求,不断优化服务设施,提升服务质量。同时,还要关注员工成长与福祉,构建和谐的工作氛围,为旅游品质的全面提升提供有力保障。ESG要求旅游企业建立透明、公正、高效的治理结构,促使其不断优化内部管理,提升决策的科学性和透明度。这一过程将为旅游企业的长远发展注入强劲动力,推动治理效能的全面提升。

(二)符合旅游业发展的基本特征

旅游业综合性强,较其他行业而言,更易受气候变化、不确定性和政策风险等的影响。世界旅游理事会认为,ESG信息披露对旅游业的可持续发展至关重要。联合国世界旅游组织也在积极促进旅游业的可持续发展,并鼓励旅游企业采纳国际公认的ESG报告标准。总体来看,研究和重视旅游企业的ESG问题具有必要性。

首先,旅游业具有环境敏感性特征。较其他行业而言,旅游业更易受气候变化的影响。尽管旅游业一度被视作"无烟产业""绿色产业",然而现实中，旅游业发展往往伴随自然资源消耗和环境污染①。旅游出行带来了大规模的人口流动，产生了大量的碳排放，对生态环境造成了一定的影响。研究显示，旅游业的碳排放量占全球碳排放总量的8%②。因此，旅游业与生态环境密切相关，发展旅游业必须遵循自然规律，顺应自然、保护自然，实现人与自然的和谐共生。旅游企业需要秉持可持续发展理念，通过ESG治理提高资源利用效率，推广绿色旅游方式，让旅游活动更加绿色低碳，以实现旅游业的长远健康发展。

其次，旅游业具有主体多元性特征。旅游业涉及"食住行游购娱"等诸多要素部门和利益主体。旅游业是满足人民日益增长的美好生活需要的幸福产业③，相关企业在直接或间接服务游客的过程中，既需要高度重视产品和服务质量、维护供应链关系，也需要保障社会公平、履行社会责任。消费者的满意度和投诉的解决情况是衡量旅游业服务质量的重要指标。部分旅游企业在追求经济利益过程中，可能会忽视对当地居民权益的保护、文化传承的尊重以及对弱势群体的关注。"青岛天价虾""云南旅游乱象""雪乡宰客"等诸多事件充分说明了旅游企业不负责任行为的存在及其对旅游业可持续发展的影响④。

最后，旅游业具有治理综合性特征。旅游业发展需要多个部门和主体通力协作。改革开放初期，我国旅游业由政府主导。随着大众旅游的发展，旅游新业态和新模式不断涌现，市场逐渐在旅游资源配置中发挥决定性作用。旅游业的治理理念、治理机制、治理方式和治理内容正在发生变革，"有为

---

① Ionescu G. D., R., Firoiu, Pirvu, et al., "The Impact of ESG Factors on Market Value of Companies from Travel and Tourism Industry," *Technological and Economic Development of Economy*, 2019, 25 (5): 820-849.
② Lenzen M., "The Carbon Footprint of Global Tourism," *Nature Climate Change*, 2018 (6): 522-528.
③ 夏杰长、周玉林：《旅游业是最具发展潜力的幸福产业——中国社会科学院财经战略研究院副院长夏杰长教授访谈》，《社会科学家》2019年第5期。
④ 王娟、封洁洁、赵婕：《旅游企业社会责任研究热点》，《首都师范大学学报》（自然科学版）2022年第4期。

政府"、"有效市场"和"有机社会"多元协同治理机制亟待形成[1]。对于旅游企业而言，遵守商业道德准则和行为规范，维护诚信市场交易秩序，建立完善的旅游者隐私保护机制、数据安全体系、风险管理体系和合规管理机制，不仅有利于维护旅游企业日常经营，还能帮助旅游企业从容应对重大突发事件带来的冲击。

（三）有利于旅游企业提升核心竞争力

从企业内部来看，旅游企业积极承担环境保护责任，有利于增加研发投入，改进生产和服务流程，为顾客提供绿色环保的产品，从而提高科技创新能力，促进新质生产力水平的提升。旅游企业履行为员工提供更好的工作环境、更有竞争力的薪酬和更人性化的职业发展计划的社会责任，能够增强员工的归属感和忠诚度，从而提高企业整体经营效率。ESG准则要求企业依法开展环境和道德领域的商业活动。因此，开展ESG实践可以促进旅游企业规范守法经营，减少旅游企业的经营者短视行为，鼓励其关注企业的长期可持续发展。

从企业外部来看，旅游企业开展ESG实践是向外界发出的一个积极信号，表明该企业能够高质量地履行与利益相关者的合同，赢得利益相关者的信任和支持，从而获得发展资源、提升韧性水平。旅游企业积极承担为顾客提供高质量服务、为社区提供休闲活动和资金支持、保护目的地遗产和文化、慈善捐赠维护社会公平的社会责任有利于树立良好的企业形象，获得更多顾客的青睐。良好的ESG表现意味着更高的信息透明度，有利于减少投资者对不确定性的担忧，增强投资者信心，还有助于公司匹配更适合公司发展的投资者，改善旅游企业与利益相关者之间的关系，从而降低运营成本、缓解融资约束，有利于企业价值的提升。

---

[1] 宋瑞、杨晓琰、张琴悦：《治理现代化视角下文化和旅游融合发展研究》，《旅游论坛》2023年第5期。

（四）对生态环境保护和社会治理具有积极意义

良好的生态环境是发展旅游经济的必要条件之一。旅游企业积极承担绿色转型、低碳经济、节能减排等生态理念的环境责任有利于降低旅游碳排放、推动旅游业绿色发展。对于旅游业而言，真正的环境投入不仅是使用绿色、低碳、环保的材料，还包括改变人们的消费意识和行为，让公众具有获得感。当旅游企业站在消费者的角度考虑问题时，消费者更容易明白亲环境行为对绿色发展的贡献，并且能够获得更好的旅游消费体验。

在社会治理方面，与一般行业慈善捐赠的内容和特点不同，旅游企业的社会责任具有特殊的使命和内涵，尤其是体现在旅游扶贫、文明旅游以及旅游文化传播等方面。文明旅游关乎国家和民族形象，旅游企业积极引导游客在游览过程中的文明出游行为，有利于减少旅游活动中可能引发的社会问题，对社会治理具有正向引导作用。

三 我国旅游企业 ESG 发展历程与发展现状

（一）发展历程：从 CSR 到 ESG

我国旅游企业的 ESG 发展历程与我国整体 ESG 的发展以及旅游业的特定背景相联系，可大致划分为以下三个阶段。

一是萌芽阶段（20 世纪末至 2015 年）。20 世纪末，企业社会责任运动与实践在全球范围内广泛开展，并传至中国，成为国内可持续发展规划的理论参考之一。其中，影响力较广的是 1997 年全球报告倡议组织提出的"通用准则、经济议题、环境议题和社会议题"体系。在此阶段，我国旅游企业社会责任的发展主要体现在对环境保护的认识和行动上。随着国际上 ESG 理念的提出，我国开始启动相关工作。2006 年，深圳证券交易所发布了《上市公司社会责任指引》，鼓励上市公司建立相应的社会责任报告制度，并倡导将社会责任报告与公司年度报告同时对外披露。2008 年，上海证券交易所发布了《上市公司环境信息披露指引》，旨在加强上市公司社会责任承担、积极履行社会责任并发布社会责任报告。虽然这些指引并非强制性要求，但为上市公司发布社会责任报告提供了指引。党的十八大以来，我国将生态文明建设摆在全局工作的突出位置，同时，旅游业也开始关注社会责任和公司治理方面的问题，但尚未构建完整的 ESG 框架体系。

二是探索阶段（2016~2019 年）。2016 年，中国人民银行、财政部等七部门发布《关于构建绿色金融体系的指导意见》，提出我国环境信息披露的"三步走"策略，并全面部署绿色金融的改革方向。这标志着我国 ESG 实践正式步入以"绿色金融"为基底的探索期，基本形成了"中央现代环境治理体系建设+市场 ESG 理论应用"的发展模式[①]。一方面，中央层面延续了生态文明建设的基本规划，在党的十九大报告中深刻强调了"污染防治"作为三大攻坚战之一的重要地位，并通过提升绿色金融的全局规划，由银保监会等部门发力引导金融端参与绿色投资、加强 ESG 风险管理，进而敦促上市企业乃至更广范围的市场主体提升 ESG 信息披露水平。另一方面，以证监会和各大证券交易所为首的部门及交易平台陆续推动 ESG 信息披露标准建立的进程，并结合本土化的绿色金融发展需求，进一步强化环境方面的信息披露要求。在此阶段，我国旅游企业也开启了绿色转型发展的新篇章。

三是加速推进阶段（2020 年至今）。2020 年 9 月，我国提出"双碳"目标。这一目标的提出，标志着我国生态文明建设进入新阶段，也推动了旅游业 ESG 的加速发展。我国政府出台了一系列支持 ESG 发展的政策。2022年，上海证券交易所和深圳证券交易所更新了上市规则，明确提出"公司应当按规定编制和披露社会责任报告"。这标志着沪、深两所正式将社会责任报告的编制和披露纳入上市公司的法定义务。2024 年，新修订的《中华人民共和国公司法》正式施行，越来越多的企业开始重视和履行社会责任，公司发布社会责任报告已成为一种趋势。与此同时，旅游业也积极践行 ESG

---

① 《中国上市公司 ESG 行动报告（2022-2023）》，中央财经大学绿色金融国际研究院网站，2023 年 8 月 16 日，https://iigf.cufe.edu.cn/info/1014/7437.htm。

理念，从旅游消费的低碳化、旅游生产的低碳化等方面入手，推动行业的绿色转型。此外，我国开始加强国际合作，共同推动ESG理念在旅游业中的实践和发展。

（二）我国旅游企业的ESG披露水平

近年来，我国旅游企业开始重视并积极参与ESG工作。根据中国上市公司协会发布的《2021年度A股上市公司ESG信息披露情况报告》统计，与旅游行业直接相关的交通业、文化体育业、零售业A股上市公司ESG披露率接近60%[1]。《2022中国酒店ESG投资价值报告》显示，在25家酒店企业中，外资与港资酒店企业的ESG报告披露数量与质量均高于本土酒店企业，其中90%左右的本土企业从2021年开始披露ESG相关信息[2]。

表1显示了我国部分旅游企业的CSR报告和ESG报告披露情况。截至2023年，部分A股旅游上市公司发布了ESG报告，如华侨城、中青旅、中国中免、锦江酒店、首旅酒店等；部分仍在使用CSR报告，如丽江股份、凯撒旅业、三特索道等。在港股旅游上市公司方面，近年来，携程、华住、同程、复星旅文均披露了ESG报告。

表1 我国部分旅游企业CSR/ESG报告披露情况

单位：份

公司简称	CSR报告数	报告年度	ESG报告数	报告年度
华侨城	15	2007~2021	2	2022~2023
中青旅	15	2008~2022	1	2023
中国中免	11	2010~2020	3	2021~2023
锦江酒店	8	2013~2020	3	2021~2023

---

[1] 《2021年度A股上市公司ESG信息披露情况报告》，中国上市公司协会网站，2022年8月31日，https://www.capco.org.cn/pub/zgssgsxh/sjfb/dytj/202208/20220831/j_20220831152955000167707789052731 25.html。

[2] 《〈2022中国酒店ESG投资价值报告〉发布》，中国旅游网，2022年5月30日，http://www.cntour.cn/h-nd-1621.html。

续表

公司简称	CSR报告数	报告年度	ESG报告数	报告年度
首旅酒店	—	—	2	2022~2023
丽江股份	16	2008~2023	—	—
凯撒旅业	8	2016~2023	—	—
三特索道	4	2020~2023	—	—
携程	11	2008~2018	5	2019~2023
华住	10	2010~2019	4	2020~2023
同程	—	—	6	2018~2023
复星旅文	—	—	2	2022~2023

资料来源：作者根据巨潮资讯、东方财富网、新浪财经和公司官网整理而成。

在A股旅游上市公司方面，华侨城将企业生产经营与绿色发展、生态发展有机结合，为保护生态环境、维护生物多样性添砖蓄力。与此同时，华侨城持续推进城市公益文化艺术事业，引导公众探索人、城市与自然和谐共生的方式。华侨城成功入选2022年"央企ESG·社会价值先锋50指数"，旗下品牌和项目也获得多项社会责任荣誉。2024年4月，中青旅发布了《2023年环境、社会及治理（ESG）报告》，对照全球ESG政策趋势与发展变化，从披露标准、绩效指标、评价体系、行业差异等方面进行系统分析，并充分吸纳上市公司信息披露要求与公司发展战略，按照客观、规范、透明、全面的原则，系统展示了中青旅2023年在环境保护、社会责任和公司治理等领域的突出实践案例和典型绩效表现。

在港股旅游上市公司方面，携程集团已连续5年对外发布年度ESG报告。携程通过自身经营和ESG实践，积极作出行业表率。携程发布的《携程集团2023年环境、社会及管治报告》显示，2023年携程累计带动7200万人次低碳出行，同比提升350%。华住集团也已经连续4年发布ESG报告，通过三级ESG治理架构，围绕六大维度发展ESG战略，驱动ESG软实力提升，助力集团业绩增长，赋能公司高质量发展。同程旅行

持续强化环境、社会与管治领域的体系建设，推动企业ESG绩效提升，在开放共赢、深耕上下游产业链、推动旅游业可持续发展等方面取得了诸多进展①。复星旅文以"度假让生活更美好"为使命，坚守ESG承诺，持续推进2030可持续发展目标，引导每一家酒店和度假村积极履行企业社会责任，成为2023年国内唯一获评明晟MSCI ESG评级AAA等级的旅游企业。

从中小型旅游企业的ESG披露情况来看，绝大部分中小型旅游企业的ESG工作处于刚刚起步甚至尚未起步阶段。展望未来，中小型旅游企业也要明确ESG目标，在做好产品设计和服务、提升市场占有率和盈利能力的基础上不断向前推进ESG实践。

（三）我国旅游上市公司的ESG表现

国外著名的ESG评级机构有摩根士丹利资本国际公司（MSCI）、KLD研究分析公司、Sustainalytics、汤森路透、富时罗素、标普道琼斯和Vigeo Eiris等；国内著名的评级机构有上海华证指数信息服务有限公司（以下简称"华证"）、商道融绿、社会价值投资联盟、嘉实基金、中央财经大学绿色金融国际研究院、润灵环球（RKS）和中国证券投资基金协会等②。然而，国内外ESG评级机构数量众多、背景迥异，对同一主体的评级存在较大差异。华证自2009年开始对A股上市公司进行ESG表现评估，得到业界与学界的广泛认可。华证ESG指标体系包括环境、社会和公司治理3个方面、16个主题和44个关键指标。指标数据包括ESG评分和ESG评级。华证ESG评级数据和3个维度的评分为0~100，分数越高表示企业的ESG表现越好；与之对应的有9个评级，由高到低依次为AAA、AA、A、BBB、BB、B、CCC、CC和C。

本文在华证ESG评级数据中选取31家A股旅游上市公司2009~2023年

---

① 《同程旅行发布2022年ESG报告：依托"数实融合"，加速行业数智化》，央广网，2023年4月27日。
② 王凯、张志伟：《国内外ESG评级现状、比较及展望》，《财会月刊》2022年第2期。

ESG 总评分及环境（E）、社会（S）和公司治理（G）三个维度的评分，并计算行业均值，来评估旅游企业 ESG 平均表现。结果如图1所示。

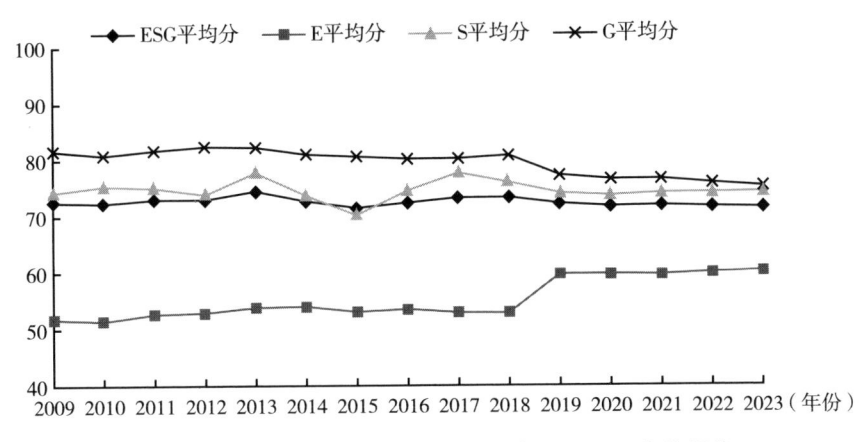

图1　2009~2023年我国A股旅游上市公司ESG年均评分

2009~2023 年我国 A 股旅游上市公司 ESG 总体平均分为 72.52，年均评分维持在 70 以上。其中，公司治理总体平均分较高，为 79.42，2018 年之前公司治理年均评分始终维持在 80 以上的水平，但 2019 年开始呈现下降趋势；社会总体平均分为 74.6，与 ESG 评分发展趋势相似，呈现波动上升态势；环境评分较低，仅为 55.41，且 2018 年之前处于 55 以下，2019 年之后维持在 60 以上的水平，这说明我国旅游上市公司在环境责任方面的关注和投入比公司治理和社会责任更少。

表 2 显示了 2009~2023 年我国 A 股旅游上市公司 ESG 表现前五名的情况。总体来看：华侨城 A 和金陵饭店的 ESG 表现始终名列前茅；早期丽江旅游、全聚德 ESG 表现较好，但是逐渐退出前五名；近年来，黄山旅游、中国中免等上市公司在践行 ESG 理念、开展 ESG 实践方面表现突出，后来居上，成功跻身旅游上市公司 ESG 表现前五名。以华侨城为例，自成立之初就一直践行可持续发展理念，至今已走出一条独特的能够实现自身经济、社会和环境效益平衡，兼顾产品力、革新力、凝聚力、责任力和生态力的"五力"可持续发展之路。

表2 2009~2023年我国A股旅游上市公司ESG表现前五名

排名	2009年	2010年	2011年	2012年	2013年	2014年	2015年	2016年	2017年	2018年	2019年	2020年	2021年	2022年	2023年
1	丽江旅游	华侨城A	华侨城A	丽江旅游	华侨城A	华侨城A	华侨城A	金陵饭店	金陵饭店	华侨城A	金陵饭店	金陵饭店	黄山旅游	华侨城A	中国中免
2	全聚德	全聚德	丽江旅游	华侨城A	金陵饭店	金陵饭店	华侨城A	锦江股份	宋城演艺	全聚德	黄山旅游	华侨城A	中国中免	华侨城A
3	华侨城A	金陵饭店	金陵饭店	金陵饭店	西藏旅游	丽江旅游	宋城演艺	丽江旅游	丽江旅游	金陵饭店	黄山旅游	华侨城A	峨眉山A	峨眉山A	锦江酒店
4	金陵饭店	丽江旅游	锦江股份	全聚德	丽江旅游	宋城演艺	三湘印象	宋城演艺	全聚德	丽江旅游	中国中免	峨眉山A	中国中免	黄山旅游	金陵饭店
5	中青旅	锦江股份	全聚德	华天酒店	宋城演艺	全聚德	中国国旅	首旅酒店	宋城演艺	全聚德	华侨城A	全聚德	金陵饭店	天目湖	天目湖

资料来源：作者根据华证ESG评级数据整理。

四 我国旅游企业推动ESG发展面临的障碍

ESG是企业实现可持续发展的路径和指南，能有效推动组织从关注自身利益最大化转变为关注社会价值最大化。然而，我国旅游企业推动ESG实践仍面临诸多障碍。行业对ESG理念的理解不深入、旅游业ESG披露体系不完善、旅游企业ESG投入成本较高、缺乏ESG披露相关专业人才是我国旅游业推动ESG发展的主要制约因素。

（一）行业对ESG理念的理解不深入

在全球气候变化的大背景下，可持续出行已成为旅游业发展的核心议题。它不仅是环境保护的必然要求，更是构筑旅游业未来繁荣的基石。然而，部分旅游企业主动披露ESG相关信息的意愿不强，企业社会责任承担水平不高，在发展过程中存在短视现象，只为追求短期利益而忽视了ESG的长期价值。例如，一些普通酒店在旺季价格飙升，行业同质化竞争严重，导游强迫购物、擅自变更行程、拒绝履行合同等现象层出不穷，给旅游行业带来了极大的负面影响，损害了游客的权益和旅游市场的健康可持续发展。事实上，ESG议题的落实不仅需要营利性组织的企业付出努力，其他非营利性组织也应当参与其中，成为落实主体[①]。因此，旅游行业应主动联合起来，不断深化对ESG理念的认识和理解，为践行ESG理念作出行业贡献。

（二）旅游业ESG披露体系不完善

当前，我国ESG发展尚处于初级阶段，缺乏统一的ESG信息披露标准，导致旅游企业ESG信息披露质量不高。尽管已有一些机构制定了ESG信息披露标准，但同一行业的企业会选择不同的标准进行自愿披露，这就导致信息可靠性不足，披露内容无法全面反映企业的真实情况，投资者无法对企业信息披露的数据进行比较、无法作出合理的投资决策。此外，我国A股旅游上市公司的ESG报告层次不清、详略不一，大多缺少定量分析。例如，在员工培训、客户隐私保护措施等方面，大部分旅游企业倾向于陈述其推出的内部文件和项目，表明重视相关事项，而缺乏具体的数据分析。

（三）旅游企业ESG投入成本较高

ESG管理体系的建设是一个持续过程，初步框架可能需要几个月时间来规划和实施，而全面地整合和优化可能需要更长时间。ESG覆盖范围较广，涵盖旅游企业的战略规划、生产经营、治理结构和措施、员工责任、安全管理、供应链管理等方面，信息收集工作量大且数据分散，统计核算难度较大，各部门协调和沟通成本较高，还需要进行内部培训、数据管理系统的开发、第三方鉴证服务、专业咨询等，上市公司等大型旅游企业ESG披露仍存在困难，对中小型旅游企业而言更是不可能完成的任务。在ESG实践方面，旅游企业需要对以往业务模式、运营系统、管理方式等作出变革和转型，在这一过程中会遇到更多挑战。

---

① 肖红军：《解构与重构：重新认识ESG》，《暨南学报》（哲学社会科学版）2024年第5期。

（四）缺乏 ESG 披露相关专业人才

旅游企业 ESG 从业人员的工作主要集中在信息披露、评级管理和管理提升三个部分。其中，信息披露主要是撰写 ESG 报告；评级管理是通过提升 ESG 评级来提升旅游企业在资本市场的价值；管理提升则是帮助旅游企业建立和梳理 ESG 管理流程、管理架构、管理制度等。第三方服务机构的 ESG 从业人员主要提供 ESG 审计、ESG 报告撰写、提升 ESG 评级，以及与碳排放相关的碳核算、碳捕捉等专业技术服务。近年来，ESG 的相关标准和评级方法变化较快，对于拥有持续学习能力和与时俱进理念的 ESG 专业人才需求增大；而培养高质量 ESG 专业人才需要花费大量时间和成本，传统金融人才 ESG 投资相关知识和技能欠缺，也造成 ESG 人才的缺乏。

五 我国旅游企业 ESG 发展展望和建议

未来，旅游业要进一步深化对 ESG 理念的认识和理解，主动为践行和落实 ESG 理念作出行业贡献。我国应继续完善旅游业 ESG 框架和体系，形成具有中国特色的旅游业 ESG 标准和实践模式。随着"双碳"目标的深入推进，旅游企业应继续推动绿色转型，加强环境治理和生态保护，降低碳排放和资源消耗。学界也应加强对旅游业 ESG 的研究，从而为行业实践提供理论支撑。

（一）进一步深化对 ESG 理念的认识

目前，旅游业对 ESG 还存在一定误解，一些企业将其视为一种风险管理手段而非责任义务。事实上，推动旅游业 ESG 发展能够帮助旅游企业有效管理其经营决策和活动对环境和社会可持续发展的影响，同时也有利于旅游企业的可持续经营和发展。ESG 的行为主体尽管通常是企业，但也包括行业协会等非营利组织。因此，行业协会要积极响应 ESG 理念，引导旅游企业践行 ESG，并不断加强与国际社会的合作和交流，引导旅游企业的 ESG

体系建设与国际标准接轨，以实现中国旅游业的服务和品质的高标准化，提升我国旅游业的国际竞争力。

（二）使旅游业 ESG 披露指南成为行业规范指引

制定旅游业 ESG 相关披露指南，能够引导旅游企业在环境保护、社会责任和良好治理等方面取得更好成绩，提升我国旅游企业和旅游业的整体形象。通过规范的 ESG 披露，旅游企业能够更好地平衡经济、社会和环境的需求，提升自身的可持续发展能力。2023 年，全国旅游标准化技术委员会发布了《旅游企业环境、社会和治理信息披露指南》（征求意见稿），将成为旅游业 ESG 信息披露原则、披露内容、披露形式的基本指南。2024 年，《旅行服务商 ESG 信息披露指南》团体标准正式立项，计划搭建"1+N"的 ESG 体系，构建旅游行业特色的 ESG 信息披露机制，促进旅游企业积极履行 ESG 信息披露义务。

（三）鼓励旅游企业积极作为，主动践行 ESG 理念

旅游企业应将 ESG 实践从一项传统的公益社会责任转变成一个完整的风险管控体系，助推旅游企业转型发展。一方面，旅游业的龙头公司应该率先开展 ESG 信息披露，以大企业带动小企业的方式，引起行业对环境保护的重视，并定期分析企业自身的治理状况，制定改进方案并对后续实施过程进行监督，从而提高企业效率，降低企业的长期风险。另一方面，旅游企业应加强对员工的培训，将环境和气候特定主题纳入旅游培训方案的学习课程，使之充分了解 ESG 理念的重要性、树立 ESG 价值观，使之养成收集完整 ESG 信息的习惯，从而全面推进旅游行业可持续发展。此外，旅游企业应在公司经营层面倡导 ESG 理念，提升旅游企业的竞争力和可信度；在产品营销方面，重视对游客和消费者的环境教育，引导其更加自觉地践行可持续行为。

（四）加强旅游业 ESG 研究，为行业实践提供理论支撑

ESG 不同于传统意义上的企业社会责任，可以说，ESG 继承了企业社

会责任的部分基因，从慈善性的自愿行为到利益相关者管理行为再到高阶形态的战略性行为，ESG强调企业运营与社会发展相互依赖、相互影响、相互促进，形成共生共益的企业和社会关系。当前学界对旅游业ESG的研究仍处于起步阶段，仅有少数学者研究了旅游企业ESG信息披露和ESG表现对旅游企业财务风险和投资效率的影响，分析了ESG理念与旅游业可持续发展之间的关系，但这不足以为旅游业开展ESG实践提供充足的理论支撑。因此，要不断拓展旅游业ESG研究的范围和层次，采用多种研究方法对不同行业、不同类型旅游企业的ESG实践和策略进行分析，并探讨其对企业价值、绿色创新以及新质生产力等方面的影响，为旅游业ESG的未来发展指明方向。

G.7
数字化赋能旅游全场景消费

刘佳昊 张 琳*

摘　要： 当前，全场景消费正成为当前旅游消费的典型特征。在游客出行过程中，旅游消费场景丰富程度不断提升、结构持续变化，旅游与本地场景更加契合。这种变化趋势依赖于居民收入和文旅行业供给水平的提升，也受益于信息传播技术的变化和政策的大力支持。要素融合、场景联动的背后，离不开行业数字化转型带来的赋能效应。本文通过行业数据分析和案例研究剖析了数字化对旅游全场景消费的影响机制，认为数字化从场景呈现、场景甄别和场景进入三个方面更好地适应了游客的消费变化趋势，帮助构建更适应当前消费需求的供给体系。数字化已经成为新时代扩大旅游消费、推动旅游业高质量发展、满足人们美好生活需要的坚实支撑。

关键词： 旅游消费　全场景消费　数字化　高质量发展

一　引言

场景是一个含义多元、用途广泛的词语，原多用于戏剧影视行业，意指电影、戏剧中的某个场面，后也泛指生活中的各类情景。不同学科语境和研究视角对这一概念的理解也存在差异。如社会学中的"场景理论"关注的是城市中各种生活娱乐设施（该理论所称的"场景"）背后蕴含的功能结

---

* 刘佳昊，美团研究院研究员，研究方向为旅游经济与数字经济；张琳，美团研究院副院长，研究方向为服务经济。

构与文化价值观如何影响城市更新与转型[1]。传媒学将场景作为媒体的核心要素，更关注新的传媒技术如何影响大众的信息接收和传播方式[2]。在经济学研究中，对消费者行为、消费影响因素等议题的研究由来已久，因此消费场景是更受关注的一个议题。20世纪末，有学者首先关注到消费者所处环境对其行为和决策的影响，如Bitner提出了服务场景的概念，将其定义为服务场所中经过特别设计和精心管理的物理环境要素，并进一步概括为氛围要素（ambient conditions），空间布局与功能（space and layout），标志、象征物和工艺品（signs, symbols and artifacts）三个维度[3]。对服务场景的研究也引发了更多学者对消费场景的关注，并在此基础上做了更多拓展。如Baker等增加了人群数量、他者行为等人为因素[4]，Rosenbaum增加了社会象征维度和自然维度等[5]。旅游消费场景是旅游活动中的重要构成要素，也是本文关注的研究对象。张辉、徐红罡提出了旅游体验场景的概念，将场景分析引入旅游研究过程中，认为旅游体验场景是游客在整个旅游目的地（而非旅游目的地的某些服务场所）所感受到的各种有形、无形环境要素的综合，它包括物理、社会、社会象征和自然4个维度[6]。傅才武、王异凡以长沙超级文和友文化为例，研究了商业综合体是如何通过沉浸式的文化消费场景设计，来给予消费者独特文化消费体验的[7]。

---

[1] 吴军：《城市社会学研究前沿：场景理论述评》，《社会学评论》2014年第2期；特里·N.克拉克、李鹭：《场景理论的概念与分析：多国研究对中国的启示》，《东岳论丛》2017年第1期。

[2] 彭兰：《场景：移动时代媒体的新要素》，《新闻记者》2015年第3期。

[3] Bitner, M. J., "Servicescapes: The Impact of Physical Surroundings on Customers and Employees," Journal of Marketing, 1992, 56 (2): 57-71.

[4] Baker J., Grewal D., Parasuraman A., "The Influence of Store Environment on Quality Inferences and Store Image," Journal of the Academy of Marketing Science, 1994, 22 (4): 328-339.

[5] Rosenbaum M. S., "The Symbolic Servicescape: Your Kind is Welcomed Here," Journal of Consumer Behavior, 2005, 4 (4): 257-267.

[6] 张辉、徐红罡：《触"景"会生"情"吗？——旅游体验场景和目的地熟悉度对游客地方依恋的影响》，《旅游学刊》2023年第6期。

[7] 傅才武、王异凡：《场景视阈下城市夜间文旅消费空间研究——基于长沙超级文和友文化场景的透视》，《武汉大学学报》（哲学社会科学版）2021年第6期。

另外，数字化的发展，对旅游业的效率、结构以及商业模式等产生了较大的影响[1]。乔向杰认为智慧旅游背后的互联网及数字技术促进旅游消费升级，可以实现消费的跨区域、全时空、泛在化[2]。赵磊指出，数字技术赋能催生了旅游新业态，更好地满足了旅游市场的多元化需求[3]。杨晓琰和宋瑞研究发现，数字经济可以通过消费需求、技术创新和制度变革对旅游产业发展产生影响[4]。在数字技术的影响下，除了线下的物理环境，旅游场景甚至可以向虚拟空间扩展，如于秋阳认为旅游场景可以包括线上的虚拟空间，由大数据、移动设备、社交媒体、传感器、定位系统构成，它不限于可感知的物理空间来赋予，而是通过与网络空间、电子情境、虚拟现实相连接的多维度信息流为线上消费者提供"在场感"体验。

本文关注的旅游消费场景可以定义为消费者在旅游过程中所处的有形和无形环境要素的综合，它包括人工、自然、社会、文化4个维度。其中，人工是指人造因素如装置、装修、图画等空间硬件，也包括音乐、气味等无形人造物；自然是指温度、天气、景色等非人工的环境因素；社会是指其他消费者、服务提供方的行为因素，如同行游客的表现和评价，消费目的地的演出、互动等；文化是某些具有象征意义的符号标识，普遍流传的故事、传说等具有文化寓意的内容。一般来讲，旅游消费场景，就是研究游客在何时何地、何种状态及氛围下进行旅游消费，旅游场景是一个比旅游业态或旅游要素更为宽泛和通用的概念，如业界经常提到的"食住行游购娱"旅游六要素，其实质是对旅游过程中涉及的各种商业业态的概括，也是对消费场景的归纳。从消费场景视角出发，本文发现全场景消费已经成为旅游的显著特征，游客涉足的场景范围不断扩展、主要场景更加分散、新的消费场景也不断涌现，这一现象背后离不开大众收入水平的提升、市场供需结构的变化、

---

[1] 陈琳琳、徐金海、李勇坚：《数字技术赋能旅游业高质量发展的理论机理与路径探索》，《改革》2022年第2期。
[2] 乔向杰：《智慧旅游赋能旅游业高质量发展》，《旅游学刊》2022年第2期。
[3] 赵磊：《数字经济赋能旅游业高质量发展的内涵与维度》，《旅游学刊》2022年第4期。
[4] 杨晓琰、宋瑞：《数字经济对旅游产业发展的影响机理》，《地理科学进展》2024年第10期。

消费习惯的演进以及政府政策的扶持,其中尤其值得强调的是,遍及各行业的数字化转型浪潮为旅游全场景消费带来的潜力和机遇。在此背景下,本文依托美团平台数据,对当前旅游全场景消费的趋势特征、驱动因素,以及数字化的作用机制等进行了分析,进一步加强了对旅游行业变革方向、消费变化趋势以及数字化促进旅游业发展的研究和认识。

二 全场景消费成为旅游消费的新趋势

旅游全场景消费主要体现在以下几个方面。一是旅游过程中,游客经历过的消费场景的范围在拓展、数量在增加,呈现"点—线—面"的演变趋势;二是旅游消费场景的结构变化,传统意义上的核心场景与非核心场景正在出现角色变化;三是游客的消费场景和本地居民的消费场景不断重合,呈现本地化、主客共享的典型趋势。

(一)旅游消费场景丰富度提升

在旅游业发展的早期,居民对出行充满热情,但出游场景很受局限。在有限的时间内游览最知名的景点是游客的常见选择,旅游往往呈现比较明显的"景区—酒店"两点一线或几点多线的模式。而近年来,我国旅游消费正从观光向度假、体验全面升级,游客旅游方式逐渐向休闲、度假、参赛、康养等多目的综合性活动转变,游客不再仅仅满足于"走马观花"式的点对点游览风景,而是更希望能在目的地沉浸式体验,更全方位、多场景地感受假期带来的放松愉悦。因此,旅游过程中涉及的消费场景不断丰富拓展,一次出游中会有多种业态的消费记录,以美团商户所属的二级品类衡量其场景差异,游客在旅行过程中消费过的场景数量逐年递增,近五年增长11.1%[①](见图1)。

此外,美团数据显示,从需求看,从2019年第三季度至2024年第三季

---

① 如无特殊说明,本文图表所用数据均来自美团。

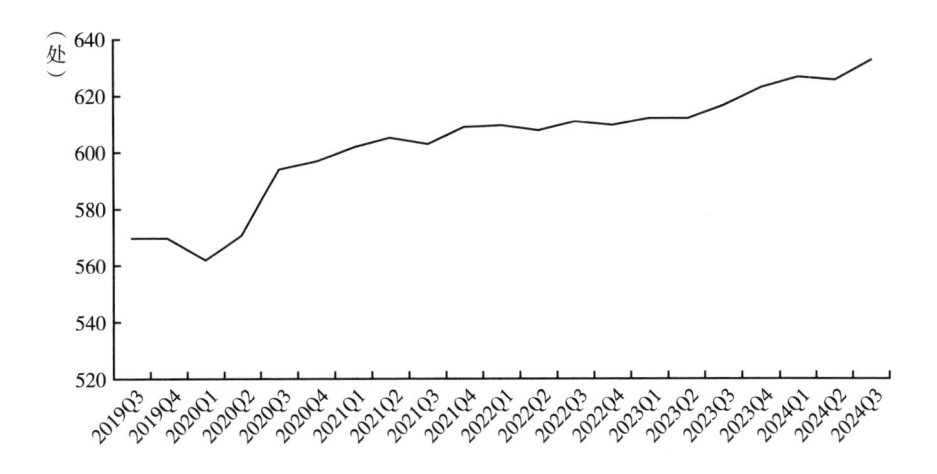

图1　游客在旅行过程中有过消费记录的场景数量

度，异地游客在餐饮、电影演出、购物、旅游、休闲娱乐、运动健身、住宿等各类消费场景中的人均消费订单笔数在持续上升，平均订单笔数从2019年第三季度的3.98笔提升至2024年第三季度的4.68笔，其中增长最明显的是购物、运动健身和餐饮3个场景，统计周期内的人均消费订单数量分别提升了1.6笔、1.1笔、1.1笔（见图2）。若从供给侧看，从2019年第三

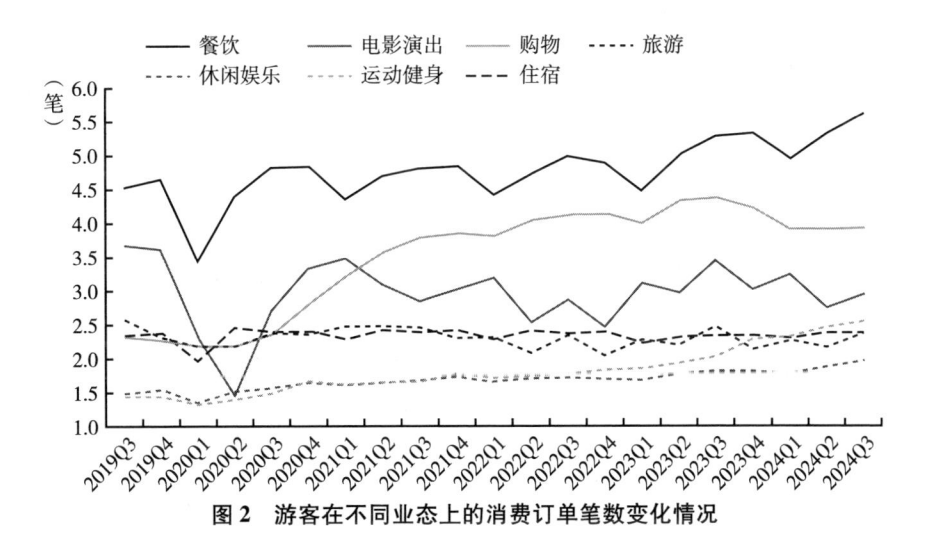

图2　游客在不同业态上的消费订单笔数变化情况

季度至2024年第三季度，全国范围内有过异地游客消费记录的商户数量总体呈现逐年递增趋势；分业态场景，作为传统核心场景的旅游景区及住宿业态分别增长204.9%和188.9%，而休闲娱乐、运动健身两类业态的商户数量的增幅则达到538.6%和826.6%。

（二）旅游消费场景结构变化

在范围拓展的基础上，旅游消费场景结构分布也有所变化。在传统的观光游过程中，景区是绝对的核心，消费者在景区消费之外可能会有部分的消费溢出。近些年，许多非著名的景区景点甚至一些非景点都成为消费者的打卡地和异地消费目的地。随之产生的第一种趋势就是景区门票在旅游消费中的占比降低。景区越来越成为吸引游客来到城市消费的"起点"而非旅游消费的"终点"，游客在游览景区前后会在餐饮、住宿、购物、休闲娱乐等业态进行消费，从而促成不同场景之间消费比重的变化。美团数据显示，在各典型消费场景中，景区门票订单量占比有逐渐下降趋势（见图3）。但也应该注意到，游客消费对当地经济的贡献并不局限于景点门票收入，而是辐射到全域综合消费，对各地旅游发展的情况，也需要"算总账"。以西安为例，2024年，大唐不夜城等景区的微利经营受到大众关注，但免费景区实际上是打造旅游地标，在提升自身知名度的同时能够吸引更多游客来访，带动全域综合消费。美团数据显示，2024年上半年，游览过西安几大热门消费景区（大唐芙蓉园、西安城墙、秦始皇帝陵博物院、长恨歌、长安十二时辰主题街区、曲江海洋极地公园）的省外游客在餐饮、购物、休闲娱乐等场景中的消费额分别增长了19.9%、59.4%和60.3%，有力地带动了城市消费。

结构变化的第二种趋势就是其他消费场景的兴起。一种典型现象是"住着玩"的兴起。过去，酒店被视为旅行中的"歇脚地"，主要功能是提供住宿。然而，这一观念正在逐渐被颠覆，一批度假酒店和特色民宿正成为游客旅行的重要目的地，许多度假游客旅游的初始动机就是到这些提供综合服务的酒店进行体验消费。为了满足消费者日益增长的多元化需求，酒店业

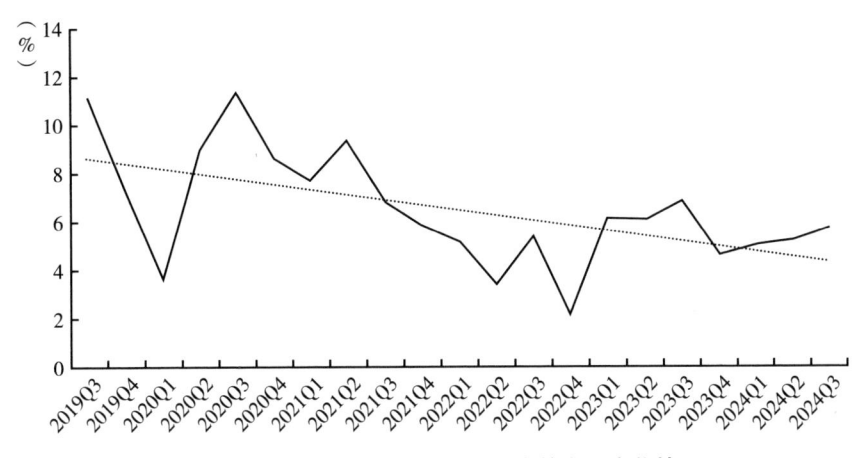

图 3　景区订单量在旅游休闲场景中的占比变化情况

开始大力发展"酒店+"模式。这种模式不仅包括传统的住宿服务，还涵盖了游乐园、儿童公园、商场等多种业态，甚至为住店客人配置了直升机、游艇、旅拍、VR等多元"玩乐"项目。特色酒店往往自身就是生态目的地，能够满足游客的多样化需求、提升整个旅行体验。通过提供丰富的娱乐和休闲项目，酒店不仅延长了游客的停留时间，还提高了他们的满意度和忠诚度。酒店不再只是一个过夜的地方，而是一个充满体验和乐趣的综合性目的地。消费者越来越重视度假酒店和民宿的综合服务能力，期待在住宿的同时享受到更多的娱乐和休闲体验。其次是许多"非典型"的旅游项目逐渐受到大众青睐，一些本地玩乐项目如艺术展览、LiveHouse、足疗养生馆、洗浴中心等也成为旅游打卡的新型目的地，美团数据显示，2024年第三季度，健身中心、游戏厅、洗浴、密室等非传统意义上的旅游场景中，异地游客消费额相较2019年同期均有大幅增长，分别达到1522.2%、1098.1%、249.8%、128.4%。

（三）旅游场景与本地场景的重合

全场景消费的另一种体现是本地生活场景和旅游消费场景的交叉融合。越来越多的游客广泛融入目的地的公共空间和休闲场所，部分游客甚至以体验目的地居民的生活场景作为其旅游目的。本地居民的日常生活场景成为重要的旅游消费对象，游客不仅要游览本地人的景点，还要过本地人的生活。本地公园、居民菜市场、有烟火气的地道馆子，多种生活场景背后体现的是一种对烟火气的追求，也是对"真"的渴望。正如相关研究显示，大部分游客既希望能获得不同于惯常环境的新奇性体验，又想要体验到与自己日常生活习惯相适应的优质服务，这体现为陌生感和熟悉感的权衡关系[①]（见图4）。即使游客不以体验目的地居民真实生活为原初目的，但在非惯常环境中突然接触、体验到具有真实意蕴和生活气息的熟悉场景，仍然会享受到既熟悉又陌生的奇特体验。技术的进步是这种现象产生的重要原因，进入网络数字时代，"主客共享"不再是一句口号，而成为一种正在发生的趋势。各类互联网平台中聚合的海量评价及榜单等信息，成为异地游客和本地居民消费决策的重要参考，异地游客和本地居民之间的信息不对称也被缩小。近年来，更多人涌向文化公园、游乐场、主题乐园、开放性的空间、文物古迹和代表当地文化特色的展览馆与城市公共文化展示馆。美团研究院的问卷调查数据显示，在因为信息不足而不知道"去哪儿玩"时，69.2%的受访者会借助大众点评等综合信息平台来获取更多休闲旅游出行信息，这一情况在出游时更加显著。美团平台的交易情况显示，近年来，多地的热搜景区TOP榜单中，具有本地气息的公园、场馆等景区排名均有上升，在2024年第一季度的公园和广场类景区订单中，异地游客消费增速高达15.5%，显著高于本地居民。在餐饮、休闲娱乐等消费场景下，"地道""本地特色""老字号"等也成为热搜关键词，体现出游客对本地特色元素的关注。在2024年7~8月的暑期，在美团/大众点评中与"本地人推荐"相关的搜索量同比上升了119.4%。

---

① 陈兴：《"虚拟真实"原则指导下的旅游体验塑造研究——基于人类学视角》，《旅游学刊》2010年第11期。

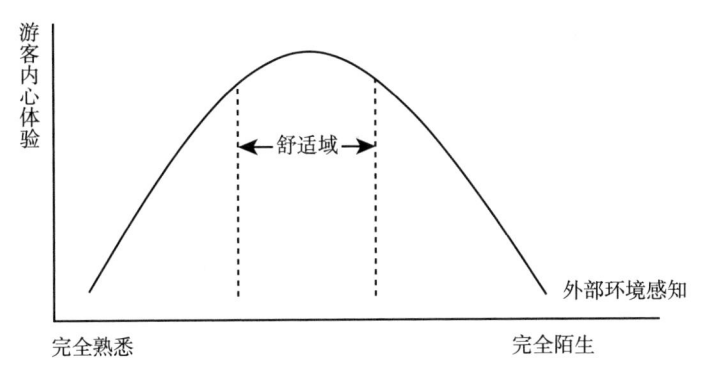

图 4　外部环境熟悉程度与游客体验的关系

三　旅游全场景消费的驱动因素

（一）居民收入水平提升

旅游消费场景的拓展和变化离不开国民收入水平的提升。党的十八大以来，我国旅游业蓬勃发展，新业态、新模式不断涌现，综合效益越来越高，新型文旅消费已成为大众美好生活的重要内容。在供给升级和需求带动的双向作用下，我国旅游业蓬勃发展，我国已成为全球最大的国内旅游市场，也是国际旅游最大客源国和主要目的地。经济社会的发展带动了旅游消费需求的整体攀升，还为旅游消费升级奠定了基础，从多方面促成了旅游全场景消费。发达国家的经验表明，大众消费结构与收入紧密相关，人均GDP达到1万美元后，食品、服饰等生存型消费支出下降，发展型、享受型消费的比重会快速上升。2023年，我国居民人均可支配收入已达到39218元，实际同比增长6.1%，随着收入水平的提升及行业市场化程度的提高，城乡居民休闲旅游消费的意愿和能力也大幅提升，与此对应的大众消费偏好和消费观念也会发生变化。据文化和旅游部数据中心测算，国庆节假日7天，国内出游7.65亿人次，按可比口径同比增长5.9%，较2019年同期增长10.2%；国内游客出游总花费7008.17亿元，按可比口径同比增长6.3%，较2019年同期增长

7.9%，文旅消费市场稳中向好。在此背景下，旅游从景点观光游览向综合体验转变，出游目的和出游方式由单一转向多元。游客更有动力长期驻留目的地、深入感受当地文化风俗，本地居民也得以从事更多旅游等户外休闲活动。在我国旅游业发展初期，旅行更多的是外宾或者少部分人群的活动，因此其旅游过程中的各场景都与日常生活体验完全不同，游客享受到的是针对他们的"定制化"产品及服务，处处体现出与居民的差异。旅游市场的蓬勃发展，让旅游从特殊活动发展为大众消费行为，旅游与本地休闲的差异性、与本地生活的疏离感也越来越小，旅游过程中各种消费场景的融合也不断加速。

（二）供给场景不断丰富

全场景消费的现象看起来是消费需求的变化，但实际上更离不开全场景供给的支撑。一方面是旅游投资和业态创新的持续进行，为广大游客提供了更多的旅游目的地选择；另一方面是更广泛的、包含服务业各种场景在内的供给数量的增加与质量的提升，城市消费业态的繁荣不仅给居民消费带来便利，也使游客的需求得到更好的满足。供给数量的增加也推动更多个性化、小众化的产品和场景走入大众视野。当下的休闲度假旅游市场更为细分，非惯常的休闲项目、个性化的旅游目的地不断涌现，汇聚成可与主流市场相匹敌的市场容量。除了线下实体商业和游览设施的繁荣，线上平台也发挥了重要的供给助推作用。这主要体现为平台更好地实现了供需匹配、充分发挥出"长尾效应"，也助推个性目的地、特色旅游方式、新奇旅游线路等越来越多的小众化需求走向大众市场。例如，侧重城市周边休闲的"微度假"兴起。游客利用周末或平时的碎片化时间进行的更加轻体量的度假旅游，表现出微区域，即聚焦周边城市的客群；微时间，集中在1.5天周末游和小长假游；微距离，可以实现自驾车1.5小时及高铁1小时到达等典型特征。微度假有效迎合了城市居民的新需求，整体表现出市场规模快速增长、决策时间变短、消费场景融合、休闲游憩碎片化等方面的发展趋势。此外，小众运动走向大众化也是生动范例。帆板、攀岩、垂钓、铁人三项、斯巴达勇士赛等多种运动类型逐渐走热，美团数据显示，2024年上半年，全国范围内"马术课"相关订单量同比增长74.8%,"网球"相关订单量同比增长128.7%,徒步蕨类森林、苍山采野生菌、去溪流边拓染等部分县城新奇体验的订单迎来快速增长。

(三)信息传播扩容加速

消费场景的变化虽然发生在行程中,但其实游客在行前进行旅游决策时,就已经与传统的方式产生了差异,这主要是因为进入网络数字时代后,旅游信息传播的方式更加多样、速度更快、范围更广,大众有多元化获取信息和互动交流的需求及能力,旅游行为决策也从依托亲友口碑传播和旅行社信息传播向依托网络评价口碑传播转变。各类互联网平台中聚合的海量点评、攻略、游记等信息,成为游客消费决策的重要参考。市场中的信息差异逐渐缩小促成了消费偏好的一致性表达。由于不同的消费者群体可以较低成本获取大量信息,本地和异地消费者的信息不对称被极大程度地缩小,大众喜爱的吸引物将同时为本地居民和异地游客所选择。因此,过去受信息局限,对目的地了解非常有限从而只能选择有限消费场景的游客,当前受益于各种信息渠道的丰富,也可以选择更多的消费场景,甚至可以在信息平台的帮助下快速掌握和当地居民类似的信息量,准确地找出地道餐厅、"宝藏小店",这也解释了不同地域消费者的行为决策趋同特征。此外,消费者的决策场景也愈加丰富,越来越多的人会从各种渠道了解旅游目的地,在不同的场景下作出出游的决定,其旅游出行目的和方式也与传统有所区别。除已被较为充分地研究过的影视、文艺作品之外,近年来得益于制作技术的进步,游戏、动漫等新艺术形式也因为更沉浸、更独特、更写实的线上体验而成为新的"旅游激发器"。2024年爆火的游戏《黑神话:悟空》有力地带动了取景地山西的文旅消费潜力,8月20日游戏上线当天,山西景区的旅游热度环比增长156%,隰县小西天景区单日售出门票数同比增长300%;8月23日,山西省27个涉文物景点共接待游客12.66万人次,环比增长21.86%;门票收入552.8万元,环比增长16.18%[①]。这些新趋势叠加社交

---

① 杨逸:《"爆款"游戏能否续写文旅"神话"?》,《南方日报》2024年9月8日。

网络的影响放大效应，促使当前我国文旅消费热点城市和主题快速轮动，不断有新场景、新元素成为大众"打卡"的新偏好。

（四）政策支持不断加码

全场景消费的发展也离不开政策的大力支持。当前，旅游消费场景愈加受到各界的关注，尤其是新场景的构建和发展，正显示出经济、社会、民生领域的多重价值。对市场主体来讲，伴随新技术、新模式而出现的新场景，代表了游客的新消费趋势和新商业机遇；对大众而言，旅游消费场景的更新扩展是体验更加丰富、游玩选择更加多样的前提，是提升幸福感的重要路径；对各地政府来讲，新场景是地方挖掘消费潜力、促进经济发展的新增长点。国家从整体上重视新场景对消费增长的作用，近几年出台多项政策文件进行方向性指引，2024年国家发展改革委等部门研究制定了《关于打造消费新场景培育消费新增长点的措施》，重点指出，要围绕居民吃穿住用行等传统消费和服务消费，培育一批带动性广、显示度高的消费新场景，……推动消费新业态、新模式、新产品不断涌现，不断激发消费市场活力和企业潜能。这些政策的发布与落实为旅游场景的丰富、新场景的打造提供了坚实支撑。与此同时，想要让旅游活动从单一场景向全场景转变，也需要以一定能级城市的整体服务体系为依托。在信息容量和传播速度激增的背景下，各个城市都可能因为某些风景、活动或事件而突然获得巨大关注，但只有良好的公共服务、完善的基础设施和规范的市场环境才能让城市对这些突如其来的流量形成良好承接，并让这种短期的吸引力"长效化"。越来越多的城市在发力提升治理能力和公共服务水平，旅游城市不仅要在旺季以游客为中心，提升旅游体验；同时也应兼顾本地居民生活和外地游客度假的需求。更多地方政府认识到，只有把在一定时期内竭尽全力满足游客需求的"热心肠"转化为持之以恒的便利化、智慧化的城市服务"硬设施"和法治化、透明化的城市服务"软环境"，才能真正培育主客共享的美好生活新空间，进而实现本地居民休闲消费和异地游客旅游需求的双重释放。

四 利用数字化更好满足游客全场景消费需求

全场景消费本质上是一种消费趋势，其形成与变化离不开线上线下的融合发力，尤其是文旅行业的数字化转型。数字化对旅游全场景消费的赋能和推动作用主要体现在以下几个方面。

（一）场景呈现满足"找得到"

对于游客来讲，不论出于什么样的出行目的，想要实现全场景消费的首要条件都是要能"找得到"。获取足够的信息帮助自己做消费决策是至关重要的，交易主体为了获取更多信息会付出不同程度的搜寻成本，信息越不完全、搜寻成本越高，交易摩擦也就越大，当信息搜寻等各种费用大于交易获得的收益时，交易规模会不断萎缩直至市场完全消失[①]。这在以旅游业为代表的生活服务行业表现得尤为突出，因为与有形的实物商品零售相比，服务消费的难点之一是衡量服务的质量，对于"人生地不熟"的游客尤其如此。游客在消费时的搜寻、评估、选择过程中会面临更大困难、更高的成本，这种信息不足造成的错配会在供需两端造成不良影响，一方面，信息不对称让消费者无法判断哪个商户的服务是优质的，可能会减少甚至停止服务类商品的消费，导致需求减少；另一方面，市场会出现"劣币驱逐良币"的现象，进而使供给下降，给服务消费的提质扩容带来较大的制约。缺乏高质量的信息会让旅游消费萎缩，在极端情况下，即使现实世界中存在丰富的场景供给，信息的匮乏仍然会导致交易失败。每年各地旅游业的"宰客"事件，反映出信息不足带来的信任危机和秩序混乱。美团研究院2023年的问卷调查显示，在休闲娱乐和旅游消费中，如果消费者因信息不足而始终不知选择去哪儿休闲旅游时，会有56.9%的娱乐和旅游需求从市场流

---

① 孙日瑶、刘华军：《选择与选择成本——品牌降低选择成本的机制分析》，《财经论丛》2008年第1期。

失,转变为宅家休闲或工作/学习等活动,这意味着从源头上损失了一部分旅游消费。更重要的是,当前的旅游活动需要更加准确、全面、及时的消费信息,因为智能手机的普及让旅游的基于位置服务(LBS)属性进一步加强。以往的许多旅游决策是前置的,即在出发前就已经选好了所有的消费场景和消费方式,但当下的游客更需要的是特定场景下的适配信息或服务。旅游数字化的发力方向之一就是通过各种智能设备、各种在线平台理解人们此时此刻的线下行为,并将线上与线下的服务结合起来,给游客充分的信息参考。

越来越多的线上化工具更直观、准确地帮助消费者看到不同业态场景的供给,提供了消费的先决条件。如大众点评推出的"旅游美食地图",给游客提供了多种多样的便利化消费选项,让目的地城市的旅游消费体验不断提升。"旅游美食地图"包括城市漫步(手绘地图+LBS实景地图)、城市攻略、城市热门活动、城市招商专区、消费者评价等模块。手绘地图模块能够呈现目的地特色游的城市线路内容攻略,降低了用户了解城市及城市周边餐饮、住宿、休娱的成本。实景地图主要是基于位置的实时地图服务工具,为消费者提供更清晰的导航,方便消费者合理规划出行路线、收藏地点、商户信息等,以及搜索周边酒店、景点、购物、美食、商业街区等,为消费者提供全方位的指引服务。

(二)场景甄别满足"选得对"

"找得到"只是数字化为游客解决的第一个难题,但在此基础上,"选得对"也是全场景消费的一个关键要素。理解这一要素的关键仍是信息,除了信息不足,信息错配的另一个表现是信息过载(Information Overload),即信息搜寻者获取的信息数量超出其信息处理能力,导致其决策效率下降的现象。心理学研究认为,人在处理信息时需要动用注意力资源,信息过载容易带来注意力匮乏,信息数量和决策质量之间呈"倒U"形关系。在网络数字时代,在线交易极大地扩展了消费者的选择范围,但信息来源也同时出现爆炸式增长,商品和服务信息总量过大、信息更新速度过快、冗余信息过多、个性化推荐系统相关性差等会导致商品信息超过接收者的处理能力，明显提高市场主体尤其是消费者的搜寻成本、降低市场的交易效率①。信息过载会引起用户倦怠和抗拒心理，导致用户决策困惑、决策延迟甚至不做决策，从而出现消费体验下降甚至交易消失的情况。如何甄别更好、更适合的消费场景，让游客充分地接收信息并作出正确的选择，是在旅游消费场景扩展时更易遇到的问题。

其中一种重要的手段是通过大众评分评价衍生出的榜单、推荐系统进行信息过滤和场景甄别。近年来，"行前搜索，行中打卡，行后分享"已经成为越来越多游客的出行模式，以大众点评为代表的网络评价平台已经成为覆盖本地生活和外出旅游全场景、"吃住行游购娱"全链条的综合性品质生活指南，基于在线评论而构建的评分和榜单产品已经成为帮助游客解决"去哪儿玩""怎么玩儿"等问题的重要工具。美团研究院的问卷调查显示，在不知道去哪儿玩时，有31.9%的受访者通过榜单来解决信息过载问题。大众点评上覆盖了旅游消费场景的"必住榜""必玩榜"等榜单，通过极具辨识度和公信力的星级评级和榜单类产品，汇聚海量商户信息和用户评价，成为切实帮助消费者针对多元诉求进行合理高效决策的榜单工具。最新数据显示，2024年大众点评必住榜覆盖了1148家酒店和民宿，在52个城市和地区为消费者提供住宿决策辅助，必玩榜上榜目的地1306家，2023年上榜必玩地交易总额近26亿元，必玩榜及上榜必玩地历年累计浏览近2.3亿人次。仅2024年国庆假期前的一个月，必住榜的流量同比增长241%，必玩榜流量同比增长496%，必住必玩榜单的行前场景流量同比增长81%，必玩榜的行中场景流量同比增长133%。这一趋势不仅推动了旅游业的创新和升级，也为更多生活化的场景注入旅游消费活力。

---

① 傅才武、王异凡：《场景视阈下城市夜间文旅消费空间研究——基于长沙超级文和友文化场景的透视》，《武汉大学学报》（哲学社会科学版）2021年第6期；陈琳琳、徐金海、李勇坚：《数字技术赋能旅游业高质量发展的理论机理与路径探索》，《改革》2022年第2期。

（三）场景进入满足"玩得上"

数字化的赋能效应不仅体现在信息的传播和筛选上，还体现在能有效提升各类场景的"可进入性"上。传统信息媒介的一个短板是，其仅能在游客作出决策，选定心仪的场景、产品或服务时提供信息，而不能完全确认这次行程是可完成的，确认交易还需要通过其他渠道或者直接线下确认；而传统OTA平台虽然实现了大交通、景区、住宿等主要场景的交易确认，但对于更多的分散化消费场景则缺乏触达。大众旅游时代，消费者对旅游过程中各个消费环节的确定性和便利度都有着更高的要求。确定性是消费者对消费过程、消费结果形成较强把控感和稳定性预期之后，在日常生活中提高舒适度并形成幸福感的过程；便利化则是人们在购买和消费产品的整个旅程中对于时间、体力、精力和心力等非货币成本要素努力的感受，除了基础意义上的时间便利、体力便利、精力便利，愉悦感和幸福感也属于广义便利的范畴，也是便利的终极目标。当游客乘兴而来，需要进入一个新的消费场景，其需要的是消费全过程的便利化，否则交易失败就会导致败兴而归。旅行过程中的消费便利化和确定性背后需要信息线上化和交易数字化的叠加，这是一个对传统消费业态进行长期改造的系统工程，它要求原本"小、散、弱"的各类生活服务商户在客户管理、库存管理、售后管理等环节上实现标准化、数字化，让供给信息与需求信息实现实时打通，从最基础的"开关店信息"开始，让线上预订、身份核验、交易确认、排队情况、售后服务等一系列功能上线，在人工智能应用更加成熟的当下，还争取能实现更多场景的智能化，以此随时随地满足游客"玩得上"的需求。现在更全面的生活服务消费平台已经让游客的确定性与便利化需求得到更好的满足，这一方面比较明显地体现为当前消费者的旅游决策时间越来越短，以北京市为例，从搜索周边酒店民宿到实际下单的时间，2023年与2022年相比，当天搜索即预订的游客占比从23.7%提升到27.8%，5天之内预订的游客占比从52.5%提升到56.4%，整体平均决策时间减少了0.62天。另一方面体现为决策后的准备越来越少，有更多的游客选择空包旅行，抵达后通过即时零售采购必需品。美团数据显示，2023年全年，有18.6%的即时零售订单发生在异地，订单包含生鲜、化妆品、居家日用品等多种品类，这让游客出行真正做到了"说走就走"。这些变化得益于数字化进程的持续推进，同时也依赖于旅游业共同的努力。

G.8
人工智能技术在入境旅游中的应用趋势与展望

杨一江 陈庆阳 沈 涵[*]

摘 要: 人工智能(AI)技术为我国入境旅游高质量发展注入新动能,尤其在个性化推荐、智能客服、实时翻译和游客画像分析等领域展现出较大潜力。AI技术通过提升旅游服务的智能化与便利性,不仅优化了游客体验,还在增进游客福祉、增强国家形象方面发挥了关键作用。随着技术发展,入境旅游中的数字化场景愈加丰富,AI技术为国际游客提供了更具沉浸感、趣味性、互动性的文化体验。与此同时,AI的广泛应用也带来了数据隐私、文化真实性和伦理问题等新挑战。优化技术、政策支持、服务优化、公众教育等是应对挑战和机遇的有效途径。

关键词: 入境旅游 人工智能技术 入境游客

一 引言

人工智能(Artificial Intelligence,AI)技术是一种模仿和执行人类智能行为的综合性技术,广泛涵盖了计算机科学、数学、神经科学等多个学科。AI技术的核心在于通过算法和模型,使机器能够学习、推理和自我改

---

[*] 杨一江,复旦大学旅游学系博士研究生,研究方向为文化遗产旅游、旅游与国家形象;陈庆阳,复旦大学旅游学系博士研究生,研究方向为旅游消费者行为、游戏化;沈涵,复旦大学旅游学系教授、博士生导师,中国社会科学院旅游研究中心特约研究员,研究方向为消费者行为、旅游市场营销、城市品牌。

进，从而在复杂环境中作出决策和解决问题。AI 技术具有三个主要特征：学习能力、适应性和智能化。其中，学习能力使 AI 能从数据中提取模式，通过深度学习与机器学习等手段算法优化性能；适应性使 AI 能够基于实时数据和反馈机制动态响应环境和用户需求；智能化则赋予 AI 系统独立推理和决策的能力，可在未编程的情境下执行复杂任务。在全球范围内，AI 技术正迅速推动各行业的数字化转型，并通过提升用户体验和优化服务流程为旅游等服务业带来重要变革。在入境旅游领域，AI 技术正在重新定义游客的旅行体验，从个性化推荐到智能客服，AI 的潜力正在逐步显现。

根据中国社会科学院旅游研究中心发布的《2019～2021 年中国入境旅游发展分析与展望》，2019 年中国接待国际游客 1.45 亿人次，同比增长 2.9%。随后全球疫情的冲击使 2020～2022 年中国入境旅游发展近乎停滞。随着疫情影响逐步消退，中国旅游研究院《中国入境旅游高质量发展报告》显示，2024 年上半年入境游客人数达 1100 万人次，恢复到 2019 年同期的 92%。在此背景下，AI 技术的应用不仅能为入境旅游提供更高效的服务支持，也可以进一步增强中国作为国际旅游目的地的吸引力。智能推荐系统能够基于数据分析和用户画像，为游客提供个性化行程安排，实时适应其需求，提升整体体验。而生成式 AI 等技术则通过 24 小时多语种服务，帮助入境游客随时解答疑问、规划行程、优化旅游流程。

此外，中国政府积极推出支持新技术发展的政策，鼓励旅游企业采用 AI 技术以促进行业高质量发展。国务院《"十四五"旅游业发展规划》指出，要利用现代信息技术，推动旅游产业的高质量发展；同时，2023 年发布的《新一代人工智能发展年度报告（2022—2023）》显示，中国 AI 市场规模已达 5784 亿元。政策方面，2024 年政府工作报告首次提出"人工智能+"的新概念，要求"深化大数据、人工智能等研发应用，开展'人工智能+'行动"。在我国入境旅游情境中，文化、语言、社会规范等方面的差异一直是影响入境游客体验的重要因素，已经广泛应用于智能导游、酒店管理和交通调度等多个方面的 AI 技术对提升入境游客体验、提升中国作为国际旅游目的地的竞争力具有重大潜力。许多旅游企业开始使用生成式 AI 机

器人帮助入境游客解决实际问题，包括规划行程、预订酒店、处理投诉等。AI 的广泛应用正在为整个旅游业的发展提供新的途径，帮助企业吸引更多国际游客。

积极的国际交流环境为 AI 技术在入境旅游中的应用提供了广阔的市场。在"一带一路"倡议的推动下，中国与参与国的旅游合作不断深化，进一步拓展了 AI 技术在入境旅游中的市场应用空间。截至 2023 年 9 月，中国与共建"一带一路"国家和地区双向旅游交流规模超过 5000 万人次，且市场热度未来有望持续走高。在全球旅游行业面临新发展形势的背景下，中国的入境旅游也迎来了新的机遇与挑战。数字化转型和可持续发展已成为全球旅游发展的重要趋势，AI 技术的应用为中国入境旅游的转型升级提供了新的动力。新兴市场的崛起为中国入境旅游的发展带来了新的增长点。随着东南亚、中东等地区经济的快速发展，越来越多的国际游客选择中国作为旅游目的地。在这一过程中，AI 技术可以通过市场分析和用户行为预测，帮助旅游企业更好地把握新兴市场的需求。

随着 AI 技术逐渐成为旅游行业的关键驱动力，国内外学者对其应用展开了广泛讨论。AI 技术在旅游的多个细分领域对提升游客满意度和幸福感发挥着重要作用，包括智能导游、个性化推荐、智能客服和数据分析等。在 AI 与传统旅游的关系方面，研究普遍认为二者并非简单的替代关系，而是互补关系。AI 技术的引入为旅游业提供了更为丰富的工具和手段，使游客能够享受到更高水平的、兼具个性化和互动性的产品，实现旅游意图到实际行为的有效转化。

随着我国入境旅游市场逐步恢复，AI 技术正成为推动旅游业高质量发展的关键因素。作为数字科技的重要组成部分，AI 技术能够有效提升服务效率、优化游客体验，并在个性化服务和数据分析等领域展现出巨大的潜力。然而，目前，在入境旅游的应用中，AI 技术的模式相对单一、体验质量存在差异，同时在数据安全和隐私保护方面也面临挑战，亟须总结出有效的应用模式并加以推广。

二 AI 技术在入境旅游中的应用模式

入境旅游是塑造国家形象、传播中国文化的重要渠道。但在全球化背景下，中国文化对外传播仍面临语言、文化、受众偏好等方面的挑战，导致传播效果和受众接受度的差异。AI 技术凭借其精准的用户分析、实时翻译和多元互动方式等，可以应对这些挑战，从不同渠道影响特定的受众特征，为入境旅游发展注入活力（见图1），为游客提供个性化的深度体验。

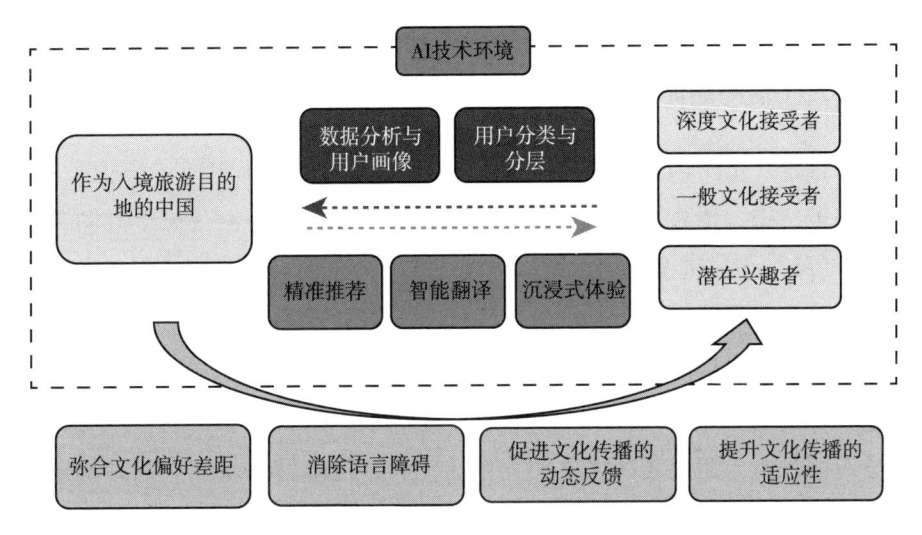

图 1　AI 技术赋能中国入境旅游发展的应用模式

（一）精准推荐系统：弥合文化偏好差距

文化对外传播的一个重要挑战在于，不同国家和地区的受众对中国文化的兴趣点和接受方式有所不同。《"十四五"文化和旅游发展规划》中的数字化目标是，国家鼓励旅游企业利用大数据和 AI 技术，为外国游客提供多样化和个性化的文化体验，支持精准传播文化。AI 技术通过大数据和机器学习，能够精准分析和识别外国游客的文化偏好和个性化需求，为中国文化

的传播提供精准推荐路径。社交媒体和旅游平台使用AI推荐系统，能够根据用户浏览记录、搜索关键词、地域特征等多维度信息，将中国文化内容定向推送给对特定主题感兴趣的用户群体。通过这种个性化的推荐机制，AI技术帮助游客发现他们更可能感兴趣的中国文化内容，如历史遗迹、传统艺术、民俗活动等，从而增强他们的文化体验欲望。针对不同文化背景的游客，这种"文化个性化推送"不仅可以让他们更直观地接触到符合其喜好的文化内容，还能在一定程度上消除文化陌生感和接受障碍。AI系统通过精准推荐，缩小了文化偏好差距，使中国文化对外传播更具吸引力和个性化。

（二）智能翻译与多语言支持：消除语言障碍

语言差异是中国文化对外传播的主要障碍之一。在中国"一带一路"倡议的推广中，语言服务成为国家文化推广的重点之一。《关于推动共建"一带一路"高质量发展的意见》提到，要支持创新技术在语言服务中的应用，以提升中外文化交流的便利性。AI技术在智能翻译和多语言支持方面的创新，为这一问题提供了解决方案。通过自然语言处理（NLP）技术，AI能够利用高质量的实时翻译，帮助外国游客更方便地理解和体验中国文化。在参观博物馆、历史景区或参加文化活动时，传统翻译软件在处理特定语境和文化的词语时面临一定困难，而AI智能翻译设备更加"信达雅"的信息翻译可以帮助游客更好地理解中国文化的背景和意义。比如，文心一言在翻译中国古诗词和文言文时，会倾向于使用莎士比亚时代的传统语言词语和造句方式，为翻译保留了一定的文化背景，有效地拓展了文化体验的深度。百度AI提供的Meta智能眼镜则可以将语言识别、增强现实、声音可视化、情感识别与反馈等技术结合，做到AI辅助翻译的个性化、可视化、流畅化。此外，基于AI的语言服务还能自动适应受众的语言习惯和语境，避免文化理解上的误解。智能翻译弥补了语言障碍导致的传播差距，使中国文化内容得以更加流畅地传达给国际游客，帮助游客更深入地理解和感受中国文化。

(三)多渠道互动与沉浸式体验：提升文化参与感

在文化传播中，单一的传播渠道和信息形式往往难以吸引受众深度参与。《智慧旅游场景应用指南（试行）》提到，旅游景区被鼓励应用 AI 和大数据分析技术，以动态反馈为基础优化服务和文化传播策略。该指南提出通过数据挖掘洞察游客需求，调整和提升文化体验。AI 技术通过提供多渠道的互动体验，使文化传播更加生动和多元。AI 结合增强现实（AR）和虚拟现实（VR）技术，能够为国际游客提供身临其境的文化体验，使其更加直观地感受到中国文化的魅力。通过 AR 和 VR 技术，游客可以"穿越"到古代中国的宫殿中，或者在虚拟环境中亲历传统节日的盛况，从而产生强烈的沉浸感。AI 技术还可以支持社交媒体、短视频平台等多种渠道进行内容传播，吸引不同特征的受众群体。多渠道互动不仅提升了游客的参与感，也有助于将中国文化传播至更广泛的国际受众。

(四)数据分析与用户画像：促进文化传播的动态反馈

在文化传播过程中，理解受众的反应并进行及时调整非常重要。第七届中国国际进口博览会推出的"进博士"AI 数字服务管家服务 App 根据境外用户的需求，精准规划个性化参观路线，同时帮助组织方准确、动态收集用户喜好，以便在展会进行过程中进行实时调整优化。AI 技术通过数据分析和用户画像，为中国文化传播提供了及时的动态反馈。借助 AI 的数据分析，旅游企业可以实时监控文化内容在不同国家和地区的传播效果，分析用户的观看、点赞、评论等行为，获得游客对内容的兴趣和反应。这些数据可以帮助企业和文化机构及时调整文化传播策略，使其更符合受众的需求。如果发现特定文化内容在某些地区的传播效果不佳，AI 系统可以迅速调整推荐策略，推送更符合当地受众兴趣的内容。同时，通过游客的行为数据，AI 系统还能预测未来的传播趋势，为文化传播提供科学依据。动态反馈弥合了文化传播中的认知差距，使中国文化内容的推广更加灵活和高效。

（五）AI 技术对文化传播的受众分类与分层策略

AI 技术的应用不仅提升了文化传播的精准度，还使传播策略能够根据不同受众的特征进行分层。通过数据分析，AI 技术能够识别出不同受众群体的文化需求和兴趣偏好，我们将文化传播策略分为三个层次。

一是深度文化接受者。这一群体对中国文化有较浓的兴趣，可能已经多次访华。对于这类人群，AI 可以推送更深入的文化内容，如非物质文化遗产、少数民族习俗等，以满足其对中国文化的深入探索需求。

二是一般文化接受者。这类群体对中国文化有一定兴趣，通常通过旅游体验增强对中国的认知。AI 可以向其推送介绍中国标志性景点、美食、节日等内容，通过较为普遍的文化符号吸引他们的兴趣。

三是潜在兴趣者。这一群体对中国文化的了解较少，但有潜在的兴趣。AI 系统可以通过轻松有趣的文化内容吸引其关注，例如，通过短视频和社交媒体推广具有中国特色的生活方式，使其逐步了解和接受中国文化。

分层的传播策略提升了 AI 技术在文化传播中的适应性，使中国文化在国际市场中的推广更为有效。AI 技术不仅促进了对外传播的内容精准化，还使文化推广更具针对性和层次性，有助于吸引不同背景和兴趣的国际游客，加深他们对中国文化的理解。

三 AI 技术、入境旅游者福祉与中国国家形象

（一）AI 技术是入境旅游产业升级、入境旅游者福祉提升的关键要素

随着智能化技术的发展，AI 已成为入境旅游产业升级的重要动力源，不仅推动了旅游产品和服务智慧化的全面升级，更在提升游客福祉和旅行便捷性方面发挥了关键作用。AI 技术的应用体现在多方面：个性化推荐、智能客服、智能导览和实时翻译、危机响应系统和可持续资源管理。这些创新

优化了游客体验，为入境旅游的数字化转型奠定了基础。

个性化推荐系统是 AI 技术应用和未来发展的重要模式之一。通过分析游客的搜索历史和预订偏好，AI 通过定制行程安排，推荐符合文化兴趣的景点、活动和住宿选项，显著提升了游客的满意度和旅行便捷性，成为提升服务质量的重要手段。自然语言处理技术加持下的智能客服能够全天候为游客提供即时咨询服务，使游客能够实时获取交通、住宿和景点信息，减少沟通障碍和等待时间。智能导览和实时翻译为入境游客提供了跨文化支持，拓展了文化体验的深度，推动了旅游服务的智慧化。AI 翻译眼镜不仅能够实时翻译景点介绍，还可结合增强现实技术提供互动体验。危机响应系统使 AI 在安全保障中的应用同样重要。在突发事件发生时，AI 可以通过实时监测和数据分析向游客提供安全建议，如自然灾害或健康危机的预警服务，从而有效保障游客的安全。这一系统的实施使游客在不确定环境中依然能感受到安全支持，提升了入境旅游的可靠性和安全感。在可持续资源管理方面，AI 技术通过实时监控和预测游客流量，帮助景区合理分配游客，避免游客过度集中对环境造成的压力。以黄山风景区为例，AI 的运用使游客流量控制更加准确，减轻了环境负担，也为游客提供了更舒适的游览体验。

《"十四五"文化和旅游发展规划》明确提出，支持发展智慧旅游，推广新一代智能服务技术。2023 年 8 月，文化和旅游部公布了首批"智慧旅游沉浸式体验空间"试点项目，强调了智能技术对旅游场景的深度支持作用。这一政策推动了 AI 在入境旅游中的多场景应用，提升了中国入境旅游的整体水平。AI 技术从多维度推动了入境旅游的产业升级，不仅为游客提供了便捷、智能的服务，还增强了入境游客的安全感和文化体验。未来，AI 将继续为入境旅游的高质量发展提供技术支持，进一步优化服务模式、提升游客福祉，并推动旅游业的可持续转型。

（二）把握入境旅游领域的 AI 主权是提升中国国家形象的重要路径

在全球化与数字化加速融合的背景下，AI 主权已成为国家竞争的重要领域，尤其在文化传播和入境旅游中。AI 主权的争夺实质上是文化解释权

和话语权的竞争。掌控入境旅游的AI主权，使中国能够主动构建"讲好中国故事"的模式，以本土视角影响国际游客，从而优化国家形象，摆脱传统旅游体验中对西方话语体系的依赖。掌握AI主权有助于建立本土化的语料库和信息传播框架，确保文化内容的准确性和多样性。西方主导的AI可能在中国历史事件和文化习俗方面产生偏差，而中国掌控的AI则能够准确呈现丰富的中国故事。

传统"旅游泡泡"（travel bubble）式的入境旅游往往难以全面、个性化地传递文化体验，而AI驱动的入境旅游利用自然语言处理、数据分析和智能推荐等技术，满足游客个性化需求，增强中国在文化叙事上的话语权。AI技术的加入不仅让游客通过中国的视角理解文化事件，还帮助其突破刻板印象，更立体地认识中国。此外，AI的智能化互动和多维度文化呈现，让游客潜移默化地接触中国的核心价值观和发展理念。AI通过图文、视频等形式向游客传播中国的优秀文化。通过"讲好中国故事"，AI让游客在故宫、长城等场景中，不仅欣赏建筑之美，还能理解中华民族和谐友善、兼容并蓄的文化内核。

把握AI主权还为国家形象建设提供了动态、灵活的传播平台。AI技术能够实时分析游客的反馈并进行内容优化，从而精准了解游客的偏好，及时调整传播策略。当入境游客在参观过程中对特定文化事件表现出兴趣时，AI系统可以及时推送相关信息或活动。这种基于数据驱动的反馈机制不仅提高了文化传播的效率，还增强了国家形象强化和修正的灵活性。相较于传统的旅游模式，AI驱动的旅游模式使文化传播的方式更加互动化和个性化，实现了游客需求与国家形象建设之间的有机结合。通过入境旅游中的AI主权，中国可以在全球化竞争中实现话语体系的构建与输出。通过AI技术带来的互动性、真实性、趣味性、便利性，营造个性化的旅游体验，使入境旅游不仅是简单的观光过程，更是一种文化传播和话语权建立的策略。AI主权的掌握能够确保中国在叙事逻辑和文化表达上的主动权，将中国文化精髓、社会价值观以符合国际游客理解的方式呈现，从而达到在全球范围内传播中国价值观、提升国家形象的目的（见图2）。

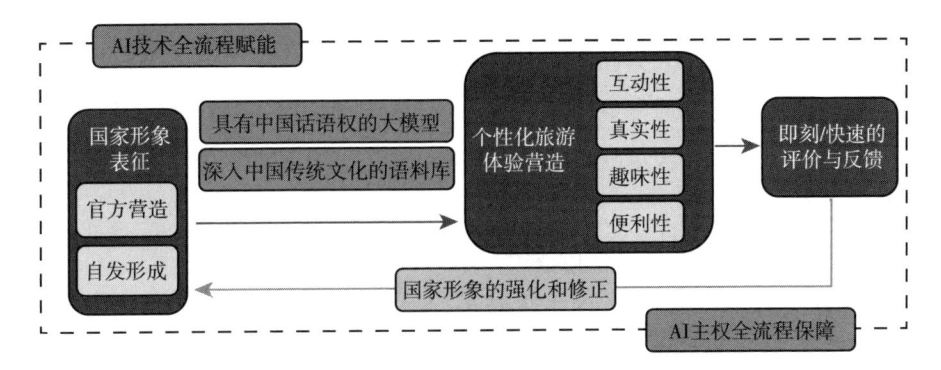

图2 入境旅游中的AI技术提升中国国家形象的路径

（三）AI技术冲击传统入境旅游形态的伦理思考

AI技术对入境旅游的革新既提升了效率，又带来了伦理和文化传播上的复杂问题。尤其是对于资本主义社会背景下的入境游客，AI不仅推动了传统旅游形态的转型，更在游客接收信息的方式、对文化的理解以及隐私保护方面带来了一系列值得深思的影响。

1. 文化消费与"文化真实"的转变

入境游客在旅游中往往具有浓厚的文化消费倾向，他们更注重体验的即时满足和深度个性化。AI通过个性化推荐和自动化内容呈现满足了游客的消费需求，但这种技术驱动的文化传递可能导致对中国文化的"包装化"处理。AI会根据游客的浏览习惯和偏好推荐特定景点和体验项目，而这些推荐往往会偏向更具商业价值的内容，而非真实、多样化的本土文化。这种"筛选式"的文化呈现可能导致游客体验的文化真实性大打折扣，使其仅看到经过商业化和标准化的文化内容，而难以深入了解中国文化的多元和深度。

2. 隐私与数据收集的双重标准

对于西方游客来说，隐私和数据安全在消费行为中具有重要地位。AI在入境旅游中的应用不可避免地依赖于大数据分析和用户画像，这就涉及游客的个人隐私。AI技术基于对游客行为数据的分析和实时监控来提供定制化服务，这种数据的采集和使用会让他们更加警觉，尤其是当涉及敏感信息的处理时。西方游客通常更为敏感和谨慎，对数据隐私保护有较高的诉求。这使旅游行业需要在数据收集时遵循透明化、合法化的原则，并避免因技术偏见引发的隐私危机。

3. 自动化服务与人际互动的缺失

AI技术在提升旅游体验便捷性的同时，也对人际互动产生了冲击。入境游客通常期望通过人际交流获得深度文化体验，但AI技术的广泛应用往往削弱了这种传统的人际互动。例如，AI导览系统和自动化客服替代了部分人工服务，这虽然提高了效率，但也可能削弱了游客对文化的直观认知和真实体验。对于依赖科技的入境游客来说，虽然他们可以更便捷地获取信息，但缺乏人际互动的旅游体验可能会减少他们与文化的情感连接，使其旅游体验更加"工具化"，难以真正达到文化理解的深度。

4. 文化话语权的争夺与解构

AI技术在旅游业的应用往往意味着话语权的掌控，AI驱动的内容筛选和推荐系统实际上体现了中国对文化话语权的关注。相比于传统入境旅游的"泡泡"式观光，AI技术能够更深入地在内容推荐中植入具有中国特色的叙事模式，使中国的故事能够通过"本土化"的视角展现给入境游客。这一方面能够纠正某些入境游客对中国的刻板印象，另一方面也可能引起入境游客的抵触，尤其当他们意识到自己接收的内容被"筛选"过时。因此，如何在AI技术的使用中找到平衡，既传递真实的中国文化，又不让游客感到被"引导"，是需要进一步探讨的伦理课题。

四 AI技术在入境旅游中的应用展望与优化策略

在全球化与数字化进程加速的背景下，AI技术在入境旅游中的应用潜力巨大。然而，要充分发挥AI的潜能，各个利益相关方需要协同努力，以确保技术能够最大限度地服务于旅游业的发展需求。以下从不同利益相关方的视角提出有针对性的优化策略，帮助 AI 技术更好地服务于入境旅游。

（一）技术优化与创新：提升 AI 在旅游业中的应用成熟度

在技术层面，持续优化 AI 的数据处理与分析能力是关键。埃森哲的一项研究表明，结合 AI 的个性化推荐技术能提升客户 20%~30% 的满意度。自然语言处理和计算机视觉（CV）的高效表现，特别是在多语言场景和复杂的文化背景下的准确性有助于提高游客体验。此外，将 AI 与虚拟现实、增强现实相结合可以大大丰富游客的文化体验，实现从传统观赏向互动体验的转变。最近的数据显示，全球 VR/AR 市场的年增长率约为 15.6%，显示出该技术在旅游中的巨大潜力。企业还可探索 AI 与区块链的结合，通过去中心化的方式管理游客数据，从而增强游客的信任度。这一模式已在一些数据敏感的行业中得到成功应用，为旅游业的数据安全管理提供了可借鉴的方向。

（二）政府政策支持与有效监管：构建 AI 应用的健康生态系统

政府政策支持与有效监管是确保 AI 健康发展的重要保障。据麦肯锡的分析，技术创新政策可以将经济增长率提高 1~2 个百分点。中国政府可以通过科研资助等措施来支持 AI 在旅游领域的创新应用。政府的政策支持在 AI 研发投入中占据重要比重，2018 年提出的"新基建"计划在 2025 年预计将投资约 10 万亿元，进一步推动 AI 及相关领域的发展。在监管方面，政府需出台严格的政策保障数据隐私采集、存储和处理环节符合合规性和透明性。通过数据标准化建设，政府可以更好地规范旅游行业的数据使用行为，同时借鉴欧盟 GDPR 的经验，为游客个人信息的保护提供法律保障。

（三）旅游企业的服务优化：个性化与多元化的文化体验设计

AI 应用在旅游企业中的作用不可忽视，旅游企业服务优化对游客体验影响深远。首先，企业应利用 AI 技术加强个性化服务，基于游客的偏好和需求提供个性化的行程推荐、文化讲解和互动体验。通过精准的用户画像和数据分析，旅游企业可以针对不同类型的游客设计定制化的文化活动和线路，以提升其对中国文化的兴趣和认同感。例如，对有深度文化兴趣的游客，可以提供深入的文化讲解和体验活动，而对于一般兴趣的游客，则可以推荐更为轻松、娱乐化的文化展示。此外，企业应加强跨平台整合，利用社交媒体、短视频和直播平台等多种传播渠道，将AI技术带来的沉浸式体验延伸到线上，扩大文化传播的覆盖面。同时，旅游企业可以与地方政府合作，推动智慧景区建设，构建多元化的文化体验空间，以实现线上线下联动的全景式文化推广。

（四）学术研究与公众教育：深化对AI应用的社会价值认知

学术界和教育机构在推动AI应用和文化传播方面也承担着重要责任。高校和科研机构可以通过跨学科研究，探索AI技术在文化传播、旅游体验和用户行为研究中的新方法和新应用。特别是在社会人类学、文化研究和技术伦理领域，学术研究能够揭示AI在入境旅游应用中的潜在影响和可能的伦理风险，为技术发展提供理论依据和道德指南。同时，公众教育也是不可忽视的一环。通过教育推广，公众可以更好地理解AI技术在旅游服务中的作用和价值，从而提升对AI的接纳度和信任感。教育机构可以通过普及AI知识和文化传播策略，帮助游客和公众了解如何合理使用AI工具，更好地享受科技带来的便利和文化体验。

（五）道德与伦理考量：确保AI应用的公平性与人文关怀

在快速发展的AI应用中，伦理与道德问题应当引起重视。AI系统在推荐和解释文化内容时，不仅应考虑游客的兴趣和偏好，更应避免文化偏见和刻板印象的传播，确保内容的公平性和准确性。此外，在入境旅游过程中，应充分考虑不同文化背景的游客需求，避免技术原因产生文化冲突或误解。伦理考量还涉及隐私保护和数据安全。随着AI系统在旅游行业中的广泛应用，大规模的数据收集和使用也引发了旅游者对个人隐私权的担忧。为此，企业和政府应共同推进负责任的数据管理机制,确保游客的信息在被采集和处理时得到有效保护。

参考文献

陈晔、王璐琪:《中国入境旅游市场的恢复与营销创新》,《旅游学刊》2024 年第 4 期。

Chen L., Chen P., Lin Z., "Artificial Intelligence in Education: A Review," *Ieee Access*, 2020, 8.

Chaturvedi R., Verma S., Ali F., "Reshaping Tourist Experience with AI-enabled Technologies: a Comprehensive Review and Future Research Agenda," *International Journal of Human-Computer Interaction*, 2024, 40 (18).

Car T., Šuman S., Kliman A., "Customer Booking Habits and Attitudes Towards AI-Powered Features in Online Travel Agencies," *International Journal*, 2024, 13 (9).

Buhalis D., Harwood T., Bogicevic V., "Technological Disruptions in Services: Lessons from Tourism and Hospitality," *Journal of Service Management*, 2019, 30 (4).

Ghesh N., Alexander M., Davis A., "The Artificial Intelligence-Enabled Customer Experience in Tourism: A Systematic Literature Review," *Tourism Review*, 2024, 79 (5).

Arici H. E., Saydam M. B., Koseoglu M. A., "How do Customers React to Technology in the Hospitality and Tourism Industry?" *Journal of Hospitality & Tourism Research*, 2024, 48 (6).

G.9 旅游汽车租赁业现状与趋势*

付磊 宋磊 梁国庆**

摘 要： 旅游汽车租赁业是交通和旅游融合性行业，与汽车制造、交通、旅游等行业密切相关。该行业受宏观因素和内生因素的共同作用，在市场主体结构、客群类型、业务模式等方面历经演变，形成了自身特点；与此同时，面临经济环境改变、新技术应用、人口迭代等机遇和挑战，也暴露出作为新兴行业的短板和问题。结合调查分析可见：在经营上，要实施平台化、共享化；在技术上，要迎接绿色化、智能化；在服务上，要推行标准化、定制化；在战略上，要适应大出行时代，找准行业定位，拓展发展空间。

关键词： 交旅融合 旅游出行 汽车租赁

公路里程、汽车保有量、机动车驾驶人数量等综合指标，在反映经济增长的同时，也昭示着出行方式的转变。自驾车旅游深入人心，进而潜移默化地改变以"行"为主题的两大服务领域——旅游服务、汽车租赁。这两个领域不断渗透、相互融合，形成新的交集和细分领域——旅游汽车租赁业。

---

* 从2018年开始，中国旅游车船协会旅游租赁分会组织研制《中国旅游租赁行业发展年度报告》，到2024年已发布六年。报告立足分布在全国各省区市的350家会员单位，在抽样问卷、实地调研、访谈交流、文献研究的基础上，总结行业特征，剖析存在问题，梳理政策规划，分析机遇挑战，展望发展动向，是对旅游汽车租赁最为完整的行业画像，受到业界广泛关注。本文是对历年报告的提炼和总结。如无特别说明，文中数据均来自历年报告。

** 付磊，博士，中国艺术研究院文化发展战略研究中心高级工程师，中国社会科学院旅游研究中心特约研究员，研究方向为文旅融合与标准化；宋磊，中国旅游车船协会秘书长，研究方向为交旅融合；梁国庆，北京同和时代旅游规划设计院高级研究员，研究方向为旅游产业投融资。

旅游租赁不仅是汽车租赁业的重要板块，也是交旅融合的重要领域、承载自驾游的生力军。现阶段，我国旅游汽车租赁业的市场主体数量庞大、特色鲜明，在向专业化、品牌化、集约化演进的同时，也存在质量、效益、结构等方面的问题，面临交通变革、技术更新、消费迭代带来的挑战。

作为交旅融合领域，旅游汽车租赁业既要遵循交通业的管制规则，也要满足旅游业的服务要求，在产业组织结构等方面有其独特之处。旅游汽车租赁业不仅与国民出行紧密相关，与汽车的制造、销售，以及金融等行业的关联也愈加紧密，是汽车上下游链条中的重要环节。因此，借鉴国际经验，发展中国特色的旅游汽车租赁业对于旅游、汽车行业的需求侧和供给侧都有重要意义。

一　总体概况

（一）业态界定

由于涉及人员、车辆、道路的安全与秩序，客运交通是一个需要准入的行业。汽车租赁业出现了车辆的所有权、经营权、使用权相分离，责权利需要清晰界定，管理更加复杂。与汽车租赁业相关的概念还有出租车、网约车、共享汽车、旅游客运等。这些概念涉及两个关键要素：一是驾驶员是否随车提供；二是开展经营或者承接服务的方式。由此对应了特定的经营业态，产生了不同的细分行业。交通运输业的技术进步和业态变化较快，相关的术语和定义也多次更新。本文采用最新版的相关文件，以体现最新成果。

1. 汽车租赁服务

根据《城市客运术语　第5部分：汽车租赁》（GB/T 32852.5—2018），汽车租赁服务是汽车租赁经营者按照汽车租赁合同约定将租赁车辆交给承租人使用，收取相应费用，不提供驾驶劳务的经营活动。租赁期限分为短期和长期，以30日为划分节点。承租人可以是法人或自然人。

2. 出租汽车运营服务

根据《出租汽车运营服务规范》（GB/T 22485—2021），出租汽车运营服务是以七座及以下乘用车和驾驶劳务为乘客提供出行服务，并按乘客意愿行驶，根据行驶里程、行驶时间或约定计费的运输经营活动，主要分为两种。一种是巡游出租汽车运营服务，也就是通常说的"出租车""的士"，是可在道路上巡游揽客、站点候客，喷涂、安装出租汽车标识，以七座及以下乘用车和驾驶劳务为乘客提供出行服务，并按照乘客意愿行驶，根据行驶里程和时间计费的经营活动，包括扬手召车、电召服务、站点服务等服务方式。另一种是网络预约出租汽车运营服务，简称"网约车"，是企业以互联网技术为依托构建服务平台，并通过网络服务平台接受约车人预约请求，使用符合条件的车辆和驾驶员，提供不在道路上巡游揽客、站点候客等的出租汽车服务经营活动。两种业务的主要差异是服务获取方式：网约车是通过网络服务平台预约获客；出租车是通过巡游来获客，也可以通过网络平台获客。

由上可知，汽车租赁服务只提供车辆的临时使用权，不提供驾驶劳务。这是汽车租赁服务与出租车、网约车服务的最根本差别。城市街头最常见的出租车是巡游出租车，车顶安装醒目的TAXI标识。通过首约、滴滴以及高德、百度等平台预订的大部分是网约车。首汽租车、神州租车、一嗨租车、枫叶出行等企业则是汽车租赁公司，即只提供车辆，不附带司机。

3. 旅游客运

根据交通运输部《道路旅客运输及客运站管理规定》（2023年11月10日修正），旅游客运是指以运送旅游观光的旅客为目的，在旅游景区内运营或者其线路至少有一端在旅游景区（点）的一种客运方式。

根据《旅游客车设施与服务规范》（GB/T 26359—2010），旅游客车是为旅游团队（者）在旅行活动中提供地面交通服务的，由旅游企业或有旅游需求的组织和个人预订的，通常配有专职驾驶员的客运汽车。不包括提供公共服务的城市观光客车、房车和用于自驾旅游的车辆。

根据《小微型客车租赁经营服务管理办法》（中华人民共和国交通运输部令2020年第22号），分时租赁是指利用移动互联网、卫星定位等信息技术构建服务平台，以分钟或者小时等为计时单位，为承租人提供自助式小微型客车预订和取还、费用结算等服务的租赁经营方式。分时租赁，俗称汽车共享，相当于共享单车在汽车租赁领域的应用。与传统的汽车租赁形式相比，分时租赁具有租期灵活、选择性强、手续简洁、操作便捷等特点，适合投放在大型、特大型城市使用。

通过对汽车租赁及其相关业态的概念、特点及差异进行梳理，可以发现，同样是客运，其经营、服务、准入、管制方式是不同的。在实践中，企业业务是多元的，例如首汽集团，经营涵盖了巡游式出租车、网约车，有旅游客车，也有共享汽车以及汽车租赁，由旗下具备相应资质、相互独立的企业法人来运营，比如首汽出租车、首汽租车、首汽约车、GoFun等。

4. 本文所指的旅游汽车租赁

本文所指的旅游汽车租赁，从承租人角度来看，是以旅游为出行目的的汽车租赁行为；从经营者角度来看，是以旅游者为对象的汽车租赁服务。根据中国旅游车船协会《休闲旅游用车租赁服务质量要求与评价》（T/CTACA001—2020），休闲旅游用车是用以开展休闲、旅游活动的车辆，包括小型乘用车、旅行车、越野乘用车、多用途乘用车、旅居车、小型客车等。

（二）发展历程

世界上最早的汽车租赁服务出现于20世纪初的欧洲。在福特T型车生产销售之后，美国的汽车租赁业快速成长、成形、成熟，带动了世界上租车业发展。中国的汽车租赁业起步较晚。由于承租人有驾驶执照是前提条件，因此汽车租赁业与私家车普及几乎是同步的，迄今经历了四个阶段。

起步阶段是20世纪90年代。国内汽车租赁兴起于1990年北京亚运会，随后在北京、上海、广州、深圳等国际化程度较高的城市首先发展起来。这一时期主要是满足政府、赛事等特殊场景配套需求，市场主体是首汽集团等国有企业，经营区域集中，服务网点少。

探索阶段是在21世纪初到2010年。汽车进入家庭，驾驶人数量迅速增长。以Hertz、Avis为代表的国际租赁巨头与国内企业合作，海外汽车租赁的经验和模式也被引入国内，典型代表是神州租车、一嗨租车。这一时期的主要服务对象是商务客户，集中在北京、上海等大城市，租赁车辆数量和服务网点依然不多。

快速增长阶段是2011~2020年。全国高速公路和立体交通网络形成，自驾游市场兴旺，汽车产能膨胀，公车改革全面推进，促进了汽车租赁业加速发展。这一时期汽车租赁服务网点多，车辆数量足，车型新，类型更加多样，中小租赁企业遍地开花，市场竞争激烈，品牌化、连锁化特征明显，主体客群为大众消费者，分时租赁兴起。

变革调整阶段是2021年至今。新冠疫情发生后，经济增长放缓，各种因素混杂在一起，汽车租赁市场进入一个不稳定状态。以2022年滴滴从纽约证交所退市为开端，国内从政策入手，加强对汽车租赁业的监管。随着平台化、智能化、分层化发展，在新技术加速应用、需求持续更新、增量投资减少的背景下，汽车租赁业进入挑战期，同时也进入机遇期。

从20世纪80年代末开始，中国的汽车租赁业从无到有、从小到大，市场主体从国有企业发展到多种所有制并立，服务对象从政府、企业扩大至大众用户，业务模式从门店销售拓展为线上线下并用，平台预约、分时租赁等新服务形式兴起，汽车租赁业已经走进国民日常出行生活。

（三）规模与结构

20世纪90年代初，全国汽车租赁企业数量很少。根据天眼查的数据，全国正常登记状态的汽车租赁企业，在2000年仅有8900家；随后十年，数量逐渐增加，但绝对数量依然很少；2013年进入快速增长阶段，总量突破10万家；2019年突破50万家；2023年为96.3万家；2024年预计为99万家；在"十四五"期间增长率明显放缓，期末预计总量可突破100万家（见图1）。

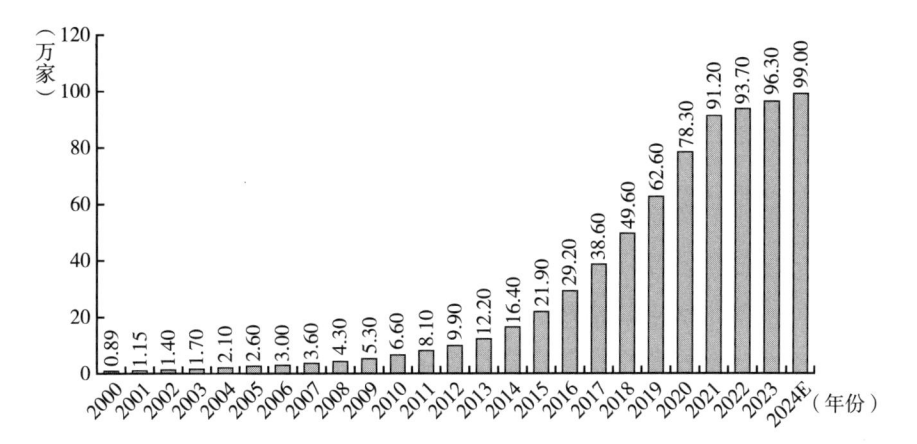

图1　2000~2024年全国汽车租赁企业数量

注：搜索关键词为"汽车租赁"（精准）；"成立年限"截至每年12月31日；登记状态为"正常"。

资料来源：根据天眼查App搜索数据整理。

旅游汽车租赁的产业链由上游、中游和下游三个环节构成。其中，上游是汽车制造商，即"主机厂"。中游即汽车租赁公司，开展汽车租赁服务。下游即承租人，包括个人、企业、政府，以及撮合交易的网络平台。汽车主机厂是核心合作伙伴。根据美国等国家的经验，在汽车产能整体过剩的背景下，租赁公司对接了新车销售和二手车市场，发挥了重要的蓄水池功能。旅行商以及旅游接待机构，如旅行社、旅游区、酒店等，作为汽车租赁开展旅游服务和产品的合作伙伴，价值日益凸显。

经过多年发展，中国的旅游汽车租赁形成了稳中有变的产业组织结构。首汽租车、神州租车、一嗨租车等头部企业凭借资源优势和品牌影响力，占据第一梯队。新生力量不断入局，例如悟空租车、枫叶租车等，或锚定特定群体，或深耕特定区域。一些企业借助国人出境游"走出去"，海外品牌也通过合资方式进入中国。携程租车、飞猪租车、滴滴出行以及百度地图、高德地图等聚合交易平台的服务份额越来越大，迅速成为市场中坚力量。

在发展之初，汽车租赁经营者主要是国有企业，包括出租车公司、旅游客运公司等。进入21世纪，以2006年一嗨租车、2007年神州租车的成立为标志，民营资本快速进入，逐渐成为主体。根据中国旅游车船协会的调查，2018年，民营企业数量占到汽车租赁企业的80%；2023年，民营企业比重接近90%（见图2）。国有汽车租赁企业虽然在数量上占比较低，但单体规模大，运营汽车数量多；民营汽车租赁企业多数为中小企业，单体运营车辆数量少。

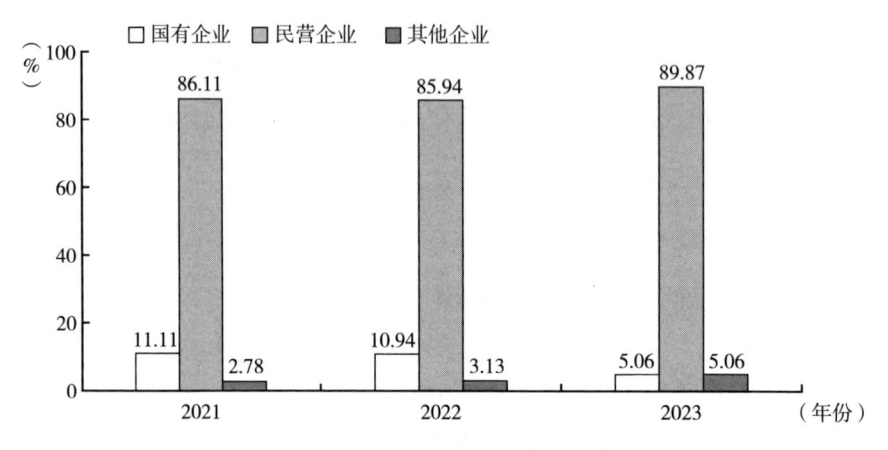

图2　2021~2023年汽车租赁业企业性质组成调查

根据调查估算，2023年全国汽车租赁企业运营车辆数量为260万辆左右。市场排名前五为神州租车、一嗨租车、悟空租车、首汽租车和EvCard，这五家企业运营车辆规模约60万辆，占据汽车租赁市场约23%的份额。

在北美租车市场，前十大租车企业占据了超过90%的市场份额。我国汽车租赁近80%的市场份额是中小汽车租赁企业。在汽车租赁业发展较快的成都市，从事旅游租车的企业就超过1000家，大部分规模小，平均拥有车辆不到30辆。

根据2023年的调查，中小型汽车租赁企业（人员为20~100人）占比超过四成。但较大规模企业的数量在增长。2022年出现了人员数量过千的单体租赁企业（见图3）。汽车租赁业依然遵循规模经济规律，即规模越大、车辆越多，成本越低，综合竞争力也越强。总体而言，旅游汽车租赁业向规模化、集约化的方向发展。

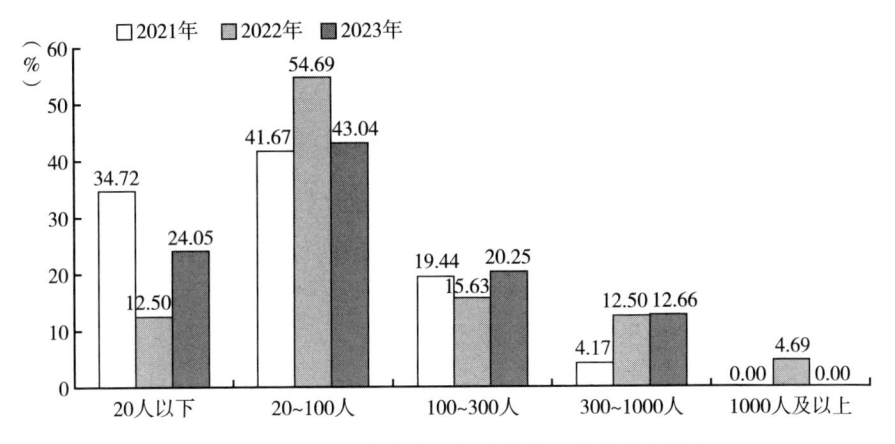

图 3　2021~2023 年汽车租赁企业员工人数分布调查

二　现状特点

根据调查分析，旅游汽车租赁业整体上呈现以下特点。

（一）旅游租赁成为核心

旅游是汽车租赁业务的重要领域，除此之外，汽车租赁还有公务出行、商务差旅等业务。中国汽车租赁的最初驱动力就是商务用车，并一直持续到 21 世纪初，之后全国推行公车改革，汽车租赁业获得一波红利。进入"十三五"后，旅游租赁业务增长快速，并在"十四五"期间占到了半壁江山。根据调查，2023 年，旅游租赁业务的收入占比跃升至 50.75%（见图 4）。这一数字达到历年新高，凸显了旅游用车业务的核心地位。在实践中，汽车租赁企业日益重视旅游租赁市场，持续加大投入，也是看中了旅游租赁的广阔前景与盈利潜力。

这种特点也体现在租期结构上。汽车租赁分为短租（租期不超过 30 天）、长租（租期介于 30 天至 365 天）和固定期限订单（租期超过 365 天）。在很长一段时间内，长租和固定期限订单是租赁企业的主要业务，服

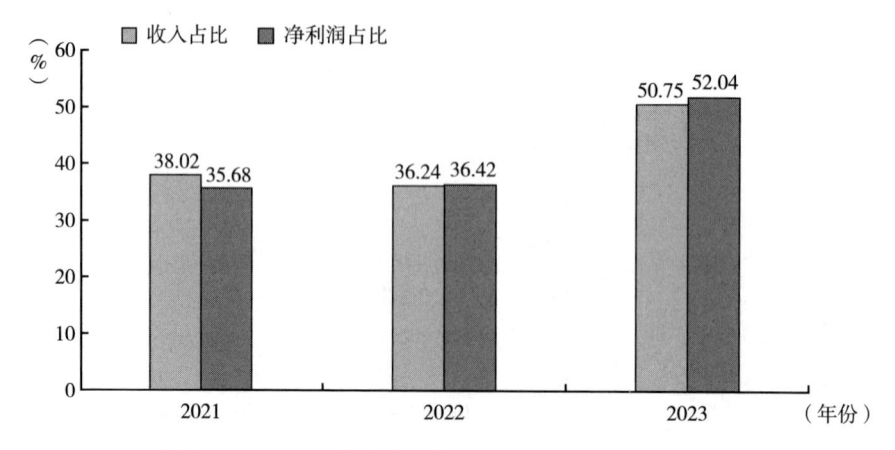

图4 2021~2023年汽车租赁企业旅游用车业务比重调查

务对象是机构和政府。根据调查,"十三五"以来,短租订单强劲增长,长租订单稳中有升,固定期限订单明显缩减。2023年,短租和长租订单合计比重攀升至八成以上(见图5),说明"散客"即个体消费者成为租车的主要客群,其中旅游者又是主体。

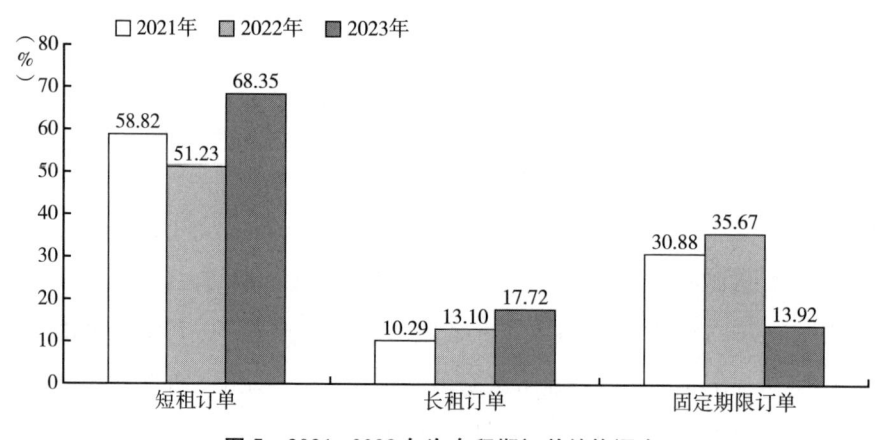

图5 2021~2023年汽车租期订单结构调查

(二)在地服务保持稳定

最初旅游汽车租赁集中在特大型城市,随后延伸到一线、二线城市,主要是在企业所在省份，以省会城市、区域中心城市为主。"十四五"期间，业务下沉明显，三线、四线城市，尤其是旅游城市，成为市场竞争的焦点区域。北上广深等城市业务渗透率已经很高并趋于饱和，租赁企业的经营触角延伸到更具潜力、数量更大的县级城市，寻求新的增长点。

根据调查，2023年，开展本地自驾租赁业务的企业占比达到93.67%，这一数据创下新高，凸显了消费者对便捷、灵活的落地自驾的偏好。这与全国立体交通网是直接相关的。全国民航、高铁网络的形成，极大地促进了中长途旅行市场发展，使落地自驾成为最重要的旅游出行方式，尤其是在西部省区。

一般认为，公共交通（包括航空、高铁、城铁等）给旅游汽车租赁造成压力。但调查发现，多数企业认为公共交通与汽车租赁之间的互补性更强，而非单纯地替代，并对公共交通发展促进汽车租赁市场细分与差异化竞争持乐观态度。

根据调查，开展异地还车租赁、学校等团体租赁业务的企业比重均有不同程度的回落，而利用在线租车平台的企业比例在2022年则出现飙升，从2021年不到3%升至近60%，充分反映了线上平台的重要性（见图6）。

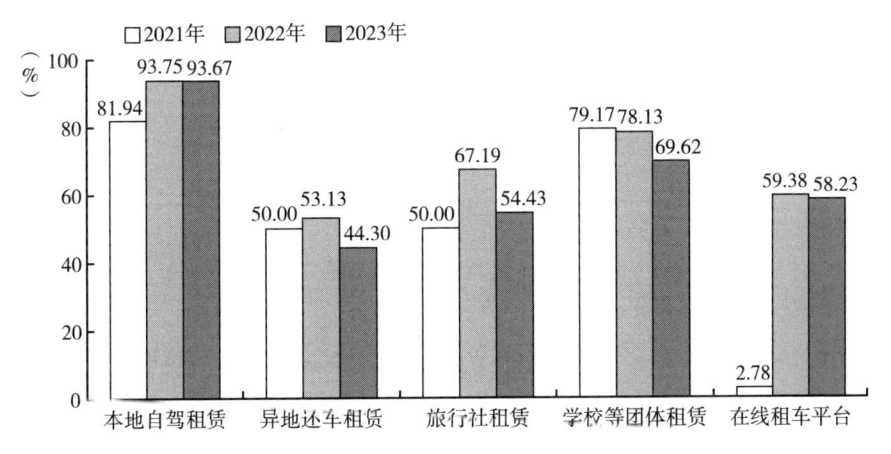

图6 2021~2023年旅游租车业务构成调查

总体而言，以本地自驾租赁业务为特点的在地服务是中流砥柱，展现出强大的稳定性与核心地位。

（三）线上平台愈加重要

根据2021~2023年的调查，利用在线租车平台的企业越来越多。这不仅体现在业务结构上，还体现在营销、竞争等经营策略上。

根据调查，利用线上租车平台与招投标占据推广渠道的核心地位，2021~2023年投入比例均为40%左右。尽管线上租车平台推广力度在2023年有所减小，但仍有37.97%的较高比例。在新兴推广方式中，利用新媒体和短视频方式出现了较大幅度下滑，利用自有App或小程序则快速提升，表明租赁企业越来越重视用户黏性建设和私域流量运营（见图7）。

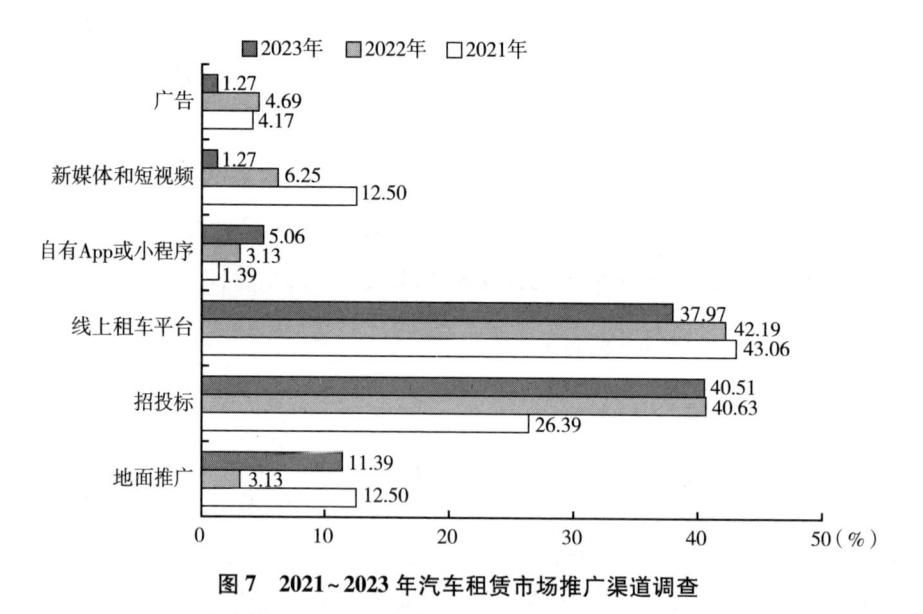

推广渠道	2023年	2022年	2021年
广告	1.27	4.69	4.17
新媒体和短视频	1.27	6.25	12.50
自有App或小程序	5.06	3.13	1.39
线上租车平台	37.97	42.19	43.06
招投标	40.51	40.63	26.39
地面推广	11.39	3.13	12.50

图7 2021~2023年汽车租赁市场推广渠道调查

线上租赁平台崛起为汽车租赁业的最强竞争对手。调查数据显示：实体租赁企业的竞争地位连续三年下滑，而线上租赁平台成为主要的竞争威胁，2023年达到三年来的峰值，凸显了线上平台在行业内影响力的快速提升（见图8）。总体而言，汽车租赁的行业竞争格局正经历深刻变化，线上租赁平台成为行业变革的主要驱动因素。

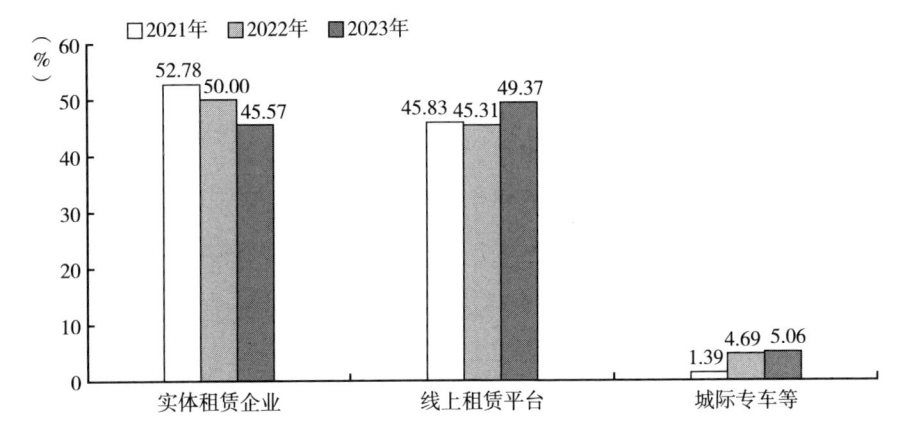

图8 2021~2023年汽车租赁企业主要竞争对手调查

（四）用户客群代际更替

与大部分行业的情况相似，在"十四五"期间，"85后"与"90后"构成旅游汽车租赁核心用户群体，"95后"及"00后"群体显著崛起（见图9）。

调研显示：2023年，"90后"用户占比滑落至25.32%，但仍稳居散客租车客群之首，彰显出这一年龄段在租车市场上的重要影响力。紧随其后的是"85后"，比重达到20.25%，表明该年龄段对租车服务的需求保持稳定。

值得注意的是，2023年，"95后"与"00后"群体首次超越"80后"用户（占比13.92%），分别以15.19%和17.72%的比例亮相。这一变化标志着年青一代正式成为租车市场不可忽视的力量。"70后"用户的占比持续走低，2023年创下了三年来最低值，仅为2.53%，说明该年龄段客群逐渐在租车出行市场中淡出。

总体而言，汽车租赁市场用户正经历代际更替，年轻用户群体的崛起与老年用户群体的调整勾勒出市场的未来。这种更替变化继而影响到汽车租赁的车型选择、技术应用、获客渠道、服务内容、体验场景等多个方面，继而影响到汽车租赁的整个行业生态。

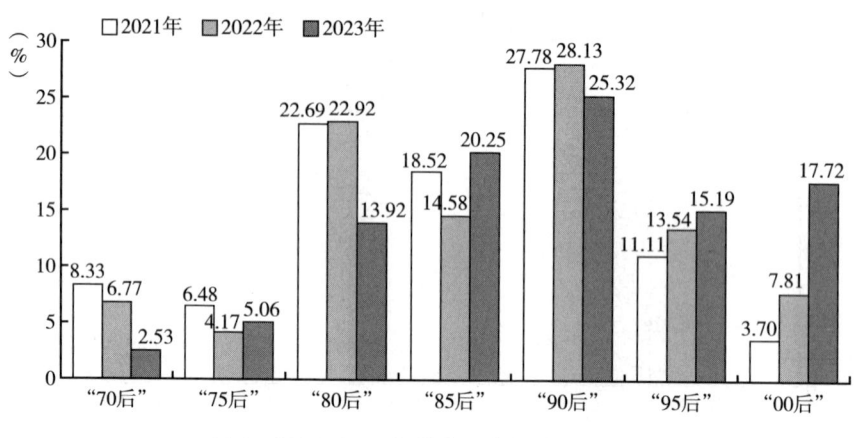

图 9　2021~2023 年散客用户年龄结构调查

（五）行业难点亟待破解

多年来，汽车租赁企业面临的难点聚焦于三个方面：同行价格竞争、汽车租赁诈骗、违章罚款拖欠（见图10）。

调研显示，2023年，同行价格竞争（88.61%）与汽车租赁诈骗（40.51%）继续高居问题前列，尽管这两项问题的比例相较于2022年（分别为92.19%和45.31%）有所缓和，但仍为行业内的首要与次要关注点。

紧随其后的是违章罚款拖欠问题，其占比从2022年的26.56%显著攀升至2023年的37.97%，成为排名第三的严峻挑战。车辆租金拖欠的严重性大幅上升，与2022年的26.56%相比，2023年增长至34.18%，反映出资金回笼困难的加剧。

2023年，新技术应用不足（8.86%）和市场推广难度大（10.13%）的占比相较于2022年均有所增加，表明企业在适应数字化转型和市场拓展方面仍面临不小压力。用户需求更新快（7.59%）、信贷融资难（13.92%）以及线上平台冲击大（16.46%）等挑战，相较上年有不同程度的缓解，表明行业在适应市场变化、优化融资结构及应对外部竞争方面取得了一定成效。

总体而言，汽车租赁企业在应对传统竞争压力的同时，还密切关注新兴风险与挑战，加强技术创新、优化成本结构、提升风险管理能力，积极适应市场变化。

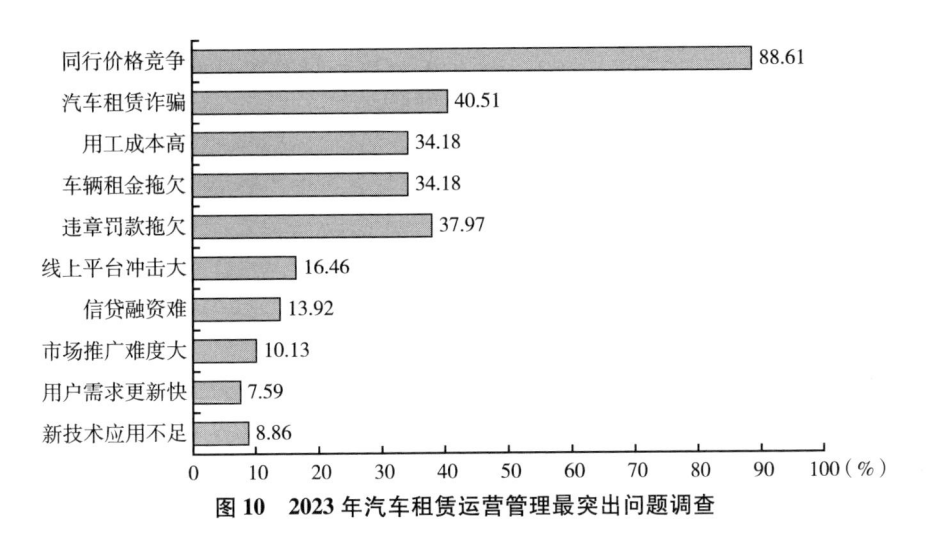

问题	占比(%)
同行价格竞争	88.61
汽车租赁诈骗	40.51
用工成本高	34.18
车辆租金拖欠	34.18
违章罚款拖欠	37.97
线上平台冲击大	16.46
信贷融资难	13.92
市场推广难度大	10.13
用户需求更新快	7.59
新技术应用不足	8.86

图10　2023年汽车租赁运营管理最突出问题调查

调查显示，汽车租赁企业实现车辆收支平衡（包含日常养护）的时间有所拉长。2023年，在1~2年、3年实现收支平衡的企业占比均有降低，3年以上实现收支平衡的汽车占比大幅增长至43.04%，达到近三年最高水平（见图11）。这一数据表明，汽车租赁企业实现盈利面临更长等待期，这与竞争加剧、成本上升以及经济环境等多重因素有关。

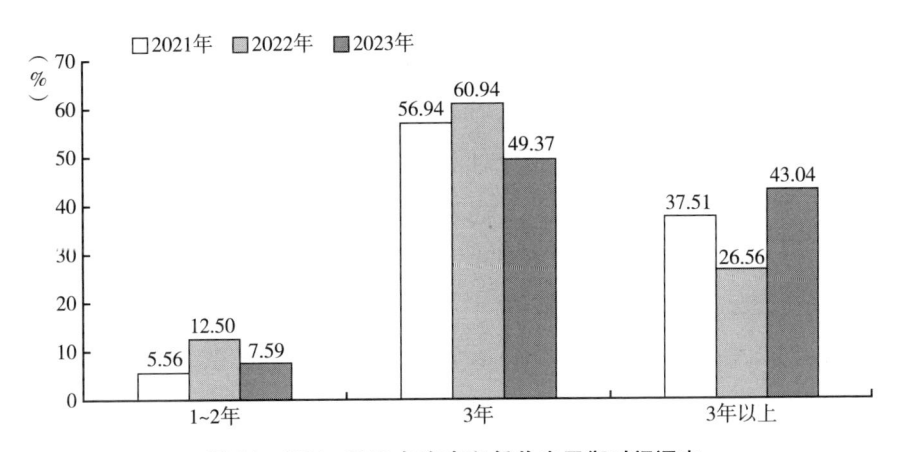

时间	2021年	2022年	2023年
1~2年	5.56	12.50	7.59
3年	56.94	60.94	49.37
3年以上	37.51	26.56	43.04

图11　2021~2023年汽车租赁收支平衡时间调查

三 动向与趋势

当前和今后一段时间，影响旅游汽车租赁业的主要因素有交通设施升级、汽车产能过剩、驾驶人数量增长、自驾游保持兴旺、科技更新、客群迭代等。这些外部因素，或积极，或消极，与行业的内生因素相交织，产生新的预期和趋势。

（一）平台化、共享化

中国已是世界上最大的汽车生产国，汽车保有量位居世界前列。庞大的汽车产能和汽车保有量，是汽车租赁最大的蓄水池。在此背景下，汽车租赁服务原则上已经无须依靠自有车辆了，资产也就具备了轻量化的条件。

在实践中，携程租车采取平台化运营，即加盟商入驻的租车中心模式，车辆由供应商提供，携程提供渠道和流量，建立统一服务标准，大家分摊成本、共担风险、共同获利。悟空租车采用"轻资产+重运营"B2P模式，既规避了传统租车公司需要买车、建门店、折旧的模式之"重"，又能做到比P2P租车平台更标准化和专业化。

"轻资产"是相对而言的。虽然门店、汽车等固定资产的比重减少了，但不代表资金投入减少了。平台企业需要大量的资金转向技术研发、品牌营销、流量争取、客户维护等方向，其资金投入量并不比购置汽车、设置门店少。即便采用了轻资产的模式，市场培育依然需要一定的时间。

共享是重要趋势，但不仅指分时租赁的共享，而且指更大范围的业界共享，其中最可行的是集中采购、车辆调配和信息共享。企业联合出面与厂商进行保险与车辆的集中性规模化采购，有助于集合人财物，争取到更优质的产品、更实惠的价格、更完善的服务。不同租赁企业之间的车辆调配，既可帮助中小企业解决"旺季无车用、淡季车无用"的尴尬局面，又能帮助大型企业解决车辆过剩、车辆闲置的问题。建立共享信用体系，有助于实现集体规避风险、提高运营效率。很多企业通过使用"芝麻信用"等征信体系来确定客户信用水平，达到简化手续、减免押金的目的。

产业组织结构特征与发展阶段是直接相关的，汽车租赁行业的中小企业数量多，是内外因共同作用的结果。借鉴其他国家的经验和路径，通过资本集中形成大体量的市场主体是必然趋势。国家鼓励小微型客车租赁实行规模化、网络化经营。传统路径是收购或合并。新的路径则是平台化与共享化，不涉及股权变动，但能够在事实上优化汽车租赁业的整个供给侧。

（二）绿色化、智能化

随着环保意识的提高和政府对新能源汽车的扶持，越来越多的消费者选择新能源汽车，年青一代消费群体更愿意驾驶新能源汽车。智能化和信息化技术渗透到汽车租赁中。借助大数据、人工智能等手段，租赁企业能够更精准地实现车辆调度的最优化。智能驾驶既是汽车制造的发展动向，也是租赁用车及服务的发展趋势。

根据公安部的数据，截至2024年6月，全国新能源汽车保有量达2472万辆，占汽车总量的7.18%。国家鼓励使用新能源汽车开展小微型客车租赁。旅游汽车租赁业对新能源汽车的使用也展现出积极态度。由于能源补给便利度、驾驶习惯等问题，一些消费者对新能源车租赁依然持谨慎态度，这在很大程度上影响了汽车租赁企业采用新能源汽车的态度。随着新能源补给技术进步、社会对新能源汽车认知度提升以及里程焦虑等问题的解决，消费者对新能源汽车的接纳程度正在稳步提高，将刺激汽车租赁企业加大新能源汽车的引进力度，推动行业朝更加绿色、可持续的方向发展。

得益于技术进步、市场需求、政策支持以及产业链完善，汽车、通信等领域的机构不断加大对智能驾驶的研发投入力度，投融资热度也持续高涨，智能驾驶系统的精准度、安全性和可靠性得到显著提升。2024年，《基于5G的远程遥控驾驶信息交互系统 自动驾驶出租车云端控制技术要求》（YD/T 4780—2024）标准发布，参与标准制定的都是信息科技、智能驾驶领域的领军机构，如中国信息通信研究院、中国移动、中国联通、中兴通讯、百度等。智能驾驶的产业链和生态圈即将形成。这些举措均有助于推动智能汽车在汽车租赁业中的普及和应用，进一步激发市场需求。

根据2023年调查结果，汽车租赁业对于智能装备与信息技术在一段时间内取代人工服务的确定性有所增加，但多数企业倾向于认为这种取代是局部的，而非全面的（见图12）。在即将开始的新规划期内，智能技术与信息技术将在汽车租赁服务中扮演更加重要的角色，虽然不会完全替代人工，但会实现与人工的深度协同，提升效率与质量。

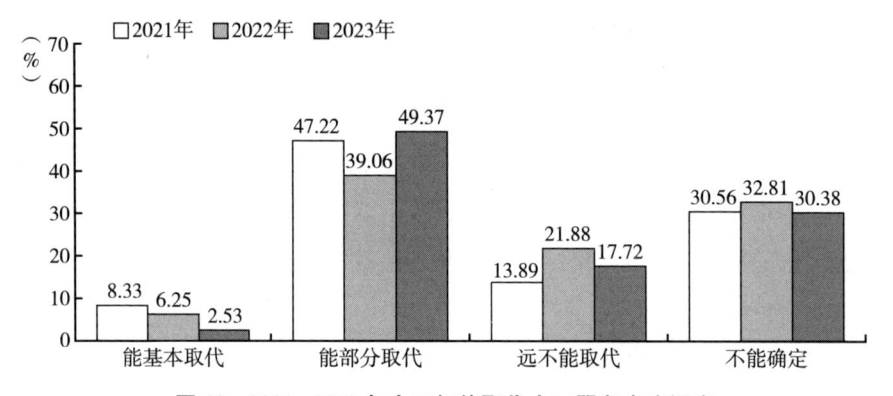

图12　2021~2023年人工智能取代人工服务态度调查

态度	2021年	2022年	2023年
能基本取代	8.33	6.25	2.53
能部分取代	47.22	39.06	49.37
远不能取代	13.89	21.88	17.72
不能确定	30.56	32.81	30.38

根据调查，汽车租赁行业对引入智能驾驶汽车表现谨慎态度。2023年，有近八成的汽车租赁企业对于无人驾驶汽车获准上路持观察待定态度（见图13）。尽管无人驾驶技术取得显著进展，但业界对无人驾驶商业化应用的信心尚未稳固，普遍保持谨慎态度，等待更多实际运行效果与监管政策的明确以及技术和市场条件的进一步成熟。

新能源汽车、自动驾驶技术以及无线感应充电等技术的应用以及普及，提高了出行便利度，降低了出行成本，迎合了年青一代的偏好，而且能突破驾驶证准入等需求瓶颈，从供给侧、需求侧两方面促进汽车租赁业的变革与升级。

（三）标准化、定制化

为了促进汽车租赁业健康发展，从国家到地方，陆续发布了一系列政策

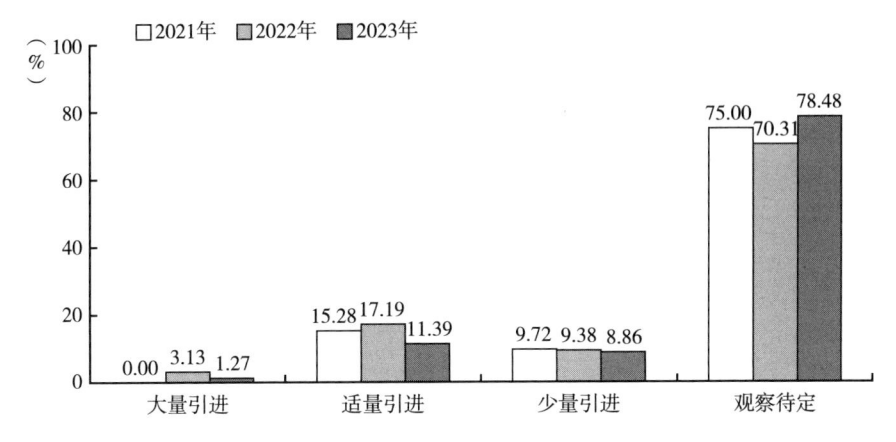

图 13　2021~2023 年对无人驾驶型智能汽车引入意愿调查

进行引导和规范。2017 年发布的《交通运输部　住房城乡建设部关于促进小微型客车租赁健康发展的指导意见》要求，进一步完善小微型客车租赁规章制度，制定/修订小微型客车租赁相关标准。

关于汽车租赁服务，已经发布的国家标准、行业标准有《汽车租赁服务规范》（GB/T 29911—2013）、《汽车租赁企业等级》（JT/T 1251—2019）、《汽车租赁管理服务信息系统》系列规范 JT/T 1464 等。2020 年 10 月，中国旅游车船协会《休闲旅游用车租赁服务质量要求与评价》（T/CTACA001—2020）发布实施，是国内旅游汽车租赁领域首个团体标准。截至 2024 年 10 月，实施标准并通过评估的旅游用车租赁企业达到 52 家。2022 年，"旅游用车租赁服务质量要求与评价"（立项计划号：LB2022-05）在全国旅游标准化技术委员会立项旅游行业标准，目前已经完成研制和报批，即将发布。

标准的制定和实施，有利于开展旅游租赁业务的企业提高服务质量，并引导更多的租赁企业开展旅游租赁业务。标准化与个性化不是对立的。个性化不能以质量为代价。建立在标准化基础上的个性化，才是有质量的个性化。随着承租人对出行体验要求的提高，旅游汽车租赁企业更加重视定制化服务，不仅包括车辆的选择、租赁期限、路线规划等基本要素，还涵盖消费

者对司机、住宿、餐饮、景点游览等方面的特殊要求。

汽车租赁服务还针对机构团体客户的需求，研发专门的解决方案，满足其降低成本、提高效率以及监督管理等综合要求。首汽租赁公司自主研发的Mr. Car一站式数字化用车服务平台，集合一键用车、智能调度、定位轨迹、视频监控、车务管理、里程统计、数据分析等多项功能，围绕"公车改革"的政府、企业用户的具体诉求，提出一系列全场景数字化管理用车解决方案，用户规模持续扩大。

旅游汽车租赁服务有更多的旅游属性，提供个性化、场景化的定制服务是租赁企业获客和竞争的重要手段。租车出游与私家车出游、公共交通出行的最大区别，就是租赁企业的服务提供，尤其是定制服务。这种定制服务，需要依托旅游租赁的生态圈，包括客群、伙伴和上下游，让租车出行成为一个场景、一种文化、一种特定的旅行方式。这是旅游汽车租赁服务的未来。

（四）"大出行"时代

美国与加拿大构成的北美市场，产生了Alamo、Hertz、Budget、Thrifty、Enterprise、National等租赁巨头，形成了会员制服务、上下游合作以及跨行业协作等经营模式。20世纪40~60年代是美国汽车租赁业的快速发展阶段，汽车租赁与铁路、民航紧密衔接和金融资本介入是其重要特征。其时，针对私人汽车普及，大量出行由铁路转向驾车，美国铁路公司成立了铁路扩展有限公司（Railway Extension Inc.），特许汽车租赁公司在火车站设立租赁门店，乘客可通过免费电报订车。70~90年代，汽车租赁业通过直接衔接二手车市场，扩大了发展空间。如今，北美依然是世界上最大、最成熟的汽车租赁市场。

他山之石，可以攻玉。每一次旅游业的升级，都与交通工具和基础设施的进步直接关联。自驾游大发展得益于汽车普及和公路网形成。铁路、民航与汽车租赁，客观上存在替代和互补的双重关系；在城市交通、中长距离交通过程中是替代关系，而在之前和之后，即起飞前、落地后，则是互补关系。随着立体交通网趋于完善，全国"大出行"框架已经形成。铁路、航空、公路、水运等组成的立体交通干线汇聚在中心城市和综合交通枢纽，汽车租赁则在落地交通、换乘服务等领域发挥功能。

"十四五"期间,国家和地方相继发布了多项与汽车租赁业相关的规划,"大出行"服务呼之欲出。《上海市先进制造业发展"十四五"规划》提出,构建以新能源汽车和智能网联汽车为主体的新型出行体系,包括网约汽车、租赁汽车、共享汽车和智能汽车等[①]。《安徽省"十四五"汽车产业高质量发展规划》提出,推进完善机场、火车站等交通枢纽以及客流集散地停车站点设施……鼓励汽车租赁企业优化经营布局,扩大网点覆盖面,发展多种时长租赁模式,运用信息化手段集成车辆预订、取还车、电子支付和保险"一站式"服务[②]。

当前,在经营网点布局上,大部分城市仍无法实现大交通(汽车、高铁等)与汽车租赁的无缝对接。在大出行时代,畅行和闭环是两个必要条件。对于旅游汽车租赁业而言,有两方面的需求需要予以满足。首先,一体化的联程出行服务需求,围绕交通枢纽,通过"空港+租赁""车站+租赁""码头+租赁"等方式,实现交通集散的一站式、无缝化衔接,达到畅行的条件。其次,三线城市以下区域的便利出行需求,包括旅游区"最后一公里"交通,这是大交通网难以触及的,在智能驾驶、分时共享等技术和模式加持下,汽车租赁有能力补上这些空白,达到闭环的要求。总体上,弥补落地即散、尽端闭环的交通短板,提高出行的整体品质和满意度,是旅游汽车租赁业的未来。

参考文献

中国旅游车船协会、中国旅游车船协会旅游租赁分会、中国社会科学院旅游研究中

[①] 《上海市人民政府办公厅关于印发〈上海市先进制造业发展"十四五"规划〉的通知》,《上海市人民政府公报》2021年第16期。
[②] 《关于印发安徽省"十四五"汽车产业高质量发展规划的通知》,安徽省经济和信息化厅网站,2022年2月25日,https://jx.ah.gov.cn/public/6991/146556511.html。

心：《中国旅游租赁行业发展报告（2018~2019）》，2019。

中国旅游车船协会、中国旅游车船协会旅游租赁分会、北京同和时代旅游规划设计院：《中国旅游租赁行业发展报告（2019~2020）》，2020。

中国旅游车船协会、中国旅游车船协会旅游租赁分会、北京同和时代旅游规划设计院：《中国旅游租赁行业发展报告（2020~2021）》，2021。

中国旅游车船协会、中国旅游车船协会旅游租赁分会、北京同和时代旅游规划设计院：《中国旅游租赁行业发展报告（2021~2022）》，2022。

中国旅游车船协会、中国旅游车船协会旅游租赁分会、北京同和时代旅游规划设计院：《中国旅游租赁行业发展报告（2022~2023）》，2023。

中国旅游车船协会、中国旅游车船协会旅游租赁分会、北京同和时代旅游规划设计院：《中国旅游租赁行业发展报告（2023~2024）》，2024。

区域发展篇

G.10 旅游促进各民族交往交流交融的实践发展

杨明月*

摘　要： 以旅游为载体促进各民族交往交流交融、推进中华民族共同体建设、铸牢中华民族共同体意识已成为时代赋予的重大任务。本文聚焦旅游业促进各民族交往交流交融的实践发展，对民族地区旅游业促进各民族交往交流交融的实践模式进行提炼总结，旨在为丰富发展旅游促"三交"实践提供参考。研究发现，旅游业通过空间、文化、经济、社会、心理等五个维度推进中华民族共同体建设，具体以空间为载体促进各民族形成地域共同体，以文化为内容促进各民族形成文化共同体，以经济为纽带促进各民族形成经济共同体，以增进互嵌为目标促进各民族形成社会共同体，以创新多场景情感链接促进各民族形成精神共同体。

---

* 杨明月，中国社会科学院财经战略研究院助理研究员，研究方向为旅游产业政策、民族地区旅游发展政策。

关键词： 旅游业　民族交往交流交融　民族地区

习近平总书记在2021年中央民族工作会议上强调："要准确把握和全面贯彻我们党关于加强和改进民族工作的重要思想，以铸牢中华民族共同体意识为主线，坚定不移走中国特色解决民族问题的正确道路，构筑中华民族共有精神家园，促进各民族交往交流交融。"① 旅游是促进各民族交往交流交融的重要平台。2022年6月，文化和旅游部、国家民委、国家发展改革委决定实施旅游促进各民族交往交流交融计划②（以下简称旅游促"三交"），以旅游业高质量发展推动各民族全方位嵌入，铸牢中华民族共同体意识。国家民委等三部门谋划"六项行动"③落实旅游促"三交"计划，充分发挥旅游带动作用，以旅游业高质量发展推动各民族广泛交往、全面交流、深度交融。旅游促"三交"计划和"六项行动"的实施表明，旅游已成为促进各民族交往交流交融、铸牢中华民族共同体意识的重要抓手。旅游促"三交"计划和"六项行动"实施以来，各地结合地方实际，通过创新旅游促"三交"模式、方式，积极推进各民族交往交流交融在深度和广度上不断拓展。

在当前旅游促"三交"实践初见成效的关键时期，及时总结地方旅游促"三交"的创新模式和实践经验，对更好地发挥旅游业促"三交"价值、有形有感有效铸牢中华民族共同体意识具有重要的实践意义。

---

① 《习近平出席中央民族工作会议并发表重要讲话》，中华人民共和国中央人民政府网，2021年8月28日。
② 《三部门实施旅游促进各民族交往交流交融计划》，中华人民共和国中央人民政府网，2022年6月28日。
③ 《各地深化拓展"六项行动"擦亮旅游促各民族交往交流交融计划"金名片"》，中华人民共和国国家民族事务委员会网，2024年5月29日。

一 旅游业是促进各民族交往交流交融的重要载体

（一）各民族交往交流交融是民族地区旅游业高质量发展的内在要求

党的十九大报告提出要深化民族团结进步教育，铸牢中华民族共同体意识，加强各民族交往交流交融，促进各民族像石榴籽一样紧紧抱在一起，共同团结奋斗、共同繁荣发展。党的二十大报告指出，"以铸牢中华民族共同体意识为主线"，要"加强和改进党的民族工作，全面推进民族团结进步事业"。

《"十四五"旅游业发展规划》提出，实施"旅游促进各民族交往交流交融计划"，推动各民族在空间、文化、经济、社会、心理等方面全方位嵌入，增进各族群众民生福祉，铸牢中华民族共同体意识，让旅游成为增进中华文化认同、增强中华民族凝聚力的有效途径。2022年6月，文化和旅游部、国家民委、国家发展改革委印发《关于实施旅游促进各民族交往交流交融计划的意见》，明确了旅游业在促进各民族交往交流交融计划中的关键角色，提出"以旅游业高质量发展推动各民族在空间、文化、经济、社会、心理等方面全方位嵌入、铸牢中华民族共同体意识，加强中华民族共同体建设"。

（二）民族地区是促进各民族交往交流交融的重点区域

以铸牢中华民族共同体意识为纲，促进各民族广泛交往交流交融是习近平总书记关于加强和改进民族工作的重要思想的重要内容。近年来，旅游铸牢中华民族共同体意识的实践价值得到党中央、国务院和各级民族地区政府的高度重视，促进各民族交往交流交融是民族地区旅游业高质量发展的内在要求和重要内容，民族地区成为旅游促"三交"的重点区域。

我国民族地区少数民族众多，多元一体中华文化丰富多彩，是落实旅游促"三交"计划、"六项行动"的重要实践前沿。由于历史和社会因素，我国少数民族呈现小聚居大分散的格局，55个少数民族人口相对集中分布在民族地区，民族自治地区面积占国土总面积的63.75%。民族地区作为少数民族的聚集区，拥有民族文化优势、空间地域优势、自然生态优势和民族群体优势，具有浓郁民族特色，例如维吾尔族的绿洲文化、哈萨克族的游牧文化、蒙古族的草原文化、藏族的高原农牧文化、东北民族地区的渔猎文化以及黔滇贵的山地文化等，都是民族地区旅游业高质量发展的基础依托。因此，民族地区利用自身资源优势禀赋，将旅游业高质量发展与促进民族地区各民族交往交流交融有机结合起来，具有重要的现实意义。

（三）旅游赋能各民族交往交流交融的重要作用

我国是统一的多民族国家，民族团结就是各族人民的生命线。民族团结关系到中华民族的生死存亡，关系到国家的安危和各族人民的根本利益。习近平总书记高度重视民族团结，强调"加强民族大团结，长远和根本是增强文化认同，建设各民族共有精神家园""以铸牢中华民族共同体意识为主线""促进各民族广泛交往交流交融"。加强各民族交往交流交融是铸牢中华民族共同体意识、实现各民族大团结的重要途径。

要促进各民族交往交流交融，就必须找到适合少数民族致富、符合当地传统文化、广大民众喜闻乐见，同时还能够增进与其他省份各族同胞广泛交往、全面交流、深度交融且能够长期稳定发展的产业，在产业发展过程中，让各族群众逐步铸牢中华民族共同体意识。旅游业是带动民族地区全面发展的特色优势产业、促进各民族交往交流交融的重要平台。旅游业能够带动各族群众在城乡和区域之间更大规模的双向流动，提升对外来人才和劳动力的吸引力，并增加非常住人口，吸引非常住人口流动，扩大各民族社会交往的范围，增加频率。旅游业具有文化交流优势，是增进各民族文化认同、增强中华民族精神力量的聚民产业。旅游业能够充分利用民族地区各族群众"快乐""乐于交流"的文化基因，树立和突出各民族共有共享的中华文化符号和形象，构筑中华民族共有精神家园。旅游业具有经济交流优势，是扩大各族群众就业和改善民生的富民产业。旅游业具有劳动密集型的特点，能够为社会弱势群体创造生存与就业机会，增进民生福祉，打造基层各族人民交往的平台，直接使各民族基层群众在旅游经济供需交流中受益。旅游业具有心理交流优势，是满足各族群众情感交流的乐民产业。独乐乐不如众乐乐，旅游业能够以符合当地传统文化、广大民众喜闻乐见的方式，以经济和文化交流的双重形式，帮助形成民族同胞自发学习国家通用语言文字的动力，为各民族的情感交流打好语言基础，促进民间交流。旅游业具有社会发展优势，是各族群众共同迈向现代化的内生产业。旅游业是新兴的战略性支柱产业，符合市场经济规律和现代社会发展要求，是民族地区全面发展的内生力量，也是各民族交往交流交融持续的内生动力。

二 旅游促进各民族交往交流交融的实践模式

旅游业通过以空间为载体、以文化为内容、以经济为纽带、以社会和心理为目标的"五维模式"来促进各民族交往交流交融（见图1）。旅游促进各民族交往交流交融的"五维模式"具体表现为：旅游业构建了促进各民族交流的"流动空间"，提高了各民族双向流动速度，扩大了人群流动覆盖范围；以多元一体的中华优秀传统文化、新民俗文化等为服务内容和精神内涵；以打造经济共同体、深化产业联动机制为纽带；以打造互嵌式社会结构（中华民族共同体）和精神结构（中华民族共同体意识）为目标。

旅游促"三交"的重点方向，是以铸牢民族地区中华民族共同体意识为工作主线，以不断巩固中华民族共同体为目标，提高民族地区人员和外界双向流动的速度、扩大范围，促进民族地区和非民族地区的人们在同一空间中汇聚，构建空间上"融"的新动力；推进各民族文化传承保护、创新交融，广大民众喜闻乐见，结成文化共同体，打造文化上"融"的助推器；深化区域协作机制，带动少数民族脱贫致富，结成利益共同体，能够长期稳定发展，结成经济上"融"的纽带；游客变创客，形成"流动式"的互嵌式社会结构和社区环境，开创社会上"融"的生动实践；增进与其他省份

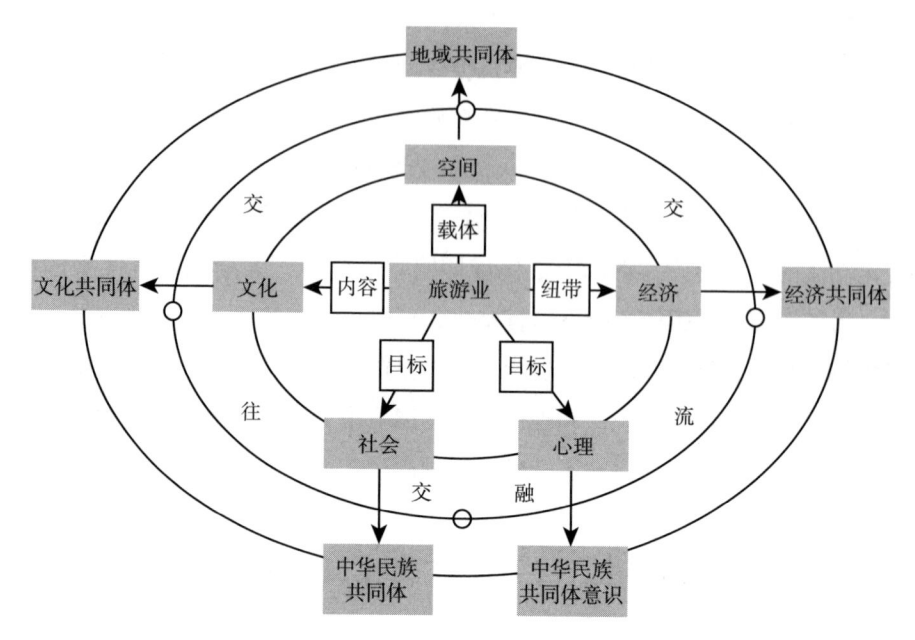

图1 旅游促进各民族交往交流交融的实践模式

各族同胞广泛交往，创建民族交流机会，丰富民族情感体验，搭建情感上"融"的桥梁。

在实践中，目前形成了如下几种类型。

（一）空间互嵌驱动型

旅游业通过旅游景区、城市休闲街区、旅游度假区等空间载体，以构建促进各民族交往交流交融的互动空间为驱动要素，进一步促进各族群众在城乡和区域之间更大规模的双向流动。以新疆那拉提风景区为例，该风景区是5A级旅游景区，位于新疆伊犁哈萨克自治州那拉提镇。那拉提坚持把景镇一体融合发展作为强大引擎，构建以那拉提景区为中心、辐射带动周边区域融合发展的"大那拉提"旅游格局，度假区内外形成民族交往交流交融的平台。那拉提草原是世界上哈萨克族人口聚居最集中的草原区，是新疆哈萨克族的最大聚居地，被誉为集中反映和展现哈萨克族传统生活习惯的露天博物馆。那拉提景区内主要展示巩乃斯草原自然风光及哈萨克族风俗，带动了哈萨克牧民参与旅游——马队、农牧家乐、传统手工艺品、毡房民宿、演艺等，直接从业人数达到1200余人。那拉提景区2023年接待游客246万人次，同比增长110%；2024年上半年，接待游客133万人次，同比增长66%，旅游业呈现快速繁荣发展的态势[①]。在景区之外，那拉提景区的开发带动了那拉提小镇，沿着318国道，形成了各民族餐饮丰富多彩的一条街，与318国道垂直的小巷内，形成了各种特色民宿。位于那拉提镇以西2公里处、218国道贯穿全境的英加尔村，是多民族聚居村落。随着那拉提景区的兴起，当地政府为每户居民提供了扶持政策。旅游业对村民们来说是一项全新的职业挑战，他们通过团结合作，共同探索解决方案。从事农牧业时，各民族之间的交流并不频繁，而旅游业的发展促使邻里之间、不同民族的村民之间的交流和互助日益增加。他们经常相互帮助，利用空闲时间交流更好地服务游客的经验。英加尔村因此逐渐发展成为一个互助合作、民族团结的和谐社区。那拉提景区内外的开发建设吸引着疆内外各民族群众来此定居谋生，旅游业产城融合使那拉提成为不同文化交流汇聚之地，成为促进各族群众在区域间更大规模双向流动的平台。

（二）文化互嵌驱动型

旅游业通过注入文化内涵，推动中华优秀传统文化创造性转化、创新性发展，以增进共同性为方向，树立和突出各民族共有共享的中华文化符号和形象，以旅游和文化深度融合，深刻表达中华文化特征，促进各民族交往交流交融的互动空间为驱动要素，深入推进中华文化传承保护、创新交融，形成文化共同体。例如，始祖文化是中华民族的根和魂，是凝聚与铸牢中华民族共同体意识的文化黏合剂。伏羲是中华民族共同的远古祖先，是增强中华民族凝聚力可以利用的重要资源，是"始祖文化"的重要符号与象征。甘肃天水伏羲庙是伏羲文化的发源地，是我国保存最为完整、建筑年代最早的

---

① 数据由那拉提景区提供。

祭祀伏羲氏的庙宇，具有典型的中国古代宫廷式建筑格局，现为全国重点文物保护单位。甘肃立足地方文化资源，以旅游为载体，充分挖掘始祖文化内涵，将伏羲这一中华文化符号和形象融入旅游产品设计、重大活动安排中，深刻表达中华民族的根脉。举办甘肃太昊伏羲祭典等文化旅游活动打造"始祖文化"品牌，以文旅节庆活动"中国天水伏羲文化旅游节"强化中华儿女"始祖文化"的集体记忆、情感纽带、文化自信和共同体意识，以文化旅游宣传为抓手推进"始祖文化"传播，增强中华民族的强烈认同感。2006年，"太昊伏羲祭典"被国务院批准为我国首批国家级非物质文化遗产。此节庆仪式不仅体现了中华民族同根共祖的深厚情感，还传递了民族团结、国家统一和文明传承的共同体理念，成为甘肃省一张独特文化名片，吸引了众多海内外华人前来寻根祭祖。甘肃打造以天水为中心的"陇东南始祖文化旅游经济区"，辐射带动陇南、平凉、庆阳文化旅游发展；依托天水厚重的历史文化底蕴和区位交通优势，深度挖掘始祖文化、石窟文化等富集的人文资源，将天水打造成为陇东南文化旅游中心城市，与周边陇南、平凉、庆阳等市一体谋划、联动打造，建成全球华人寻根祭祖圣地和全球知名的华夏文化旅游体验目的地。

（三）经济互嵌驱动型

旅游业以产业链连接为纽带，以经济交流为内容，以经济互动促进各民族交往交流交融为驱动要素，促进普通各族民众融入旅游经济互动发展，共享旅游发展成果，结成经济共同体。民族村镇是旅游促进乡村振兴、共同富裕、城乡融合以及各民族交往交流交融的重要阵地。旅游业是具有经济拉动作用的综合性产业，发展民族村镇旅游能够增加各民族的经济连接、经济合作、经济交流，促进当地社会稳定繁荣，增加当地文化的包容度和开放度。以喀纳斯景区为例，该景区坐落于新疆维吾尔自治区的阿勒泰地区，以其壮丽的自然生态和神秘的人文景观吸引了无数游客的目光，被誉为"人间净土"，成为全球知名的旅游胜地。曾经相对封闭的地区，如今已发展成为繁荣的国家5A级旅游景区。通过旅游业的发展，原本封闭的民族聚居地与外界的联系日益紧密，促进了不同民族间的交流与融合。图瓦人主要居住在阿勒泰喀纳斯湖畔的图瓦村以及白哈巴图瓦人村落，他们属于蒙古族的一个分支。图瓦人的传统居所也是喀纳斯景区中不可分割的一部分。旅游业的兴起为当地居民带来了前所未有的机遇，同时也对他们传统的游牧生产方式产生了冲击。面对旅游业的迅猛发展及其带来的变化，当地居民的生产方式开始逐步转型。他们从最初学习如何参与旅游业，到现在已经能够为游客提供全面的旅游接待服务。在与来自不同民族的游客交流中，当地居民的市场观念和经营策略也在不断地与时俱进。

（四）社会互嵌驱动型

旅游业发展带动各民族人口在更大范围流动，以社会人口流动为驱动要素，进一步增加了地方社会常住民族数量，营造了中华民族一家亲的浓厚氛围，形成了互嵌式的新社会结构，促进了各民族交往交流交融。例如，张家界是世界知名的旅游目的地，入境旅游发展迅速，外国游客占比位列全国前列，其中韩国游客占比最高，张家界被称为最受韩国游客喜爱的中国旅游目的地。从20世纪90年代末开始，随着韩国团队游客数量的不断增加，具有语言优势的东北朝鲜族看中张家界的入境旅游发展机会，加入张家界旅游行业中来，张家界入境旅游产业不断扩大，吸引着东北朝鲜族亲朋好友的陆续加入，覆盖领域涉及旅游业的"吃住行游购娱"各个环节。截至2024年，东北朝鲜族的人数达到8000余人，从最初以单纯就业为主到后来选择在张家界长期定居，融入张家界。其中张家界月亮岛社区成为东北朝鲜族安家的社区之一，朝鲜族的到来丰富了月亮岛社区的民族构成，汉族、土家族、苗族、白族、朝鲜族等多个民族互嵌入式居住，互帮互助，成为"全国民族团结进步模范集体"。旅游业的发展，使张家界的常住民族数量从1988年建市时的33个增加到2024年的45个民族，少数民族人口占到常住人口的75.09%，拓宽了旅游驱动各民族全方位嵌入的实践路径，形成各民族和谐共处的局面。

（五）心理互嵌驱动型

旅游业以心理互嵌为驱动要素，创造民族间交流的情感连接，促进各族群众多走动、多来往、多交流。例如，央布拉克村坐落在新疆伊犁哈萨克自治州霍城县境内，构成了惠远古城民俗旅游区的核心区域。在惠远古城民俗旅游区建设之前，央布拉克村曾是远近闻名的贫困村落，同时也是自治区级的重点整治对象。这里的房屋年久失修，年青一代纷纷外出谋生，呈现一片萧条景象。村民们对仅一墙之隔的伊犁将军府游客络绎不绝的景象漠不关心，因为那似乎与他们的生活毫无关联。2014年是央布拉克村的一个关键转折点。这一年霍城县开始重点打造惠远古城民俗旅游区，央布拉克村被选为先行试点村。得益于惠远古城景区发展带动效应，央布拉克村已经转型成为一个远近闻名的民俗旅游目的地。央布拉克村由维吾尔族、哈萨克族、东乡族、回族、汉族、锡伯族、蒙古族、柯尔克孜族等多个民族组成。通过发展文化旅游业，央布拉克村村民充分发挥民俗文化特色，将文化资源转化为旅游资源吸引游客，最突出的表现是家访点的设置。央布拉克民俗村家访点最大的特色是每个家访点都是根据主人特点命名挂牌的，例如"葡萄人家""茶点人家""歌舞人家""十二木卡姆人家""百姓博物馆人家""革命人家""斗鸡人家""奶茶人家""打馕人家""果园人家""花帽人家""哈根达斯人家""美食人家"等。通过旅游创新，央布拉克村避免了千篇一律的格局，通过充分发挥村民的个人才能和展现民族文化特色，加强了与各民族游客之间文化交流，凝聚了各民族人心，发展了各民族友谊。文化旅游业的发展不仅为当地村民提供了物质上创收致富机会，更可贵的是，在精神上，当地村民与游客之间形成了深厚的民族情谊。以央布拉克村"茶点人家"家访点为例，女主人玛依努尔通过经营家访点，交了全国各地不同民族的朋友，这些友谊对她来说是无价的。

三 旅游业赋能各民族交往交流交融实践的启示

从旅游促"三交"的"五维模式"可以看出，旅游业是促进各民族广泛交往、全面交流、深度交融的最好途径，是带动民族地区全面发展的特色优势产业、促进各民族交往交流交融的重要平台。旅游所创造的流动空间是促进各民族交往交流交融的载体，发挥旅游业的自然空间优势，以 A 级旅游景区、国家级旅游度假区等旅游基地，汇聚各族人民在流动空间中，促进各民族交往交流。发挥旅游业文化交流优势，注入新内涵，增进各民族文化认同，增强中华民族的凝聚力。旅游作为促"三交"的经济纽带，发挥旅游全产业链的综合带动作用，发展新业态，带动弱势群体就业、增进民生福祉。旅游营造的情感交流体验是促进各民族交往交流交融的心理链接，发挥旅游的心理交流优势，培育新主体，以各族群众喜闻乐见的形式，满足各族群众情感交流。旅游依托社会发展优势，构建了各民族间亲缘、地缘和友缘的空间与情感交流纽带，形成互嵌式社会结构和精神结构。打造新线路，深化区域协作机制，促进各族群众共同迈向现代化。

总之，旅游业以空间、文化、社会、心理、经济"五维模式"，通过用好新基地、培育新主体、发展新业态、打造新线路、注入新内涵，构建空间上"融"的新动力、打造文化上"融"的助推器、结成经济上"融"的纽带、开创社会上"融"的生动实践、搭建情感上"融"的桥梁，促进各民族交往交流交融。民族地区旅游业扎根于中华优秀传统文化的沃土中，为各民族居民所喜闻乐见，其发展不仅能够让基层居民脱贫致富，带动中华文化的复兴与传承，更重要的是改变了封闭落后的面貌，消除了民心隔阂，促进了各民族之间的广泛交往、全面交流和深度交融，增强了各族人民对伟大祖国、中华民族、中华文化、中国共产党、中国特色社会主义的认同感。

我国广大民族地区是促进各民族交往交流交融的实践前沿，民族地区在区位条件、人力资源条件、自然环境、社会人文条件等方面具有显著特色，具有发展民族文化旅游促进各民族交往交流交融的资源禀赋。各地区旅游促"三交"实践丰富了旅游促"三交"模式，对全国广大的民族地区以旅游促"三交"、铸牢中华民族共同体意识具有重要的借鉴意义。各地区应根据自身特色，因地制宜，以铸牢中华民族共同体意识为主线，坚持从战略上审视旅游高质量发展与地区经济、政治、文化、社会、生态发展的关系，将旅游推动各民族互嵌式发展、促进各民族交往交流交融、建设中华民族共有精神家园、增进各族群众民生福祉和"五个认同"等放在旅游工作的优先位置，使旅游业发展成为带动当地全面发展的特色优势产业、促进各民族交往交流交融的重要平台。

参考文献

杨明月、戴学锋：《文化认同视域下文化旅游铸牢中华民族共同体意识实践研究——基于新疆地区的调研案例》，《云南民族大学学报》（哲学社会科学版）2024年第4期。

高培勇主编《中华民族共同体建设理论研究》，中国社会科学出版社，2023。

戴学锋：《旅游助推铸牢中华民族共同体意识的新疆实践》，《旅游学刊》2022年第12期。

杨明月、许建英：《民宿促进民族地区交往交流交融的价值与路径》，《旅游学刊》2022年第12期。

G.11 城市文旅品牌的演化与升维

刘彦平 张相宜[*]

摘　要： 本文聚焦我国城市文旅品牌的演化进程与升维逻辑。城市文旅品牌历经三个发展阶段，分别是景区大众宣传推广阶段、城市文旅形象营销阶段、城市文旅项目品牌化与总体品牌化互动发展阶段。城市文旅品牌发展涌现出传播模式多样化、文旅项目 IP 化及场景品牌化、文旅融合的品牌表达等亮点，"十五五"期间，要夯实重塑城市文旅品牌的坚实基础，扩展城市文旅品牌的体系架构，加大城市文旅品牌的区域协同力度，推动城市文旅品牌化方法突破，优化城市文旅品牌内生动能。

关键词： 城市文旅品牌　高质量发展　城市品牌

一　引言

在全球化与城市化进程不断加快的当下，文化和旅游业已然成为体现城市竞争力与吸引力的关键领域，城市文旅品牌也成为城市整体品牌不可或缺的重要部分。

自 1978 年改革开放政策落地实施，我国逐步构建起社会主义市场经济体制，并深度融入全球化价值体系。其间，一系列简政放权政策，赋予了地方政府更多自主决策的权力与发展的动力，地区间的竞争也随之愈加激烈。城市品牌作为城市参与竞争、获取资源的重要依托，登上了历史的舞

---

[*] 刘彦平，中国社会科学院财经战略研究院研究员，中国社会科学院旅游研究中心特约研究员，研究方向为城市品牌、城市营销等；张相宜，中国社会科学院大学博士研究生。

台。与商品品牌有所不同，城市品牌以特定城市区域为对象，其具有更强的综合性与战略性，尤其是在文化和地方认同方面的属性更为突出。参照Zenker与Braun①对城市品牌的定义，从需求层面来看，城市文旅品牌可理解为消费者基于城市文旅相关的视觉、语言及行为表达所形成的联想体系，而这一联想体系是通过城市文旅利益相关者的宗旨、传播实践、价值观、共同文化以及城市整体空间设计予以具象呈现的。城市文旅品牌旨在将城市作为一个整体目的地开展品牌建设，核心目的在于宣传城市本土文化与旅游资源，吸引更多游客前来，增强人们对城市的独特认知，推动城市文化与旅游的融合发展，进而提升城市文旅乃至城市整体的综合竞争力与价值。

国外的城市品牌研究起始于旅游管理领域，其以品牌及营销理论框架为根基②。自城市品牌概念诞生以来，相关研究已逐渐拓展至应用经济、公共管理、传播学和社会学等多个领域，城市品牌也更多地被视作城市治理的工具与公共外交的手段③。城市文旅品牌既可以对应以城市为对象的目的地品牌，也能被理解为城市品牌在文化旅游方面的体现。近年来，目的地品牌的可持续发展、城市文旅的参与式治理、品牌在社交媒体及借助新技术的传播等成为该领域的国际热点议题。

在国内学术界，城市旅游品牌研究是由城市旅游形象研究逐步深化而来。学者重点围绕城市旅游品牌的定义与内涵④、城市旅游品牌塑造及推广

---

① Zenker S., Braun E., The Place Brand Centre-A Conceptual Approach for the Brand Management of Places. 2010.
② Ma W., Schraven D., De Bruijne M., et al., "Tracing the Origins of Place Branding Research: A Bibliometric Study of Concepts in Use (1980-2018)," *Sustainability*, 2019, 11 (11).
③ Kavaratzis M., "From city marketing to city branding: Towards a theoretical framework for developing city brands," *Place Branding*, 2004, 1 (1): 58-73. Here Ź Niak M., "Place Branding and Citizen Involvement: Participatory Approach to Building and Managing City Brands," International Studies. *Interdisciplinary Political and Cultural Journal*, 2017, 19 (1): 129-141.
④ 马聪玲、倪鹏飞：《城市旅游品牌：概念界定及评价体系》，《财贸经济》2008年第9期。

途径①、城市旅游品牌评价体系及其实践应用②等主题展开了大量富有成效的探讨，呈现鲜明的实践导向。并且，城市文旅品牌也作为重要维度被纳入城市品牌测评体系中③。2018 年，文化部与国家旅游局合并组建为文化和旅游部，文旅融合由此进入系统性加速整合阶段。在相关行业文旅融合转型升级的带动下，城市文化与旅游元素深度融合，城市文旅品牌因更为丰富的内涵成为近期研究与关注的热点。

新中国成立 75 年来，尤其是 1978 年改革开放之后，我国经历了全球规模最为庞大、速度最为迅猛的城市化进程。新型城镇化战略深刻改变了我国的城市化战略走向与总体格局。2024 年，国务院印发《深入实施以人为本的新型城镇化战略五年行动计划》，明确了未来五年实施该战略的目标任务。伴随新型城镇化战略的持续深入推进，城市逐步迈入追求高质量发展的新时期，我国城市文旅品牌化发展也在稳步前行。2024 年，习近平总书记在全国旅游发展大会上对旅游工作作出重要指示，加快建设旅游强国，让旅游业更好服务美好生活、促进经济发展、构筑精神家园、展示中国形象、增进文明互鉴。党的二十届三中全会通过的《中共中央关于进一步全面深化改革　推进中国式现代化的决定》明确提出，"聚焦建设社会主义文化强国"，对文化和旅游高质量发展提出了更高的要求。2023 年，中共中央、国务院印发《质量强国建设纲要》，进一步强调了建设品牌强国的决心和战略部署。《"十四五"旅游业发展规划》全文 17 次提及"品牌"，提出要"加强区域旅游品牌和服务整合""着力打造更多体现文化内涵、人文精神的旅游精品，提升中国旅游品牌形象""强化品牌引领，实施国家旅游宣传推广

---

① 许峰、秦晓楠、张明伟等：《生态位理论视角下区域城市旅游品牌系统构建研究——以山东省会都市圈为例》，《旅游学刊》2013 年第 9 期；孙旭、吴赟：《全媒体情境下城市旅游形象传播的理念、路径与策略》，《传媒》2018 年第 12 期。
② 连漪、姜营：《区域旅游品牌发展及品牌价值提升策略——基于桂林旅游地品牌建设的思考》，《企业经济》2013 年第 2 期；庄国栋、张辉：《旅游城市品牌竞争力影响因素研究》，《江西社会科学》2015 年第 8 期。
③ 刘彦平：《国家战略视野下的城市营销：趋势与展望》，《城市》2016 年第 10 期；刘彦平、王明康：《中国城市品牌高质量发展及其影响因素研究——基于协调发展理念的视角》，《中国软科学》2021 年第 3 期。

精品建设工程"，为今后城市文旅品牌建设指明了方向。立足城市，放眼全球，城市文旅品牌建设迎来了前所未有的发展机遇。

二 旅游发展新趋势及城市文旅品牌建设的迫切性

近年来，我国民众的旅游需求持续快速释放，旅游业已然成为极具时代特色的民生产业与幸福产业，城市文旅行业的发展也因此备受瞩目。据商务部2024年上半年的数据，我国旅游服务进出口规模已基本恢复至疫情前同期水平。当下，我国拥有全球最大的国内旅游市场，并且也是国际旅游重要目的地之一[①]。伴随旅游需求规模的不断扩大，人们对美好生活的向往愈加凸显，大众旅游出行和消费偏好呈现的新趋势正深刻改变着城市文旅的格局。

其一，游客在目的地的选择上更加多元化。马蜂窝的《年轻旅行者观察报告》调查表明，受访者中拒绝盲目跟风前往网红目的地的比例高达81%。自2024年以来，三线及以下城市与县域旅游目的地的出游人次增长显著[②]，众多中小城市成为游客的新选择，成为"反向旅游"的热门地，迎来了本地文旅发展的契机。

其二，以小团化、自由行为主的个性化旅游组织形式持续占据主流。中国社会科学院旅游研究中心发布的《中国国民旅游状况调查（2023）》显示，2023年以来，受访者参与旅游的组织方式按频率从高到低依次为自助游、半自助游、私人定制游、跟团游，人们对定制游的喜爱程度相较于2020年有了大幅提升。携程跟团游的数据显示，2023年携程团队游产品中私家团的占比相较于2019年提高了近4倍，一人旅行订单的占比也提升了25%[③]。个性化旅游组织方式使出行安排具有高机动性和高自由度，游客探

---

① 数据来源：《商务部：中国成为国际旅游最大客源国和主要目的地》，央视新闻客户端，2024年8月30日。
② 《途牛2024年上半年度旅游消费报告》，2024。
③ 数据来源：https://baijiahao.baidu.com/s?id=17875290969065569O8&wfr=spider&for=pc。

索城市的范围和内容得以拓展，城市在旅游活动中的呈现方式也更加丰富多样。

其三，旅游需求朝着高度纵深化和体验化的方向发展。随着知识水平与信息获取能力的不断提升，人们已不再满足于传统的程式化、扁平化旅游供给。城市漫步（Citywalk）、城市骑行（Cityride）、"超市旅游"的兴起，以及各地早餐摊、菜市场和夜市的火爆，都表明游客更倾向于通过生活化、沉浸式的方式深入城市的"幕后"，探寻城市景观背后的故事与历史，挖掘具有"原真性"的目的地城市文化。同时，游客也越发注重自身的感受和体验，秉持"千金难买我愿意"的理念，期望通过旅游活动满足自身的"情绪价值"和精神需求。旅游体验作为一种高度私人化、个性化的心理过程，对游客心目中城市文旅形象的形成和认同起着关键作用。据Phocuswright与Arival联合发布的《2019-2025年旅行体验展望》数据[①]，2019年全球旅游体验的总门票收入高达2530亿美元，其规模仅次于运输业和住宿业，获取体验已成为旅游的核心目的之一，游客对独特体验的迫切需求对城市营销、城市服务水平乃至城市功能都提出了更高的要求。此外，多种需求发展趋势相互叠加，城市旅游供给端正面临着由不同消费水平、生活背景和旅游目的的群体所带来的更为广阔的细分市场挑战。

面对快速变化的城市文旅市场需求和日益激烈的城市竞争格局，如何让城市抓住增长机遇崭露头角，被游客关注、选中并认同，是城市文旅发展尤其是文旅品牌建设的首要问题。城市管理者亟须重新认识城市文旅品牌化的战略意义，深入探究和反思国内外城市文旅品牌建设过程中出现的新亮点、新趋势和新信号，明确自身文旅优势，持续培育和提升城市文旅竞争力，塑造城市文旅发展的韧性，推动城市文旅品牌建设实现质的飞跃，使其能更好地融入即将到来的"十五五"时期城市文旅发展规划与建设之中，引领城市朝着更可持续、更高质量的方向发展。

---

① 数据来源：https://www.scribd.com/document/715719707/ARIVAL-Outlook-for-Experiences-2019-25-OCT-22。

三 城市文旅品牌的发展与探索历程

（一）城市文旅品牌的发展阶段

改革开放以来我国城市文旅品牌化的发展历程大致可按时间顺序分为以下3个阶段。

1. 景区大众化宣传与形象推广阶段（20世纪80年代至90年代中期）

1978年，中共十一届三中全会召开，作出改革开放及以经济发展为中心的重大决策，市场化改革有序推进，中国旅游业迎来从无到有、由弱渐强的大发展时期。20世纪80年代至90年代中期，城市管理者开始运用旅游市场营销的知识与方法来推广旅游产品。例如，1979年邓小平在黄山提出"要把黄山的牌子打出去"，此后黄山市的旅游形象逐渐围绕黄山景区形成，黄山市组建黄山旅游集团，将"黄山"注册为商标，推动黄山风景区获得世界文化遗产、世界自然遗产、世界地质公园等多项殊荣，助力黄山风景声名远扬。又如1984年珠海市建造珠海度假村，凭借经济特区的身份以及毗邻港澳的区位优势，瞄准大型会议市场，推广度假村的豪华配置、完善设施与优质服务，成功将珠海打造为广深、港澳营商交往的"后花园"，并吸引大量民众前来观赏游玩。这一阶段的特征是旅游观光资源占据主导地位，以景区宣传及其形象推广来引领城市文旅发展，属于资源驱动和产品导向的发展阶段。大连、青岛、珠海等是此阶段的典型城市。

2. 城市文旅形象的推广阶段（20世纪90年代后期至2015年）

临近21世纪，我国国内旅游竞争加剧。城市管理者逐渐认识到目的地整体形象和吸引力的重要性，树立起城市整体形象的意识，掀起打造城市CIS（形象识别系统）、塑造城市文旅形象的热潮，城市文旅营销进入城市文旅形象推广阶段。众多城市纷纷提出各自的城市旅游形象口号，如"乐游上海""美丽春城·幸福昆明""浪漫之都，中国大连""福山福水福州游"等。城市形象宣传片是这一时期城市文旅的主要推广手段之一，1999

年威海市拍摄了中国首部城市宣传片，引得诸多城市纷纷效仿；2003年成都凭借张艺谋执导的"一座来了就不想离开的城市"宣传片成功走红。此阶段的特点是城市形象中的文化特征得到高度重视，能够在受众细分的基础上通过多样的传播手段来进行文旅形象的推广，是城市文旅品牌化的萌芽阶段。许多城市意识到，要在城市旅游形象的宣传中传递城市价值，获得游客的情感共鸣。与此同时，这一时期我国的对外开放程度不断提高，随着北京申奥成功，奥运会、世博会、亚运会等国际重大活动落户中国，城市管理者纷纷将城市国际化形象的宣传纳入城市建设工作中。杭州、成都、重庆等城市是这一阶段的代表性城市。

3.城市文旅项目品牌化与城市文旅总体品牌化互动发展阶段（2015年至今）

随着人们物质文化需求的不断升级，文旅融合的趋势逐渐凸显，城市文旅品牌化建设成为城市文旅高质量发展的新标志。在这一阶段，城市文旅项目不断推陈出新，展现城市独特文化内涵的特色项目纷纷涌现，项目品牌化营销取代产品营销，为城市文旅品牌增添光彩，城市文旅品牌进入"项目带动城市"的营销阶段。例如，2019年前后，宁夏针对观星旅游市场进行精准开发与营销，联合同程旅行，组织"北纬38度仰望星空——见所未见的塞上江南"系列主题活动在银川落地，打造出天文、历史、研学、艺术等多维度诠释的"仰望星空"品牌及旅游线路产品，成功将银川塑造为"星星的故乡"。从2018年开始，坐落于原唐皇家御马苑的大唐不夜城抓住"盛唐"这一核心品牌定位，充分利用西安独特的历史文化资源，对步行街街区布景、主题策划、项目设计进行全新升级，同时配合《再回雁塔》实景演出、"大唐不夜城不倒翁"等社交平台热点营销，成功打造出现象级的城市历史文旅项目品牌。重庆的洪崖洞作为重庆的地标之一，自2018年以来，通过场景品牌化的方式，借助巴渝文化，打造夜间灯光景观系统，贴合"千与千寻"进行热点宣传，创造出能展示山水、灯光和文化的多维旅游空间以及融合重庆地方特色的文化展示平台，成为城市夜景文化品牌化的示范性案例。与这种自发、自生的文旅项目品牌化同步进行的，是各地区城市文

旅品牌的整合塑造工作也开展得如火如荼。随着文旅融合的进一步深化以及媒介融合的不断发展，城市管理者对城市文旅品牌的内涵、功能和发展路径有了新的认知，大批城市开始回顾梳理原有的城市文旅品牌工作，重新设计品牌发展的战略蓝图，整合营销的手段和渠道，确立清晰且一致的品牌形象及策略，升级重塑城市文旅品牌，我国城市文旅品牌进入项目品牌和总体品牌互动发展、整合塑造的新阶段。例如，宁波打造"海丝古港微笑宁波"文旅宣传品牌体系，整合"顺着运河来看海""书藏古今·港通天下"等多维城市文旅内涵，积极配合城市"海上丝绸之路"的站位，连续五年举办中国（宁波）—中东欧旅游合作交流大会，致力于打造新时代文化高地和现代化滨海旅游名城；衢州将"南孔圣地，衢州有礼"作为品牌口号，组建城市品牌打造专班，引入"夜经济"和"演唱会"两大业态，依托"鲜辣衢州"城市美食品牌策划"江浙沪地区吃辣第一城"等多个热点话题，整合打造出新兴的网红目的地。贵阳围绕"爽爽贵阳·消费天堂"城市品牌，主打"生态牌""山地牌""气候牌""文化牌"，全年围绕"六爽"产业链推出烟火季、赏花季、避暑季、温泉季等系列文旅活动，深入推进"百场千店万铺"建设，全方位打造世界级旅游消费目的地。这一阶段的特点是城市品牌化的理论和方法得到自觉运用，文旅项目品牌化为文旅发展带来更多活力和动力，而城市文旅整体的品牌化则为文旅发展赋予方向指引、路径优化和治理整合，两种经验的扩散与良性互动，使我国城市文旅品牌化的景象蔚为壮观，极大地助力了我国城市文旅的高质量发展。

（二）主要创新及争议

伴随城市文旅融合和品牌化方面的探索与实践不断深入，城市文旅品牌塑造涌现出诸多创新亮点，但也存在一些争议。

1. 传播模式多样化：传统媒体与新媒体共同发力，文旅品牌的共创模式逐步形成

随着社交媒体的兴起以及数字化时代的来临，传统媒体和新媒体手段相互交融，城市文旅品牌的营销推广呈现明显的多媒介融合特征。一方面，传统媒体手段凭借其权威性持续发挥作用，各地市的文旅品牌宣传片竞相在主流媒体播出，像《三餐四季》《非遗里的中国》等电视节目以及层出不穷的电视旅行综艺成为城市文旅的推介窗口，被提及的城市文旅热度显著提升。另一方面，短视频、线上直播、社交平台推广、短剧网综等线上宣传方式以其形式多样、传播迅速、通达度高、成本较低等优势成为城市文旅品牌传播的核心领域。与此同时，新媒体平台为品牌传播中的多主体共同参与提供了便利。自2018年起，各地政务文旅平台纷纷入驻抖音、小红书等社交网络平台开展官方城市文旅形象的宣传，文旅局长"代言""带货"、官方"下场"回复反馈等亲民的城市文旅形象频繁出现。社交平台用户的自传播也成为文旅品牌推广的重要手段，从早期永兴坊摔碗酒、轻轨穿楼带火西安、重庆，到后来淄博、哈尔滨等网红城市的诞生，城市宣传部门及时抓住热点甚至制造新热点，推动社交媒体民众传播热度上升，多次成功实现品牌的借力传播。城市文旅品牌推广的媒体渠道多样化，促使文旅品牌的共创模式初步得以确立。但其中也存在不少争议，主要表现为城市文旅管理者的主导作用极易被网络声音所裹挟或淹没，致使文旅品牌化的愿景和目标引领可能变得模糊且乏力。

2. 文旅项目IP化及场景品牌化：沉浸式体验兴起

许多城市通过打造具有强大IP价值的文化旅游项目和场景品牌，借助沉浸式体验的方式，推动文旅品牌的创新升级。例如，济宁依托孔子文化资源，打造了以孔子为核心的研学文旅IP，结合中国传统文化和现代教育体系，开发"文化体验营""儒学夏令营"等系列项目，引领游客深度体验孔子文化。为增强孔子研学品牌的市场认知度，济宁还推出"考不倒"不倒翁、孔府结绳等多款孔子文化主题文创产品，举办孔子主题中小学生文具展，从各个方面开发IP以推动当地文化产业的多元化发展。汉中作为中国的油菜花之乡，通过将油菜花文化与生态旅游相结合，将"畅游油菜花田"这一文旅场景进行品牌化，举办"油菜花海汉中旅游文化节"，在场景中投入油菜花田间的采摘、插秧等农事体验等沉浸式活动，结合汉中绿茶、油菜花蜂蜜等当地特色农产品的品尝及营销，打造出具有较大场景价值的油菜花

品牌。贵州台江"村BA"项目以点带面,打造深度"农文旅商融合"IP,"村BA"的火爆为相关村县带来大量人流,当地在篮球赛事期间集中展示和销售特色农产品,将雷山米椒、苗族银饰、贵州米粉等通过赛事的渠道推向全国市场,同时还为观赛游客提供苗族歌舞表演、手工艺展示、地方美食节等多元化的沉浸式体验,带动了贵州黔东南地区整体文旅品牌化的发展。当然,这一进程中也存在一些盲目发展的误区,不少地方的文旅项目IP化和场景化营造自顾自地进行,缺乏足够的认同或参与,效果并不理想,造成了资源的浪费。

3. 文旅融合的品牌表达:有一定进展,但仍待挖掘

近年来,各地的城市文旅品牌建设在很大程度上体现了提炼文化、整合文化、活用文化的文旅融合智慧。比如,成都凭借其丰富的市民街头文化,配合"烟火里的幸福成都"城市品牌建设,对居民生活圈实施提升工程,打造多个街头更新示范案例,评选"生活美学新场景",借市民之口讲述"幸福感""烟火气",传递日常化的新时代成都文旅形象。又如,杭州市对文旅资源进行整合重组,打造文旅新品牌"晨启杭州",围绕早茶早餐、早市早集、早起运动、早间参访、早游五大主题推出"杭州晨间CityWalk52种玩法",联合杭州书房、钱塘江、西溪湿地、皋亭山等知名景区,推出"三江两岸"早茶专线、"乘一叶轻舟,曲水探花,畅游西溪"等晨间文旅新产品、新场景,通过全新视角进行品牌化串联文旅资源,挖掘文化创新点,创新文旅融合的品牌表达,等等。总体而言,大部分城市仍主要以抓取城市文化"关键词"为品牌化的方式,依赖短期的流行元素和"打卡点"热点的营造,文旅融合的品牌表达缺乏深入且持续的文化挖掘,品牌内涵相对空洞,不利于形成品牌的长期吸引力。

4. 新技术应用:数字化为文旅品牌赋能

AI及其他新技术的广泛运用,成为近年来城市文旅品牌塑造的重要创新手段。虚拟旅游体验项目已在多个城市得到实践,如北京故宫博物院推出的"超越时空"虚拟旅游、敦煌莫高窟提供的数字平台壁画服务等,为无法亲临城市的游客提供了便利,促进了城市科技文旅形象的推广。AI生成

内容也得到广泛使用,像广州、烟台等城市竞相推出AI城市文旅宣传片,上海博物馆、郑州博物馆、洛阳隋唐大运河文化博物馆等城市核心文旅景点引入AI导览,通过AI藏品识别、互动讲解等功能,进一步提升了城市文旅的智能化和数字化水平。"数字人"虚拟形象也在深圳、北京、杭州等多个城市上线,"数字人"接入人工智能大模型,利用计算机图形学、动作捕捉、图像渲染等技术,代替真人担任代言人、向导解说、主播等多种角色,丰富了游客的互动体验,推动了文旅服务消费模式的升级和重构。但需要警惕的是,过度依赖虚拟技术可能会导致游客对真实文化体验的疏远,生成式AI的使用在一定程度上会降低城市文旅创新发展的潜力,AI生成带来的伦理挑战也有待进一步观察和解决。

5.网红城市竞逐:注意力时代的品牌争夺之战

近年来,网红城市的竞争成为文旅品牌塑造的主要战场。从"淄博烧烤"到"天水麻辣烫",从"冰雪哈尔滨"到"我的阿勒泰",多个城市借助社交网络平台传播得广泛和迅速,依托各类独特的资源禀赋脱颖而出,变成网红城市。在这一过程中,城市文旅品牌建设成为网红城市竞争的重要手段。当网红热度来袭时,拥有前期城市文旅品牌成果的城市能够更好地承接热度,突出城市文旅的特色,提高传播效率。例如,哈尔滨极力打造"冰城",全力建设世界级冰雪旅游目的地,推进现代冰雪产业体系建设、冰雪文化与旅游融合发展,为城市的爆红奠定了坚实基础。而由于大众的关注度有限,当热度消退时,城市文旅品牌的整合提升为热度的留存搭建了空间。又如淄博在"进淄赶烤"爆红之后,实施旅游基础设施提升行动、A级旅游景区品质提升工程,以打造"文化之城"为脉络,深入挖掘、阐释齐文化内涵,吸收新近的文旅热点,以"烧烤+聊斋+陶瓷+"的形式不断更新城市文旅品牌的厚度,努力让"网红"转变为"长红"。城市文旅品牌建设应遵循城市品牌化的专业路径和文旅品质的点滴累进,不断增加城市的无形资产和吸引力,而不应一味地追求网红效应、舍本逐末。

四 新时代城市文旅品牌的功能再审视

城市品牌是国家品牌战略的关键组成部分，在国家品牌战略的空间架构与品牌生态体系里占据着不可或缺的地位。高水平的城市文旅品牌建设需秉持"城市大文旅"理念，从城市的各类功能中汲取并整合资源，凭借文旅发展切实推动城市功能的整合与提升，进而促进城市实现高质量发展、高品质生活以及高效能治理。

其一，城市文旅品牌建设是推动城市高质量发展的关键力量。城市品牌建设以满足人民对美好生活的向往为导向，属于需求驱动型的城市品牌规划、建设与治理实践。其旨在从满足人民的细分需求入手，将城市环境、服务、产业及功能塑造为优质的城市品牌供给体系，诸如打造更高品质的城市文化品牌、旅游品牌、投资品牌、宜居品牌以及区域品牌等。这种需求导向的城市品牌建设为城市高质量发展提供了着力点与方向指引，能够有效深化供给侧结构性改革，提升城市发展效率，增强城市软实力，为城市发展注入更多资源与强大动力，助力城市加快构建新发展格局，迈向更具品质与特色的高质量发展之路。作为城市品牌在文旅领域的体现，新时代城市文旅品牌的功能一方面在于满足人们的文化认同、消费与审美诉求，以及旅游观光和休闲需求，并借助激发需求的拉动效应，完成需求侧管理的关键任务；另一方面，应基于文旅发展，更加主动地从城市产业环境、科创进展、营商氛围、宜居建设及城市品牌形象中获取资源并积极反哺，推动城市功能的整体优化与提升。

其二，城市文旅品牌建设是实现城市高品质生活的重要途径。城市品牌体系的核心本质，既是对满足人民美好生活需要的承诺，也是对这一需求的回应与落实。可以说，人民对美好生活的向往是城市品牌建设的驱动力。需求导向的城市品牌建设是城市优化需求侧结构性管理的重要方式。契合需求的城市品牌建设所释放出的内在动能，能够更有效地满足人民对美好生活的期盼，推动城市达成高品质生活的目标。新时代城市文旅品牌应通过振兴城市文化、凸显城市特色、促进旅游休闲体系与场景体验升级等方式，为城市确立新的旅游定位，强化城市文旅与营商环境、产业发展及城市人居等功能的互利共赢，这也是文旅作为民生产业与幸福产业的根本要求和发展逻辑起点。

其三，城市文旅品牌建设是促进城市高效能治理的重要手段。城市文旅品牌建设的过程，是推动与把握城市需求侧管理与供给侧结构性改革相互协同、实现高水平动态平衡的实践过程，也是城市治理体系与治理能力提升的重要环节。换言之，城市文旅品牌的系统化、整合化建设，以满足人民美好生活需要、创造高品质生活为出发点与落脚点，以文旅高质量发展乃至城市高质量发展为准则与路径，以文旅高效能治理为保障与支撑。可以说，城市文旅品牌建设是城市文旅高效能治理、人民高品质生活以及城市文旅高质量发展的重要标志（见图1）。

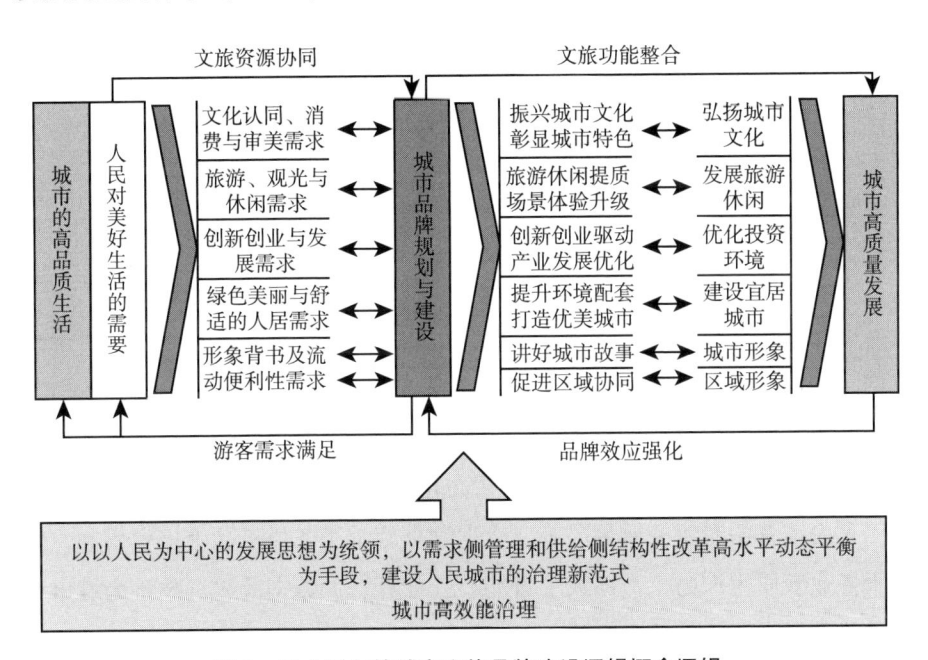

图1 需求导向的城市文旅品牌建设逻辑概念逻辑

资料来源：在刘彦平、王明康（2021）基础上修改而成。

五 "十五五"时期城市文旅品牌建设与升维展望

"十五五"时期（2026～2030年），是我国实现第二个百年奋斗目标第一阶段任务以及迈向2035年基本实现现代化的关键衔接阶段，也是建设文化强国、旅游强国和品牌强国的重要时期。基于"十四五"时期的发展基础，展望"十五五"，城市文旅品牌建设工作需通过筑牢根基、拓展架构、强化区域协同、实现方法突破以及优化内生动力等方面，探寻城市文旅品牌提质升级的路径，重构城市文旅品牌格局，促使文旅品牌能更精准地对应城市文旅供给与服务，更高效地与城市各项功能协同配合，达成以人民为中心，服务于城市、区域和国家长远战略的目标。

（一）夯实重塑城市文旅品牌的坚实基础

创新重塑现有城市文旅品牌，关键在于打牢基础、铸就灵魂。城市文旅品牌以"文旅"为根本，文旅融合是其核心工作。城市文化是城市文旅产业发展的灵魂与城市品牌化的根基，在品牌塑造过程中，应秉持"以文塑旅、以旅彰文"的原则，深度挖掘城市文化基因，依据本土资源优势，构建完善的文旅深度融合品牌机制，讲述独具特色的城市文旅品牌故事，以文旅品牌化带动城市文旅在理念、职能、产品、市场、业态、对外交流等全方位的融合发展。

城市文旅供给质量是品牌塑造的基石，城市文旅要坚持品质优先。进一步优化城市文旅产品供给，推进公共文化服务体系建设，提升文旅服务品质，大力培育旅游服务质量品牌，建立健全旅游服务质量品牌培育机制，发展服务业新质生产力，借助人工智能、云计算、大数据等先进技术为城市文旅供给和精细化品牌管理赋能创新。

此外，城市文旅品牌应定位精准、差异化发展，确立精准营销方向，遵循科学的品牌定位体系与工作路径，确保品牌策略和信息传递的连贯性。深入剖析目标群体需求与城市文旅竞争环境，结合城市定位，整合各类营销手段与工具,强化品牌公共利益价值导向,并利用子品牌等方式对品牌进行动态优化调整。城市文旅品牌还应积极履行公共外交职能,在"一带一路"建设中发挥更积极的作用,主动参与国际传播,讲好中国故事,努力构建国家品牌战略生态系统的枢纽平台,助力城市及国家形象的对外传播。

(二)拓展城市文旅品牌的体系架构

注重城市文旅功能与其他城市功能的协同联动,通过"文旅+"的形式拓展城市文旅品牌体系架构,将城市产业品牌、营商品牌、科创品牌、宜居品牌等纳入文旅品牌战略生态范畴,实现城市功能的高效互动,推动城市文旅品牌的提质升级。

推动"文旅+工业",联合本地知名工业品牌,依托城市既有工业遗产,开发互动式、品牌化工业旅游项目,助力城市产业功能布局优化,实现工业与文旅的双向赋能。推动农文旅融合,助力农产品区域公用品牌建设,因地制宜发展特色产业与模式,打造农文旅特色品牌,促进城乡要素合理流动,推动乡村文旅品牌融入城市品牌一体化建设。推动"文旅+科创",与城市优势科创资源协同合作,加强信息化基础设施建设,提升城市旅游服务智能化水平,创新智慧旅游项目,塑造城市智慧文旅品牌。推动"文旅+人居环境",以文旅发展带动人居环境整治与街巷文脉传承,推进突出城市特色的老旧小区改造和城市更新项目建设,联动城市社会功能更新,实现城市文旅与宜居品牌的协同发展。

(三)加大城市文旅品牌的区域协同力度

贯彻落实国家区域协调发展战略,强化文旅品牌的区域协同。已有实证研究表明,城市群内城市品牌协同发展水平显著高于非城市群城市[①],因此推进城市文旅品牌区域协同发展至关重要。

---

① 刘彦平、王明康:《中国城市品牌高质量发展及其影响因素研究——基于协调发展理念的视角》,《中国软科学》2021年第3期。

要树立目的地品牌的区域思维，将城市文旅品牌塑造融入区域文旅未来发展战略，确立区域内城市合作关系，参与区域目的地品牌的整体塑造。一方面，培育功能适配、优势互补、协调共生的区域内城市文旅品牌生态。城市应在各层级、各部门、各维度主动开展区域内品牌化合作，明确城市分工，分享文旅品牌化经验与资源。基于区域文化与旅游特色，梳理消费者区域品牌认知，以提供多元化选择为目标，合理提升市场吸引力与竞争力，培育区域客源市场，推动区域目的地成为游客出行首选，形成"1+1>2"的区域性文旅品牌合力。另一方面，推进区域治理升级，赋能区域品牌协同发展。将城市文旅品牌协同发展纳入区域中长期规划，畅通区域内资源要素流通渠道，搭建城市文旅部门协作沟通平台，推动区域内公共文化服务一体化、社会服务一体化、市场监管一体化建设，打造资源共享、结构耦合、多点合作、多元共治的区域品牌协同治理生态。

（四）推动城市文旅品牌化方法突破

创新城市文旅品牌推广方式，实现品牌化方法的突破。培育城市超级IP体系，打造城市"文旅芯片"。充分发挥IP的排他性与延伸性，打造城市独有的文旅IP热点，从横向和纵向拓展文旅IP价值链条，多点布局构建城市文旅IP矩阵。构建文旅IP与游客之间的情感连接和形象认知，注重文旅IP的情感表达与价值传递，赋予城市文旅IP持久的生命力。

活用城市品牌资产开展跨界合作营销，借助现有成熟品牌或IP，发挥品牌营销的"杠杆效应"，实现资源共享与优势互补。例如，积极引导优质影视作品、文学作品、综艺节目在城市"落地"，将城市作为故事背景或取景地，推动其与城市文旅品牌深度融合，提供政策指导与优惠措施，配合举办宣传推介活动，借助外力实现城市文旅品牌的直观外化表达。筛选并引导全国乃至国际知名节事活动在城市举办，争取与节事长期合作，将城市文旅品牌融入节事品牌构建与宣传过程，积极借鉴赛事、展会等创办经验，谋求创建城市自主节事品牌，借助节事汇聚人气，广泛展示城市文旅品牌形象。

(五)优化城市文旅品牌内生动能

进一步优化城市内生动能,以城市变革推动文旅品牌发展。人才是城市创新发展的原动力,要持续大力引进高水平的文化人才、旅游人才、品牌人才,完善城市人才引进、使用、服务保障、管理培养等制度体系,积极实施人才项目、搭建人才载体,为人才提供广阔的平台与发展空间,努力在城市文旅品牌领域形成人才集聚效应。

推动城市品牌组织体系建设,将品牌纳入城市组织系统的整体性、系统性顶层设计,设立专门负责城市文旅品牌建设的政府部门或领导小组,设计品牌组织体系架构,明确品牌组织的权力范围与权限,引入社区、企业、社会组织参与,构建城市文旅品牌化多元主体共治共建网络,并对城市文旅品牌治理制度建设、协调实施、评价反馈等全过程进行完整的制度设计,填补城市品牌治理的制度空白,提升城市品牌治理效能。

健全城市文旅品牌治理保障体系,构建品牌形象维护与传播、品牌标准建立与执行、品牌政策规划制定与实施机制,建立城市文旅品牌质量管理机制,强化地区品牌知识产权保护,完善相关法律法规,加快地区品牌知识产权行政管理和执法体制建设。

G.12 用非遗彩灯点亮消费新场景
——京彩灯会*的启示

吴金梅**

摘　要： 2024年秋，京彩灯会在北京举办，这个"京城史上最大的灯会"创造了多项纪录并成为当季文旅项目的顶流。灯会筹建和举办的过程涉及优秀传统文化的创新发展、老景区升级焕新、城市文旅功能布局优化、首都文化新呈现、消费新场景打造等一系列问题。在此过程中，文化、技艺、资源、能力交融碰撞，在"以文塑旅、以旅彰文"的背景下，体现文旅融合多个维度的相互促进。

关键词： 传统文化　消费场景　文旅融合　京彩灯会　非遗技艺

以优秀传统文化推动文旅融合创新发展是回应文旅产业高质量发展要求的应有之义，也是推进新时代文旅产业发展的必由之路。按照习近平总书记提出的推动中华优秀传统文化创造性转化和创新性发展的要求，如何让优秀传统文化绽放时代光彩、实现文旅产业高质量发展，是我们需要不断实践、思考并解决的问题。

---

* 京彩灯会全称"2024年北京中秋国庆彩灯游园会"，是由北京首旅集团旗下京彩文化公司在北京园博园举办的大型中秋国庆彩灯游园会，占地638亩，共打造了逾200组大中小型创意灯组约10万件彩灯挂件，该灯会在展出规模、灯组规格、灯组设计等多方面创下北京灯会的"历史之最"。

** 吴金梅，博士，研究员、正高级经济师，中国社会科学院旅游研究中心副主任，中国旅游协会休闲度假分会会长，中国全聚德集团董事长、中国康辉集团董事长，研究方向为旅游产业发展，担任京彩灯会总指挥。

一　用传统技艺展示时代风貌

（一）传统技艺传承发展需要解题

中华文化源远流长、博大精深，是中国人思想逻辑和行为方式的根基。中华传统技艺是中华民族宝贵的文化遗产，截至2024年12月，中国被列入联合国教科文组织非物质文化遗产名录（名册）的项目共计44项，总数位居世界第一，国家、省、市、县四级非物质文化遗产名录共认定非遗代表性项目10万余项，让这些非物质文化遗产焕发时代生机是文化传承和保护的重要课题。

中华传统技艺发展传承面临一些现实的问题。首先，随着社会环境的冲击，现代生活节奏加快，新生事物迭出，人们对传统技艺的耐心和兴趣下降；其次，经济回报不高，传统技艺大多采用天然材料和纯手工制作，导致利润空间较小、市场化驱动力弱；再次，传承人才匮乏，学习传统技艺投入的精力和时间成本都很大，年轻人缺乏兴趣和动力；最后，尽管我国出台了一系列法律和政策来保护非物质文化遗产，但非物质文化遗产仍时常面临商业侵权等问题。

基于传统技艺传承发展的意义和现实的困难，中华传统技艺的发展需要找到合适的方式路径，注入时代的活力，形成可持续发展的模式。正是在这样的背景下，经过到自贡实地考察，北京市作出以自贡彩灯技艺为核心打造以彩灯为主题的首都文旅项目的决定。

（二）自贡彩灯技艺在京彩灯会的呈现

自贡是中国彩灯之乡，自贡灯会已有千年的历史传承，被誉为"天下第一灯"。2008年，自贡灯会被正式列入国家级非物质文化遗产名录，是传承传统民俗与彩灯艺术的典型代表，是中国对外文化贸易的名片之一。

自贡彩灯以色彩艳丽、形象传神著称，优秀的彩灯匠人们用铁丝扎成筋

骨，再进行分色裱糊，可以塑造出各种形象。自贡彩灯匠人有一句话"万物皆可成灯"，说的是除了传统的扎篷之外，瓷质餐具、药瓶、吹塑纸，甚至红辣椒等很多材料都可以制成彩灯。正是因为这种特点，自贡彩灯有了极强的表现性，这与北京多样文化的呈现需求高度契合。2024年4月考察后北京市即选定自贡彩灯为中秋国庆灯会活动的主要载体。

京彩灯会活动总占地面积638亩，包括节日欢歌、京彩大道、锦绣河山、京潮流彩、七彩童梦、大戏看北京、光耀中华、凤舞九天、精彩生活汇九大主题展区；游客动线为"一轴四环"，总长度约3.6公里（主动线1.6公里，辅线约2公里）；共展出彩灯200余组，其中大中型彩灯75组，灯饰挂件10万余件。灯组设计遵循"文化性、节庆性、时尚性、科技性"原则，在主题上凸显北京味，在工艺上体现自贡造。

用彩灯技艺展示首都风貌是京彩灯会的主旨，为此，北京京彩文化有限责任公司（以下简称"京彩公司"）着力于将自贡彩灯与北京文化创新融合，不仅让文物、国画、诗词、京剧等极具北京特色的文化，以创意灯组为载体闪耀呈现，更通过灯组创意演绎了老北京风物、时代风貌、佳节风俗等，让游客在欣赏璀璨华灯的同时，能够沉浸式感受北京特色文化、中华传统文化的魅力。100多个开创性灯组亮相本次灯会，北京主题灯组数量占总灯组数的比例超过70%，这些北京"定制"的彩灯不仅设计巧妙、造型独特，更在创意与技术上实现了新的突破，为游客带来了前所未有的视觉享受。京彩灯会以宏大场景汇聚了北京中轴线、城之源都之源的文物、北京双奥的记忆、长城、故宫、卢沟晓月等多个北京文化历史元素场景，实现了一个灯会看3000年北京城。

（三）启示与思考

京彩灯会中以自贡彩灯为主体的呈现获得了各方赞赏，展现了"首都风范、古都风韵、时代风貌"。

一是时代内涵融入传统彩灯技艺使之绽放全新活力。此次对首都文化历史史诗级的创意设计使每个灯组都有故事、每个细节都有文化，人们不仅观赏到精美的彩灯技艺，更从中感受到中华文化、领略到首都时代风貌，同时也使自贡彩灯受到前所未有的关注。

二是文化与技艺的呈现让传统技艺走近百姓。在灯会筹建的过程中，京彩灯会主办方京彩公司通过各种宣传推广途径持续报道展示彩灯制作过程，京彩灯会现场多次组织彩灯非遗传承人讲述彩灯制作技艺，引入多场直播传播彩灯文化，这使人们对传统技艺有了认知、多了认同。

三是科技的加入让传统技艺散发出时代气息。京彩灯会中配合中秋场景的月升月落、时代画卷中编程画壁的灯光流动、电动装置下的花开花合、传神的人物动作、配合灯组的全息影像……在科技的加持下，传统彩灯时髦且好玩了。

二 以资源汇聚满足时代之需

（一）分散与整合的错位需要适配

文化旅游业是涵盖多个领域的产业体系，产品服务的构成非常丰富，不仅包括旅游"吃住行游购娱"等多业态，还有文化创意产业、文化传媒产业等多类供给，随着"文旅+百业"和"百业+文旅"的兴起，文旅的边界进一步扩大并虚化。文旅产业中的产品与服务由不同主体提供，这些主体分属于住宿、餐饮、娱乐、交通等不同行业，接受不同的政策法规指导规范，分散性突出。

从消费需求端来看，旅游者需要的是完整的旅游休闲解决方案，是一站式便利无缝衔接的服务。这种错位需要通过整合协同来适配，这也是提升文旅产业质量与效率的根本。

（二）京彩灯会的做法与实践

京彩灯会聚合首都文旅资源、自贡非遗彩灯技艺、北京国企能力、属地政府保障等优势，提供丰富的文化形态产品，成为一届有特色的节会。

首先，组建合资企业，集合能力。由北京首旅集团出资50%、自贡灯会展出有限公司出资25%、丰台文旅集团有限公司出资25%，共同组建了北京京彩文化有限责任公司作为京彩灯会建设运营的主体。从股东优势整合上确立了首旅集团带入运营能力及旗下文旅品牌及服务、自贡灯展公司带入彩灯行业能力、丰台文旅提供属地支持保障的基本原则，形成了"企业主体、政府支持、市区联动、专业运营、属地保障"集合能力的运行机制。

其次，整合北京市属企业的能力集中亮相灯会。在北京市国资委的引领下，这里不仅成为北京国有企业出品"京企直卖"的卖场，还成为集合北京老字号及特色产品的"北京礼物"的展台、北京新能源汽车的车展空间、国有银行提供金融咨询的服务台。同仁堂等众多北京老字号纷纷登上了京彩灯会的舞台。

再次，首旅集团充分发挥集团自身产业能力、老字号品牌及非物质文化遗产方面的资源底蕴，为灯会注入丰富的产品业态。首旅集团调动旗下品牌的参与积极性，通过集合品牌矩阵"组团"联动，与各相关单位共同构建出一系列具有首旅特色的灯组场景及服务，王府井集团、首旅旅行、全聚德集团、东来顺集团、首汽集团、首旅置业、北京饭店公司、华龙公司、古玩城集团、首旅携同等企业，共推出文创、文玩、美食、出行等千余种产品和服务。京彩灯会打造了由一众五星级品牌出品的天花板级的灯会夜市。

最后，引入各方主体在京彩灯会的舞台上精彩展现。京彩灯会与第八届中国戏曲文化周融合联动，打造了专门的戏曲主题彩灯场景以灯会烘托中国戏曲文化周，将戏曲表演引入灯会，举办了多场戏曲演出，让广大戏迷既观灯又看戏，获得双重满足。与灯组设计、服务内容充分融合，推出了舞龙舞狮、时尚秀、杂技、魔术等表演，提花灯、国潮服饰、国风旅拍、汉服租赁、面部彩绘、非遗体验等互动项目，为游客提供了别具一格的文化体验。康辉文创为灯会研发配套的文创产品，成为灯会的亮点，也成为灯会延伸的记忆。

（三）启示与思考

文旅项目本质上是资源整合，通过"+内容+能力+科技+服务"等，打造出新场景，核心是按照游客行为需求打造产品服务供给、构建商业模式。

一是建立机制，使政府引领与市场机制同时发挥作用。市场化的资源汇集和政策性协同机制同样重要，尤其是在"创新""创造"的起始阶段，探索和实践新的路径做法需要有政府的推动，需要调动集聚资源的支持，需要有适当的主体承担任务。京彩灯会中首旅集团作为国有企业既承担责任又面对市场，使京彩公司的运行得到有力的支持，经过创新实践、创造探索出了可持续发展的机制。

二是整合多种服务创新供给形式，满足美好生活新需求。灯会的场景就是不同年龄的游客同游共乐的地方，在文化、科技等变化因素的影响下，无论是社交属性、情绪价值需要、新奇体验的追求，还是品质与性价比的极致追求、文化的深层感受，这些需求的满足需要创新整合、融汇协同，关键是要在供给与需求中建立可盈利的商业模式。

三是文旅项目要着力弘扬文化，打造独特吸引力。以传统文化为载体展示时代风貌，其关键是取得共鸣、融入百姓情感之需。借助艺术的形式将一个地方的风情、民俗集中展示，用技术打造场景，用运营丰富游客体验，从而传播中华文明、传承风俗、展示中华文化。

三　用内容注入焕新沉寂资源

（一）焕新盘活是重点也是热点

随着时间推移和环境变化，一些文旅项目逐渐失去了吸引力，日渐冷寂，资产低效运转，闲置现象严重。这些存量资产规模庞大、类别多样、分布广泛，形成原因多样。很多已运营多年的项目不温不火，升级提升的能力不足、办法不多、路径不畅。

如何焕新盘活这些资产已成为文旅高质量发展中的一个重要问题，国家层面出台了多项政策支持旅游存量资产盘活。2022年5月，国务院办公厅明确将旅游列为盘活存量资产的重点领域；2023年1月发布通知要求充分发挥盘活存量资产典型案例的示范带动作用。实现焕新发展除了要解决资金投入、项目策划、运营组织等经营问题外，还涉及机制衔接、产权关系理顺、历史问题处理等多种深层矛盾。

市场对个性化、体验式、互动性强的文旅产品需求不断增长，闲置低效文旅资产的盘活不仅能提高资产的利用效率，还能带动当地的经济发展。这些资产焕新盘活将释放出巨大的文旅供给，通过盘活闲置资产，可以提供更多符合市场需求的旅游产品和服务，满足不同消费者的需求。

（二）京彩灯会对园博园的焕新激活

京彩灯会经过多处选址，最终选择落位在北京园博园。北京园博园是2013年第九届中国国际园林博览会的举办地，位于北京市丰台区永定河西岸，总占地513公顷，是一个集园林艺术、文化景观、生态休闲、科普教育于一体的大型公益性城市公园。园博会后园博园热度逐渐下降，园内游客数量逐年减少，与园区规模已不匹配，园区经营项目业态少、设施陈旧也降低了对游客的吸引力。

京彩灯会选择北京园博园后划定了其中部分区域（园博园2号门—3号门—5号门区域）作为灯展空间，设计了与原公园空间布局相适应的游览主题和游览路线，同时通过获得政策支持，对原有公共服务配套的卫生间、座椅等进行升级改造，改变了公共服务设施大量破损的状况。丰台区对周边道路交通进行了优化，进行了交通及安全等全方位的保障，启用待建地块开辟了停车场，全面提升了园博园的服务接待能力。

经过主题策划、彩灯搭建、多元产品服务植入，彩灯艺术与园博园基底的自然风光相得益彰，为游客营造出如梦似幻的视觉体验。老人提灯孩子欢笑、年轻人汉服美装，手里的美食、眼前的美景、耳边的乐声、身边的美好，这个场景以多重供给满足了人们的需求。游客普遍认为灯会"超出预期",媒体先后报道 250 批次,采编记者近 1500 人次,发布新闻报道超 500 篇,触达人群破亿人次,《人民日报》、新华社、中央电视台都给予了高度评价,认为这个项目做到了让传统民俗文化绽放时代风采,全面展示了北京建设文化中心的新作为和新成效。京彩灯会成为当季文旅项目的爆款,园博园也再度成为热门旅游目的地,园博园在 11 年之后再次成为顶流。

作为展示中华传统文化的新场景,京彩灯会承接了多项国际重大活动。其中,2024 年北京市驻华使节招待会接待了来自 75 个国家的驻华使节和国际组织驻华机构代表及家属 260 余人。圆满完成东盟驻华外交官、中外记者等游园接待活动,受到各国友人的广泛赞誉。灯会期间共接待外籍旅客近 5000 人,园博园成为首都国际交往中心新的"会客厅"。

国庆期间,京彩灯会点亮了一个新的文化地标,北京本地游客占比 36.1%,京津冀地区游客占比 58.34%,形成了京津冀游客流动的新格局。

(三)启示与思考

进入休闲度假时代,人们需要在工作和生活的繁杂中寻找一个家人休闲的地方,而灯会的场景正是满足了这样的需求,因而获得了百姓的喜欢和市场的认可。

一是文化内核是焕新文旅项目的本源能量。文化注入、体验深化、文创赋能、新业态植入等方式被广泛应用于升级已有项目、盘活闲置资产,这些通过场景打造、活动举办将文化主题在原有文旅项目的场景中展示,利用了原有的空间资源、服务能力,使旧文旅项目有了新的主题,打造了新的吸引力、注入了新的活力。

二是创新运营模式是破解历史问题的钥匙。文旅资产运行不畅很多是存在历史问题的困扰以及机制的制约。京彩公司以独立主体身份在园博园举办灯会活动,有效地将原有问题与现有项目实现了隔离,使项目得以无历史负担地运行。同时引入现代化的管理理念和技术手段,有效地提高了项目的运营管理效率。

三是文旅项目要在区域发展中定位坐标。文旅项目是区域发展、城市文

化功能提升中的重要承载。京彩灯会从筹划之初就是在京津冀文旅消费版图上定位，为区域协同发展注入新内容，最终实现了以顶流项目重构文旅地图。由此可见，文旅项目要在城市休闲功能的丰富完善中找空间机遇，特别是在城市更新和已有场景下谋空间、做加法、点亮地标，要跟随城市发展规划的主要方向行动，在项目打造过程中，需要政府与市场同向发力共同谋划。

四是在机制上多方赋能实现可持续发展。文旅项目要不断激发消费潜能，使之成为新的增长点，要利用政策支持减税降费，以更加灵活和精准有效的财政、金融支持政策助力文旅项目发展。企业在经营中创建盈利模式，尊重市场规律，保持市场主体活力，高效运营。调动各方积极性，实现政府、企业、产业相关方的力量共同促进，建立"企业主体、政府支持、属地保障"的协同机制和可持续发展的盈利模式。

四　用创新供给打造消费场景

（一）消费新需求逐步释放促动场景持续创新

人们对美好生活的向往，推动了消费需求的释放，也为消费新场景的打造以及消费新理念的培育提供了市场环境。从需求方面来看，消费者追求个性化、品质化、体验化的服务，更加关注环境、氛围带来的体验，对场景的敏感度不断升高，市场的场景需求也更加细分。从供给方面来看，数字化、智能化、新技术则在持续翻新着的场景体验。

北京作为首批国际消费中心城市，2024年发布了《北京培育建设国际消费中心城市2024年工作要点》，从营造城市消费新场景、培育本土消费新品牌、优化商品消费新结构等方面明确了方向。为了促进消费需求的释放和消费市场的升级，政府出台了一系列政策措施，引导和支持消费场景创新。国家发展改革委等部门发布了《关于打造消费新场景培育消费新增长点的措施》，围绕六大消费领域提出了具体举措。

当前旅游者的消费更细分，人们对出游的选择有了更理性的定位和更经济的安排，追求更高的性价比。这就要求我们提供更多维度、更高性价比的产品以满足消费需求。

（二）京彩灯会打造北京夜间消费新场景

本次京彩灯会在彩灯展期间设置了餐饮、娱乐、文创、非遗体验等各种类别的消费场景，在灯会展区内组织了演出、巡游等各类活动。众多知名品牌走进灯会，游客能在灯会上品尝到老字号、米其林餐厅的餐饮出品，体验到五星级酒店的服务，与非遗传承人交流，买到京彩灯会专属的文创纪念品……利用灯会平台践行京蒙对口支援，为内蒙古地区农特产品展卖提供免费场所，为对口支援地区的发展助力。同时为平谷农业嘉年华搭建了展示平台，使"文旅+农业"呈现在京彩灯会上。在消费中心城市建设上打造了一个全新的消费场景。

首旅集团所属83家企业打造的"首旅精彩生活节"品牌，以"组团"联动运营模式参与京彩灯会。首次全面引入首旅"首付通"支付平台系统，统一收银、分账和营销，实现实时交易查询，并且解决了外国友人支付结算问题。

以时尚节庆活动引领夜间消费，在京彩大道、京潮流彩展区开展国潮国风旅拍、汉服租赁、面部彩绘等互动体验活动，与灯会的主题相融合，打造了一个具有浓厚文化氛围的场景，吸引热爱时尚的年轻人参与。设置猜灯谜、漆扇、非遗体验、儿童乐园等互动项目，为游客增加游园趣味体验。

不断提供新产品，持续跟进游客需求。随着气温的变化，京彩灯会的餐饮出品应时调整，热饮、暖食不断上新，售卖文创持续更新节庆灯饰和装饰保暖的出品，在下雨天为游客派发雨衣、提供避雨空间，贴心的服务使人们在夜晚的游览中有了满满的安全感。

（三）启示与思考

消费升级促动的产业升级正在提速，消费新场景的打造是顺应消费需求变化的应有之举。通过举办灯会、灯光节等活动，丰富和完善了景区的旅游结构和旅游项目，引领和创造市场新需求，促进了夜间经济的发展。

一是打造夜间消费场景，树立品牌形象。夜间经济需要打造适合夜间活动的空间，在保障安全的条件下丰富内容、突出特色，形成夜间消费的场所和内容。夜间经济是城市活力的重要体现，要选择多种宣推渠道，展示夜间消费的亮点，吸引消费者，提升城市的品牌形象和竞争力。

二是多元业态融合，创新夜间消费品类。融合餐饮、购物、文化、旅游、娱乐等多种业态，相互补充融汇，打破夜间消费以餐饮、购物为主的局限，增加文化、娱乐等多种消费形式，提供丰富多元的消费体验，使消费者有更多的选择。

三是完善交通保障及安全措施。对大人流的夜间文旅项目，交通、停车、导览等方面都需要统筹安排，通过推出夜游推荐指南、建立公共交通协同运行机制、加强夜间治安管理和应急保障，营造安全的消费环境。

京彩灯会突出北京特色，将自贡灯会与北京传统文化相融合，实现了优秀传统文化的创新发展；通过彩灯文化的植入，使园博园升级焕新，引发关注，溢出效应巨大；在京西打造了新的大流量文旅项目，使城市文旅功能布局优化，打造了京津冀的文旅新地标；在消费新场景打造上进行了成功的探索。在这个过程中，文化、技艺、资源、能力交融碰撞，为进一步的实践积累了经验。

参考文献

侠克、张晨霖：《"京彩灯会"点亮假日夜空》，《新华每日电讯》2024年10月6日。

卢岳、王紫茜、王鑫坤：《聚焦场景创新 做好文化传承》，《消费日报》2024年11月26日。

厉新建、吴文学、吴金梅、宋瑞、张辉、周久财、顾嘉倩、雷海粟、魏小安：《学习二十大精神 推动中国式旅游现代化》，《旅游导刊》2023年第4期。

G.13 地域性文化遗产系统性保护与统一监管的创新路径

——以古徽州地区为例

吴文智 刘启欣 唐 培*

摘　要： 历史文化遗产具有显著的地域性特征。党的二十届三中全会报告提出要"推动文化遗产系统性保护与统一监管",对我国地域性文化遗产整体性保护工作提出了新挑战。以古徽州地区为例,本文梳理了地域性文化遗产现行保护体系,发现存在跨区域保护机制不健全、多部门保护协同性不足、社会力量参与机制不完善、文化遗产统一认知体系缺失、数字化保护手段应用不足等问题。对此,提出凝聚好共同体意识、建立地域保护制度、创新保护利用形式、建立文化共识体系、引入数智化新技术等创新路径,为促进地域性文化遗产系统性保护与统一监管提供理论支持与政策参考。

关键词： 地域性文化遗产　系统性保护　统一监管　数智化保护　古徽州

一　引言

中华民族五千多年文明孕育出了丰富多样的地域性文化。地域性文化是

---

* 吴文智,华东师范大学经济与管理学院文化与旅游系主任、教授、博士生导师,中国社会科学院旅游研究中心特约研究员,研究方向为旅游管理、文化遗产保护与传承；刘启欣,华东师范大学经济与管理学院研究助理；唐培,华东师范大学应用经济学博士后,上海工程技术大学管理学院副教授。

指在一定自然地理范围内经过长期历史发展形成的、为当地人民所熟知和认同的、带有地域文化符号的物质文化和非物质文化①。地域性文化不仅是中华优秀传统文化的标识，也承载着中国革命文化的精神，更是社会主义先进文化的根基②。党和国家高度重视历史文化遗产保护工作。2023 年 10 月，全国宣传思想文化工作会议正式提出并系统阐述了习近平文化思想。其中，关于历史文化遗产的思想是其重要组成部分③。习近平总书记强调："文物承载灿烂文明，传承历史文化，维系民族精神，是老祖宗留给我们的宝贵遗产，不仅属于我们这一代人，也属于子孙万代。"④ 习近平总书记指出，文化遗产不仅承载着中华民族的基因与血脉，还见证了中华文明的发展脉络和精神追求⑤。"保护文物，功在当代，利在千秋"这一理念贯穿其文化遗产保护思想之中。习近平总书记倡导"树立保护文物也是政绩的科学理念"⑥，明确保护文物不仅是历史责任，更是对人民负责的时代使命⑦。这一系列思想为我国文化遗产保护工作提供了根本遵循。党的二十届三中全会审议通过的《中共中央关于进一步全面深化改革　推进中国式现代化的决定》（以下简称《决定》）提出"推动文化遗产系统性保护和统一监管"的重要任务，习近平总书记强调要"进一步加强文化和自然遗产的整体性、系统性保护"⑧。这为地域性文化遗产的保护与利用指明了新道路、新方向。

作为中华文化的重要组成部分，地域性文化遗产承载着漫长历史中的融

---

① 邵汉明：《加强地域文化研究》，《人民日报》2019 年 6 月 17 日。
② 王婷：《地域文化在坚定文化自信中的重要功能》，《红旗文稿》2019 年第 22 期。
③ 马奔腾：《论习近平关于文化遗产的思想与实践》，《中南民族大学学报》（人文社会科学版）2024 年第 1 期。
④ 习近平：《加强文化遗产保护传承 弘扬中华优秀传统文化》，《求是》2024 年第 8 期。
⑤ 时玉柱：《习近平文化遗产保护利用思想探析》，《毛泽东思想研究》2018 年第 2 期。
⑥ 中共中央文献研究室编《习近平关于社会主义文化建设论述摘编》，中央文献出版社，2017。
⑦ 习近平：《建设中国特色中国风格中国气派的考古学 更好认识源远流长博大精深的中华文明》，《求是》2020 年第 23 期。
⑧ 《习近平对加强文化和自然遗产保护传承利用工作作出重要指示》新华网，2024 年 8 月 6 日。

合发展轨迹，是中华文化多样性和创新性的生动体现，也是文化遗产保护工作的重点。相较于传统的文化遗产保护往往局限于单一遗产本体，地域性文化遗产保护是超越行政区划、地理场域、物理标识的整体性、系统性工程，具有较强的外部性、社会性和公共性，需要将文化遗产与周边环境看作一个系统综合的整体进行保护，建立文化遗产保护传承工作协调机构，在保护、督察、监管等方面加强统一领导、统筹规划和协调合作，推进文化遗产系统性、整体性保护①②。这不仅要克服单一政府部门治理能力的局限，而且要打破部门利益的藩篱，推动跨部门、跨区域的文化遗产保护难题的有效解决。然而，由于地域内部发展水平差异显著、文化遗产保护力度不平衡，加之文化遗产分布跨地区、管理跨部门的特点，地域性文化遗产保护面临统一性和系统性的重大挑战。分散性和不协调性严重损害了地域性文化遗产保护的成效。

作为中国极具代表性的地域文化之一，古徽州文化的遗产体系完整、价值显著。本文以古徽州地区为例，通过分析其文化遗产保护现状与问题，探索如何构建跨区域保护机制、如何推进部门协同治理、如何促进社会力量参与，以及如何运用数字技术提升保护效能进而建立地域性文化遗产系统性保护与统一监管的新路径。

二 古徽州文化遗产保护的现状与问题

（一）古徽州文化概述

古徽州历史悠久，最早可追溯至秦朝时期设立的歙、黟二县。唐宋后形成了延续千年的"一府六县"格局，如今主要位于皖浙赣三省交界处，主要包含安徽省黄山市的三区四县、宣城市的绩溪县和江西省上饶市的婺

---

① 《文化遗产：如何保护，怎样利用》，《光明日报》2024年8月29日。
② 《学习贯彻党的二十届三中全会精神｜推动文化遗产系统性保护和统一监管——文化和旅游工作者认真学习领会党的二十届三中全会精神》，《中国文化报》2024年7月26日。

源县。

徽州文化,指宋代以来扎根于徽州地区、成于明清的传统地方文化[①]。徽州文化历史文献丰富、形态完整,常被认为是宋以来中国传统历史文化的典型与范本。作为中国极具代表性的地域文化,古徽州在悠久的发展历程中,留下了丰富的历史文化遗产资源。这些历史文化遗产资源全面系统地展现了古徽州文化的演变轨迹,深刻表达了古徽州文化的内涵。

(二)古徽州文化遗产体系与保护现状

1. 古徽州文化遗产体系

古徽州物质文化遗产极为丰富。截至2024年,区域内共有世界自然与文化遗产1处、世界文化遗产1处、国家级重点文物保护单位59处、省级重点文物保护单位169处、国家级历史文化名城名镇名村33个、中国传统村落371个、不可移动文物9352处(见表1)。

表1 古徽州物质文化遗产分类及数量

类型	数量
世界自然与文化遗产(处)	1
世界文化遗产(处)	1
国家级重点文物保护单位(处)	59
省级重点文物保护单位(处)	169
国家级历史文化名城名镇名村(个)	33
中国传统村落(个)	371
不可移动文物(处)	9352

整体而言,古徽州物质文化遗产主要由"古城—古村镇—古建筑"三大层次构成。这些文化遗产通过徽州古道紧密相连[②],构成了一个系统性的

---

① 孔翔:《地方认同、文化传承与区域生态文明建设》,科学出版社,2016。
② 陈琪:《徽州古道研究》,安徽师范大学出版社,2016。

文化遗产网络，也全面展现了古徽州地区的历史文化脉络与空间结构（见表2）。

表2　古徽州物质文化遗产系统

层次	典型代表
古城	徽州古城、绩溪历史文化名城等
古村镇	宏村、西递、南屏等
古建筑	富溪牌坊、徐氏宗祠、许氏叙伦堂等
古道	徽杭古道、箬岭与旌歙古道等

古徽州非物质文化遗产类型丰富、结构齐全，包含了国家所划分的10类非物质文化遗产项目。截至2024年，古徽州地区共拥有联合国教科文组织非物质文化遗产项目1项、国家级非物质文化遗产项目33项、省级非物质文化遗产项目119项、市级非物质文化遗产项目239项（见表3）。

表3　徽州非物质文化遗产项目层级及数量

单位：项

层级	数量
联合国教科文组织非物质文化遗产	1
国家级非物质文化遗产	33
省级非物质文化遗产	119
市级非物质文化遗产	239

市级以上非物质文化遗产主要集中在徽州中间地带——歙县和屯溪区，并辐射到休宁县、徽州区等地，呈现"核心多，边缘少"的特征[①]。

2. 古徽州文化遗产保护现状

国家和地方政府高度重视古徽州文化的保护，古徽州文化遗产保护工作

---

① 卢松、王立妹：《徽州非物质文化遗产分布特征及其影响因素》，《长江流域资源与环境》2021年第1期。

经历了从试点探索到体系化的发展历程。文化部于2008年批准设立徽州文化生态保护实验区,安徽省政府对接江西省建立了徽州文化生态保护区的工作联席会议机制。2019年,保护实验区正式升级为徽州文化生态保护区。2020年,安徽省文化和旅游厅印发《安徽省徽州文化生态保护区管理办法》,多措并举保护徽州文化,加强文化遗产跨区域整体性保护。

作为古徽州的主体地区,黄山市在文化遗产保护方面取得了显著进展。在古村落保护方面,2014年颁布《黄山市古村落保护办法》。在古建筑保护上,2014年发布《黄山市徽州古建筑认领保护利用办法》,2024年出台《歙县徽州古城历史建筑保护管理办法》和《歙县历史建筑维护修缮管理办法(暂行)》,针对风貌较佳且产权混杂的历史建筑实施货币补偿或产权调换的收储保护。2017年出台《黄山市徽州古建筑保护条例》,进一步加大了对全市古建筑的保护力度。在古城保护方面,2016年实施《歙县徽州古城保护条例》,设立专门的徽州古城保护事务中心,统筹管理古城保护工作。在非物质文化遗产保护上,2021年起草《黄山市非物质文化遗产保护条例》,推动非物质文化遗产保护与传承的精准化发展。

此外,古徽州区域其他县市也采取了积极措施推进文化遗产保护。2022年,宣城市绩溪县编制了《绩溪县国家级徽州文化生态保护区(非遗)发展规划(2022—2032)》,并发布《绩溪县历史文化名城名镇名村保护管理办法》,成立国家历史文化名城保护委员会,致力于古城、古镇、古村的保护工作。同年,江西省上饶市婺源县也出台了《婺源县非物质文化遗产保护传承扶持办法》和《婺源·徽州文化生态保护区管理办法》,推动对当地徽州文化遗产的全面保护。

(三)古徽州文化遗产保护的主要问题

1.跨区域保护机制不健全

古徽州历史遗存遍布徽州一万平方公里土地,跨越两个省份三个市。当下徽州文化遗产的保护工作以黄山市及其下属区县为主体(见表4)。

表 4 古徽州各市县文化遗产（截至 2024 年）

市县	类别	数量
黄山市	国家级重点文物保护单位(处)	49
	省级重点文物保护单位(处)	117
	传统村落(个)	310
	国家级历史文化名城名镇名村(个)	21
	国家级非物质文化遗产项目(项)	24
	省级非物质文化遗产项目(项)	78
绩溪县	国家级重点文物保护单位(处)	5
	省级重点文物保护单位(处)	28
	传统村落(个)	31
	国家级历史文化名城名镇名村(个)	4
	国家级非物质文化遗产项目(项)	3
	省级非物质文化遗产项目(项)	24
婺源县	国家级重点文物保护单位(处)	5
	省级重点文物保护单位(处)	24
	传统村落(个)	30
	国家级历史文化名城名镇名村(个)	8
	国家级非物质文化遗产项目(项)	6
	省级非物质文化遗产项目(项)	12

文化遗产跨省市行政区划的现状，给徽州文化遗产的保护工作带来了诸多挑战。一方面，行政协调机制的不足，导致边界地带形成了"管理真空区"。例如，浙岭古道上的路亭部分坍塌，万善庵茶亭内的九块古碑悉数被盗①。另一方面，为解决跨区域问题而设立的徽州文化生态保护区联席会议机制作用未充分发挥。截至 2016 年，安徽省内的联席会议仅召开两次，与江西的协调会议仅召开一次，支持保护区建设的重要法规制度建设落后。2011 年发布的《徽州文化生态保护试验区总体规划》中所要求的多项配套文件未能及时制定。2020 年制定出台《安徽省徽州文化生态保护区管理办

---

① 张亮、夏淑娟：《徽州古道遗产管理模式探索》，《西南林业大学学报》（社会科学）2021 年第 6 期。

法》，后续也缺乏配套的法律法规。

当前，古徽州文化遗产的保护仍存在各地分散管理的局面，各地区在保护工作中的自主性较强，导致保护措施碎片化、协同性不足；缺乏统一的跨区域协调机构和高效的保护办公室，导致不同地区的资源和力量未能有效整合与统筹，从而影响了整体保护工作的效果与可持续发展。

2.多部门保护协同性不足

我国在文化遗产保护方面实施了一套科学、系统的分类分级管理办法。该办法将文化遗产细分为多种类型，并根据各类文化遗产的特点，由相应的部门分别负责管理。这一管理体系遵循"国家级—省级—市级—县级"的四级保护架构，形成了层级分明、责任明确的保护体系。在此基础上，我国采用了"点"状管理模式，对文化遗产进行精细化分类和针对性保护，确保每一处文化遗产都能得到精准的关照与维护，构建了一个相对完善的文化遗产保护网络，为传承和弘扬中华优秀传统文化提供了坚实保障（见表5）。

表5 文化遗产类型及其主管部门

主管部门	遗产类型	代表
住房和城乡建设部	历史文化名城、街区、名镇、名村	徽州古城
	风景名胜区	齐云山
	世界自然遗产、世界混合遗产	黄山
文化和旅游部	中国传统村落	呈坎村
	非物质文化遗产	徽州传统木结构营造技艺
	文化生态保护区	徽州文化生态保护区
国家文物局	文物保护单位	呈坎村古建筑群
	世界文化遗产、世界混合遗产	西递、宏村
农业农村部	农业文化遗产	歙县梯田茶园系统
水利部	灌溉工程遗产	徽州碣坝—婺源石碣

然而，当下"点"状的保护模式存在诸多问题。其一，保护全面性不足。古徽州地区文化遗产较多，共同组成了内涵丰富的徽州文化，部分文化遗产在质量等要求上未能达到保护标准，但其仍具有独特的历史文化价值。

传统的"点"状保护模式难以保障保护工作的全面性。其二，管理分割与重复。文化遗产的保护工作受到行政部门权责划分的限制，使文化遗产保护的分割管理与重复管理并存，多部门管理并未发挥"1+1>2"的协调效果，反而阻碍了各部门之间政策协同、经费管理、工作划分的正常交流[1]。其三，物质文化遗产与非物质文化遗产割裂。各个部门缺少共同体意识，导致物质文化遗产与非物质文化遗产的保护措施相互割裂，难以形成合力，甚至出现了资源分配不均、保护措施不配套的现象。这不仅影响了文化遗产保护的整体性和系统性，还削弱了保护措施的有效性。

3. 社会力量参与机制不完善

社会力量参与文化遗产保护，对建设文化遗产保护传承体系至关重要[2]。文化遗产作为民族的宝贵财富，除了政府的主导作用，群众、商界、学界等非政府组织也应积极参与保护与传承。目前，黄山市正在大力推进"百村千幢"古民居保护利用工程和徽州古建筑保护利用工程，建立了古民居产权转让平台和机制，为社会力量参与保护提供了有效渠道。

但从整体来看，古徽州文化遗产保护中的社会力量参与仍显不足。一方面，古徽州文化遗产类型丰富、数量众多，目前社会参与的焦点主要集中在徽州古民居的保护上，政府的引导尚且不足。这种单一的关注点导致社会参与的保护范围显得较为狭窄，未能全面覆盖古徽州文化遗产的多样性和丰富性。另一方面，古徽州文化遗产保护的社会力量主要依赖黄山市，而绩溪、婺源等地的引导和动员相对较弱。这种地域间的差异造成了社会参与的失衡，限制了古徽州文化遗产整体保护与传承的全面发展。

此外，社会力量与政府之间缺乏有效对接的平台，使遗产的保护工作存在脱节。以企业的市场化运营为例：首先，政府主管保护，企业负责传播利用，两者间缺乏有效互动；其次，政府缺乏对古徽州区域的整体规划，企业

---

[1] 邵甬、胡力骏、赵洁：《区域视角下历史文化资源整体保护与利用研究——以皖南地区为例》，《城市规划学刊》2016年第3期。

[2] 张宝山：《社会力量是文化遗产保护传承的生力军》，《中国人大》2017年第24期。

的经营开发存在同质化竞争，不利于古徽州文化形象的打造与提升①；最后，缺乏相应的监管机制，导致企业经营行为可能对文化遗产保护造成负面影响。

4.文化遗产统一认知体系缺失

在文化遗产保护、传承和传播过程中，可能存在认知偏差，影响公众对文化遗产的理解、评价和处理方式②。目前各地区宣传并不统一，公众对古徽州文化的认知并不全面，尚停留在碎片化的符号感受阶段（如马头墙等单一元素的认知），对古徽州文化的统一认知有待建立。

古徽州文化遗产缺乏整体系统的保护，面临物质文化遗产商业化开发和利用③，以及非物质文化遗产的"真实"传承④等问题，影响了公众对古徽州文化的认知构建。在宣传推广方面，古徽州各地区各自为政，分散的宣传方式导致公众在解码⑤徽州文化时，往往只能接触到碎片化的文化符号，而非完整的文化体系。公众的市场偏好也容易被这些碎片化的文化符号所主导，从而可能对文化遗产的利用方式产生偏差，进而影响文化遗产保护工作的整体性和有效性⑥。尤其是古村落，作为展示徽文化最有效的载体⑦，其数量众多且维护成本高。当前的文化传播形式较为单一，难以在短时间内让游客建立对古徽州文化的全面认知。

特别值得关注的是，在构建对古徽州文化遗产的认知过程中，必须兼顾有形部分（物质文化遗产）和无形部分（非物质文化遗产）。在向外界传播

---

① 田振江、郭海燕：《企业参与非物质文化遗产保护：经验、困境与反思——以新疆吐鲁番旅游企业为个案》，《中华文化论坛》2017年第7期。
② 王巨山：《遗产·空间·新制序——博物馆与非物质文化遗产保护研究》，商务印书馆，2018。
③ 陈联记、王立军：《非物质文化遗产的商业化经营与开发原则》，《河北学刊》2020年第2期。
④ 陈元贵：《非物质文化遗产保护中的"文化真实"问题——以徽州民歌为中心的讨论》，《苏州科技大学学报》（社会科学版）2020年第2期。
⑤ 罗钢、刘象愚主编《文化研究读本》，中国社会科学出版社，2000。
⑥ 詹一虹、孙琨：《非物质文化遗产传承的梗阻与元宇宙沉浸式场景的运用》，《江西社会科学》2022年第8期。
⑦ 李修松：《依托古村镇建立徽文化生态保护区》，《安徽师范大学学报》（人文社会科学版）2008年第6期。

古徽州文化和塑造公众对古徽州文化的统一认知时，应将这两者融为一体进行综合宣传，以建立和完善古徽州文化的符号体系①。

5.数字化保护手段应用不足

古徽州文化遗产众多且分布广泛，传统保护模式难以全面覆盖和适应特殊需求。文化遗产受自然与人为因素影响大，监管时效性不足，难以协调不同地域和部门的工作，保护效率低。因此，需采用数字化手段进行全面保护和统一监管。

近年来，随着数字化技术的不断进步，部分高校等机构已开始采用数字化手段对古徽州文化遗产进行保护。例如，合肥工业大学建筑与艺术学院建立了徽州古村落数字化保护与传承创意安徽省重点实验室，尝试利用新兴技术对徽州古村落进行数字化保护与更新。

然而，当下古徽州文化遗产的数字化应用仍然不足。其一，参与机构有限，数字化能力不足，仅寥寥几个高校或机构，难以承担对古徽州丰富文化遗产进行全方位、多层次数字化保存和展示的重任，从而影响了古徽州文化遗产保护工作的深度和广度。其二，存在孤岛现象，不同的古徽州文化遗产之间缺乏有效组合，信息共享和利用效率不高②，急需行之有效的平台整合资源。其三，数字化传播模式研究滞后，缺乏研究机构进行统一指导③，缺乏系统性的研究框架和明确的发展方向，亟须建立专业的研究团队来引领和推动这一领域的发展。其四，数字化产业链尚未成熟，目前仍处于初步发展阶段，市场机制尚不完善。从资源的采集、处理、存储到最终的传播和应用，各个环节之间尚未建立起紧密的衔接和高效的流转机制，对于数字化资源的利用与保护策略还未展开系统性的探索。

---

① 唐桂兰：《徽文化的符号化表现与符号系统构建——以徽州古村落、古建筑文化为例》，《江淮论坛》2019年第4期。
② 《附全文：〈中国文化遗产数字化研究报告〉重磅发布｜"探元计划"2022收官》，"腾讯研究院"微信公众号，2023年2月22日。
③ 谈国新、何琪敏：《中国非物质文化遗产数字化传播的研究现状、现实困境及发展路径》，《理论月刊》2021年第9期。

三 地域性文化遗产系统性保护与统一监管的创新路径

（一）统一规划，凝聚好共同体意识

所谓共同体意识，就是特定聚合关系中的成员，在感知自我与他者生存发展的共性条件基础上所具有的共善价值规范与能动凝聚意愿①。古徽州文化遗产保护跨越两省三市九县三区，涉及部门众多，更要从顶层进行设计，凝聚共同体意识，一同保护古徽州文化遗产。

一方面，要优化顶层设计，进行统一规划，全面提升地域性文化遗产系统性保护观念。由国家层面制定地域性文化遗产的保护制度，将其上升为国家战略，为其提供坚实的政策支持，推动各地域形成共同体意识。推动古徽州区域内的各地方凝聚古徽州文化共同体意识、共享资源，构建一个多层次、全方位的保护体系，确保文化遗产保护工作不局限于个别项目或地区，而是覆盖到古徽州内的各类文化遗产，从而实现文化遗产保护的全面性和连续性。

另一方面，要构建古徽州文化遗产保护共同体。进一步优化徽州文化生态保护区的工作联席会议机制，提高该机制在古徽州文化遗产保护中的权限与级别。强调发挥该共同体作用，跨越区域和部门界限，进行统筹协调，为政策体系、规划方案等多个层面提供综合指导和统一监管。同时，确保政策、资金等资源的有效支持。在此框架下，各部门应充分发挥其职能，统筹各方力量，整合资源，形成保护合力，明确责任分工。此外，适时推动相关立法工作，完善法律法规条文，以健全古徽州文化遗产的保护机制，确保文化遗产保护工作的法治化、规范化。

---

① 青觉、徐欣顺：《中华民族共同体意识：概念内涵、要素分析与实践逻辑》，《民族研究》2018年第6期。

（二）统筹资源，建立地域保护制度

目前，古徽州地区已经建立了徽州文化生态保护区。在此基础上，可以参照生态保护区、国家文化公园等经验，由文旅部牵头，协调地方建设地域性国家文化公园，对古徽州文化遗产进行全域保护。

其一，借鉴生态保护区的经验，打破定点保护方式，实现对古徽州文化遗产的全面保护。可以参照"斑—廊—基"的原理[1]，构建"古城—古街区—古镇—古村落—古建筑—古道—古遗迹"文化遗产空间一体化保护格局，以古城、古村为斑，古道、水系为廊，古建筑、古遗迹为基，串联起徽州文化遗产，摆脱定点保护的局限性。以"面"状的地域文化基底，划分文化单元，将物质文化遗产、非物质文化遗产和自然生态环境看作整体进行保护[2]。

其二，在古徽州地区建立国家文化公园，建立地域性文化遗产空间系统性保护体系。国家文化公园是对在地的物质文化遗产和非物质文化遗产的载体进行保护[3]，具有鲜明的地域性特征，这与古徽州文化遗产的保护不谋而合。依托国家文化公园制度，与国土空间规划相衔接，构建起系统性保护措施，实现对古徽州文化遗产的整体性保护，解决空间广域性、要素多样性、体制交叉性带来的保护困难[4]。

其三，参照重要水域的保护形式，按照文化特别区的方式对古徽州文化遗产进行系统性保护。可以依据"重要性—脆弱性"分析框架[5]，对古徽州

---

[1] 刘焰、蔡铂：《基于斑廊基缘分析的中西部地区自然生态旅游产品绿色化设计》，《科技进步与对策》2008年第6期。

[2] 邵甬、胡力骏、赵洁：《区域视角下历史文化资源整体保护与利用研究——以皖南地区为例》，《城市规划学刊》2016年第3期。

[3] 王林生、金元浦：《线性文化理念：城市文化遗产保护利用的实践走向与结构变革——以北京"三条文化带"为对象》，《北京联合大学学报》（人文社会科学版）2021年第4期。

[4] 邹统钎、仇瑞：《国家文化公园整体性保护思想诠释与路径探索》，《民俗研究》2023年第1期。

[5] 张传华、王钟书、张凤太等：《基于"重要性—脆弱性"分析框架的国土空间生态保护修复分区研究》，《地理与地理信息科学》2022年第6期。

地区内的文化遗产进行全面的调查和评估，识别出各个文化遗产的独特价值和脆弱程度，将古徽州文化区域划分为不同的保护等级，针对每个等级制定相应的保护措施和管理策略。对于被认定为具有重要性和高度脆弱性的文化遗产，应实施最严格的保护措施，对于重要性较高但脆弱性较低的文化遗产，可以采取适度开发的策略，同时确保文化遗产的原真性和完整性不受破坏。

（三）统一管理，完善保护监管机制

在地域保护制度的基础上，参照国家文化公园保护监管制度，组建地域性文化遗产保护委员会（机构）。建立联席会议制度，牵头组织地域文化遗产规划编制、立法论证工作，建立保护督察制度，负责日常协调与保护督察工作，进一步完善地域性文化遗产系统性保护监管或制度体系。

其一，成立专门的统一保护与监管机构，构建高效的协调联动机制。安徽省与江西省需建立起徽州文化遗产保护委员会等类似组织，作为地域保护的执行机构，对徽州文化遗产进行系统保护与监管。要建立起省部际联席会议等日常工作机制，形成"省（市）负总责、分级管理、分区（段）负责"的工作格局，厘清相关地方、部门之间的关系，明确各级政府的地位与职责。构建"中央统筹、部门联动、区域协调"的跨区域、跨部门合作机制，实现对区域文化遗产的系统保护与统一监管。

其二，编制统一规划，推进立法工作，落实系统性保护工作。统一保护与监管机构要牵头徽州文化遗产保护规划工作，研究并审议两省的古徽州文化遗产保护规划、年度工作任务及总结报告等关键事项，指导并确保重大任务、重点工程和关键措施的贯彻落实，统筹协调解决跨区域、跨部门的重大难题，发挥宏观政策综合效应，及时解决地方推进国家文化公园建设保护工作中存在的突出问题。同时，不断推进立法论证工作，完善相关法律法规，确保保护工作在法治轨道上稳健前行，做到有法可依、有章可循，从而为文化遗产的长远保护和可持续发展提供坚实的法律保障。

其三，健全监管机制，进行统一监管，确保文化遗产长远发展。统一保

护与监管机构要承担起监管职责，进行统一监管[①]。构建一套标准化、系统化的监管流程体系，确立一致的监管标准，形成一致的监管力量。采用规范化的监管手段，建立健全责任追究机制，保护重大事项和重点工程，进行跟踪评估。对重点项目进行专项督导，及时报告重要问题，定期开展自查工作。开通多种监督渠道，实现监管依据统一、监管机构统一、监管方式统一、追责问责统一。

（四）融合发展，创新保护利用形式

在统一机构保护监管的前提下，鼓励古徽州各地政府探索文化遗产政府统一管理体制改革，促进物质文化遗产与非物质文化遗产协同管理。同时，推进遗产保护事业与遗产文旅产业互动发展，建立灵活的文化遗产经营机制与平台，引导社会力量参与保护工作，探索建立地域性文化遗产系统性保护传承利用体系。

其一，不断探索文化遗产保护体系改革，推进物质文化遗产与非物质文化遗产结合保护。鼓励各地方政府探索一种更加综合和协调的保护模式，确保物质文化遗产与非物质文化遗产之间的内在联系得到维护，对两类文化遗产进行系统性的全面保护，从而促进文化遗产整体性的保护与发展。

其二，政府要构建古徽州文化遗产经营社会参与平台，鼓励社会力量共同参与，创新文化遗产利用形式。要不断推进文化遗产保护事业与遗产文旅产业之间的互动，构建信息开放的文化遗产经营社会参与平台。打通政府与企业等社会力量的交流渠道，逐步实现信息共享互通，不断探索特许经营模式、公私合营模式、非政府组织参与模式等参与形式的可行性。同时，政府要对此进行资金与政策支持，激发企业的参与热情，撬动社会力量形成保护合力，实现保护与利用的双向良性循环。

（五）统一传播，建立文化标识体系

利用古徽州文化遗产经营社会参与平台，由文化遗产管理机构整合社

---

① 韩宏：《西安成立文化遗产监管中心》，《党政干部参考》2016年第14期。

力量，推动产学研合作。开展地域特色文化遗产的系统性梳理与研究，打造具有古徽州特色的文化标识体系，进一步促进古徽州文化遗产与旅游、教育等领域的深度融合，建立地域性文化遗产系统性保护展示—传播体系。

其一，利用好古徽州文化遗产经营社会参与平台，将文化遗产资源优势转化为传播优势。推动企业等社会力量不断创新徽州文化遗产利用形式，充分挖掘其中蕴含的徽州人文思想、价值理念等，将其与现代社会相结合，打造具有时代意义的文化内容，满足人民群众的文化需求。使文化遗产的创新利用融入人民群众的日常生活中，提高公众对徽州文化的了解水平，构建起徽州文化统一认知。

其二，建立古徽州文化研究中心，健全古徽州文化遗产学术研究体系。为了全面推动古徽州文化遗产的保护工作，可以借鉴敦煌研究所的设立，建立徽州文化研究中心或研究院，致力于完善古徽州文化遗产的学术体系。在现有当代徽学研究的基础上，进一步构建一个系统性的徽州文化遗产研究框架。通过不同学科之间的知识共享、方法互鉴和技术融合，形成更为全面和深入的研究视角，涵盖历史考证、文化价值挖掘、保护策略制定及传承路径探索等多方面内容。持续推出具有创新性和实践价值的研究成果，从而为古徽州文化遗产的保护与发展提供多元化的解决方案和创新思路，为古徽州文化遗产的传播提供学术支撑。

其三，要注重古徽州文化遗产话语体系的构架，搭建文化遗产对外交流平台。要从研究端入手，从历史传承、文化认同等多方面，向社会阐释古徽州文化遗产保护工作的多重价值与意义。搭建全面、立体的古徽州文化传播体系，采用多元化的传播手段和途径，以影视、文学、网络社交媒体等方式，宣传古徽州文化体系，推动古徽州文化遗产话语体系的构建，增强国内外影响力。

四 地域性文化遗产系统性保护与统一监管的数字化路径

数字化转型是推动地域性文化遗产系统性保护与统一监管的重要改革措

施。近年来，大数据、区块链、人工智能等前沿技术的迅猛发展为文化遗产的保护带来了新的契机。随着智能化、场景化和共享化成为文化展示与传播的新常态，将这些先进技术与古徽州文化的保护、传承和开发相结合，已成为古徽州文化遗产保护与利用的紧迫需求。

党和国家高度重视文化遗产的数字化保护工作。2021年，国务院办公厅印发《"十四五"文物保护和科技创新规划》强调了加强文物保护利用成果数字化转化，探索实施文化遗产云建设工程。2022年，中共中央办公厅、国务院办公厅印发《关于推进实施国家文化数字化战略的意见》，制定了"十四五"文化产业数字化8项重点任务。2023年，中共中央、国务院发布《数字中国建设整体布局规划》，文化和旅游部发布《非物质文化遗产数字化保护数字资源采集和著录》系列行业标准。我国高度重视发展数字化技术，推动其助力文化遗址的传承保护与利用发展。

古徽州作为一个跨越两省三市九县的地域性文化遗产地区，文化遗产保护工作涉及的行政区划广泛、管理部门众多，面临着文化挖掘、保护、展示、传播与旅游体验等多方面的问题。在这种复杂的背景下，传统的文化遗产保护模式往往无法满足古徽州文化遗产的保护需求，因此，数字化转型显得尤为关键。数字化技术的应用将帮助解决跨区域、跨部门之间的协调问题，通过构建数字化平台促进各地区和部门之间的交流与合作，推动古徽州文化生态的全面保护与传播。

（一）设立文化遗产数字中心

传统的文化遗产保护工作涉及繁重的人工测量和数据记录任务[1]，既不便利，难以保证保护工作的时效性；也会对地方财政造成较大的压力。因此，需要突破传统的保护方式，建立文化遗产数据库，对文化遗产进行数据采集、管理与评估。

为推动古徽州文化遗产的数字化保护，可以设立古徽州文化遗产数字中

---

[1] 张洋洋：《人工智能时代建筑文化遗产的数字化保护》，《建筑科学》2024年第1期。

心，建立古徽州文化遗产数据库和管理平台，统筹古徽州地区的文化遗产保护工作。通过这一平台，古徽州的各类文化遗产将被全面记录和管理，所有遗产信息将集中存储，实现信息化管理，从而实现文化资源的长期保存与共享。为将文化遗产转化为数字化信息，可以尝试采用三维激光扫描、卫星遥感、无人机航拍、摄影测量、自动识别系统等数据采集和处理手段，借助计算机技术全面真实地记录遗产中蕴含的文化因素、历史因素等，建立古徽州文化遗产数据库。针对收集的数字文化遗产，可构建一个融合语义特征、富含内容的综合性聚合元数据体系①，根据保护、开发需求，结合当下已有的评价指标②确立质量评估体系，采用大数据结构模型，以数智方式对文化遗产数据进行质量自动评估。针对已进行质量评估的数据资源，可以尝试在元数据规范中，运用知识组织理论与语义网络技术精准描绘文化遗产的数字资源对象③。建立文化遗产智能计算机④，结合社会需求、保护开发需要等，抽取、挖掘、组织文化遗产中蕴含的知识⑤，进行可视化展示，与社会共享徽州文化遗产资源。

在此基础上，古徽州文化遗产数据库和管理平台将在监管与展示中发挥至关重要的作用。利用大数据分析技术和物联网技术，数字中心可以及时监测和评估古徽州文化遗产的状态与风险，实现精准保护与预警。与此同时，建设智能化监管平台，结合物联网和人工智能技术，实时跟踪文化遗产的保护状况，并自动化识别潜在问题，提升统一监管效率。此外，可以考虑在国际范围内设立文化遗产的数字共享平台，建立古徽州文化的国际化传播渠

---

① 牛力、黄赖华、贾君枝等：《本体驱动的档案文献遗产元数据设计与应用研究——以苏州丝绸档案为例》，《信息资源管理学报》2023年第5期。
② 苏芳荔、李世豪：《基于PMC指数模型的非物质文化遗产政策评价研究》，《情报科学》2023年第11期。
③ 庄文杰、谈国新、侯西龙等：《非物质文化遗产视频知识元组织模型研究》，《情报科学》2018年第12期。
④ 王晓光、梁梦丽、侯西龙等：《文化遗产智能计算的肇始与趋势——欧洲时光机案例分析》，《中国图书馆学报》2022年第1期。
⑤ 钱智勇、陈涛、徐毅等：《古代经典辞书知识图谱构建与应用研究》，《图书馆杂志》2023年第8期。

道，吸引海外学者、文化爱好者、旅游者等群体参与到古徽州文化遗产的数字化保护和研究中来，与全球文化资源实现更广泛的交流与合作，提升文化的影响力和吸引力。

（二）构建文化遗产数字孪生系统

数字孪生是促进信息物理融合的有效手段，通过精确模拟实体、数据和信息闭环交互，突破物理限制，增强和优化实体功能，提升其应用价值[①]。其核心在于创建与物理实体对应的虚拟模型，实现对物理对象的监控、仿真、预测和优化[②]。

在对文化遗产的保护上，信息技术提供了重要支撑。当下数字孪生应用领域不断扩张，向建模加工、设计制造、管理维护等阶段转移。其中物质文化遗产作为物理实体，可以为其构建模型进行虚拟仿真，模拟文物在现实世界中的状态、性能、活动等，辅助保护工作[③]。非物质文化遗产并不是固定状态的物理实体，有学者提出采用双循环强五维结构，构建数字孪生平台，通过物理实体与虚拟数字两大文化设计，推动非物质文化遗产的数字设计转化，实现保护、研究与利用[④]。

目前，已有学者提出采用数字孪生方法，对苏州古城历史文化遗产进行保护与活化[⑤]，对长城的数字孪生进行仿真模拟，模拟其在风环境下的风险分布，利于实现精准保护[⑥]。古城、古道等古徽州文化遗产也可以参照以上案例，采用数字孪生方式，打造"孪生古徽州空间"，实现遗产的全面保护。

---

① 陶飞、张辰源、戚庆林等：《数字孪生成熟度模型》，《计算机集成制造系统》2022年第5期。
② 陶飞、张贺、戚庆林等：《数字孪生模型构建理论及应用》，《计算机集成制造系统》2021年第1期。
③ 秦晓珠、张兴旺：《数字孪生技术在物质文化遗产数字化建设中的应用》，《情报资料工作》2018年第2期。
④ 魏鋆涛、任利民：《数字孪生视域下的非物质文化遗产设计转化研究》，《包装工程》2023年第6期。
⑤ 杨滔、李晶、李梦垚等：《苏州古城历史文化遗产保护与活化的数字孪生方法》，《城市规划学刊》2024年第1期。
⑥ 张智、党安荣、陈杨等：《基于数字孪生的长城文化遗产保护与传承研究》，《中国园林》2024年第6期。

首先，通过高精度的三维建模技术，结合激光扫描、无人机航拍、卫星遥感等现代技术手段，对古徽州的古城、古建筑、古村落、古道等文化遗产进行精准建模。其次，对于物质文化遗产，例如古建筑、古村落等，可以通过高精度的三维扫描和虚拟现实技术构建"孪生空间"，模拟遗产的空间布局、结构特征及历史变迁，进行状态监控、仿真分析和风险评估。对于非物质文化遗产，如徽州传统手工艺、徽剧等，可以结合数字孪生平台构建"强五维结构"，通过物理实体和虚拟数字双重设计，推动非物质文化遗产的数字化设计转化，实现非遗的数字化保护、研究和利用。最后，古徽州地区文化遗产广泛且分布复杂，数字孪生技术可以通过构建一个综合性的"孪生古徽州空间"来解决这一问题。在这一空间中，古徽州的各类文化遗产将通过数字化手段实现全面覆盖。每一座古建筑、每一条古道、每一个古村都将成为数字孪生的一部分，通过整合各类数据，形成一个多层次、多维度的文化遗产保护体系。

未来，随着算力的不断升级，可以进一步利用遥感技术、空间信息技术等信息监测手段，将其应用于数字孪生空间，远程实时监测徽州区域内文化遗产的保护情况，建立起基于数字孪生空间、结合多种数字技术的文化遗产管理系统。

（三）推进文化遗产数字化活化利用

目前，文化遗产数字化展示实践，重点放在了人工智能、虚拟现实（AR）技术和增强现实（VR）技术上，通过3D建模、图形渲染、数字景观、VR设备等软件、硬件的综合利用，营造人与物深度交互的沉浸式体验与感受。

AR、VR项目注重场景与人的感知，受自然条件限制小，对原场景破坏少。基于AR、VR技术，可以依托古徽州文化遗产数字资源进行开发，促进保护与利用。古徽州文化遗产的AR、VR项目，可结合自身条件，采用自上而下、自下而上以及协同三类模式进行开发[1]。借助采集的信息

---

[1] 童芳：《娱乐与教育并存：文化遗产类VR设计》，《南京艺术学院学报》（美术与设计）2017年第6期。

资源，将计算机生成二维或三维的虚拟数字内容信息，叠加至具体的生活环境中[1]，既可用于旅游开发提升游客体验，也可助力相关部门精准识别文物保护情况。VR技术则更加强调虚拟空间，注重人与虚拟物体之间的交互，具有沉浸性、交互性和想象性，应用偏向旅游开发，可用于营造徽州古今历史文化场景[2]，利用交互式数字叙事方式[3]展示古徽州文化，扩展人们的想象空间，实现古徽州文化记忆时空漫游[4]，赋能古徽州文化的社会共享。

元宇宙是在网络空间中，随着AR、VR、大数据等数字技术的不断成熟，既映射于又独立于现实世界的虚拟世界。随着AR、VR对古徽州文化场景的构建，便可进一步重构、再现古徽州文化全域场景，打造古徽州文化元宇宙[5]。元宇宙打破了时间、空间的限制，能够进一步刺激人类感知潜力，为用户带来身临其境的感官体验，激发创造力与想象力，进一步促进公众对古徽州文化的感知。同时，基于人工智能生成系统，为AI设置主题与剧本，能够在元宇宙中自动生成文本与情景，采用数字叙事技术，由用户自主推动世界走向，增强体验感[6]。借助元宇宙，推动文化遗产向数字求真、科技向善、人文致美三大维度发展[7]，实现古徽州文化遗产的活化利用。

在此基础上，在古徽州文化遗产的数字化保护过程中，可以创建一个专

---

[1] 余日季、唐存琛、胡书山：《基于AR技术的非物质文化遗产资源产业化开发研究——以黄鹤楼传说为例》，《湖北社会科学》2014年第4期。

[2] 张斌、李子林：《图档博机构"数字叙事驱动型"馆藏利用模型》，《图书馆论坛》2021年第5期。

[3] 穆向阳、徐文哲：《LAM数字叙事基础理论框架研究》，《图书馆理论与实践》2022年第3期。

[4] 李俊炀、彭国超、张宁：《国家文化数字化战略视域下的公共文化VR内容供给力提升路径研究》，《图书馆》2023年第4期。

[5] 徐绪堪、王晓娇、薛梦瑶等：《元宇宙视角下水文化遗产资源组织研究》，《情报科学》2023年第3期。

[6] 刘春玉、任家乐：《元宇宙视域下的文化遗产数字叙事设计研究》，《国家图书馆学刊》2023年第4期。

[7] 肖波：《虚拟世界的文明力量：文化遗产牵手元宇宙的三重维度》，《东南文化》2022年第3期。

门的数字化评估和修复平台，利用3D扫描、激光成像等技术，对古徽州文化遗产的现状进行数字化建模、保存与修复。数字化活化允许文化遗产在虚拟空间中进行无限制的访问和互动，减轻了实体遗产的参观压力，避免了频繁接触和物理损害。通过这种方式，在实现古徽州文化遗产活化的同时，确保了文物的原真性和历史价值得到有效的保护。

G.14
地方文旅集团的阶段历程、现状分析与发展趋势

王薪宇[*]

摘　要： 地方文旅集团是旅游业重要的参与者。1978年以来，地方文旅集团经历了起步、探索、爆发、创变等四个阶段性历程，在各地旅游业的发展中，发挥着整合域内旅游资源、投资开发项目、资产管理运营、塑造区域文旅品牌、促进区域文旅繁荣等作用。与此同时，地方文旅集团面临经营效益较低、产品和模式面临转型等压力，在打造高端精品、产品迭代更新、数字化转型、创意驱动和运营提升等方面积累了丰富成果。

关键词： 地方文旅集团　国有旅游集团　旅游国企　区域旅游

一　引言

目前，学界对"地方文旅集团"还没有统一的定义。按照旅游业界一般的理解，地方文旅集团是由地方政府推动成立的，以整合当地旅游资源、促进区域旅游繁荣为目标的，具有较强投资能力的，涉及旅游业态比较多元的，国资全资和国资控股的地方性旅游企业。在命名上，地方文旅集团通常以"地名"加上"旅游""文化旅游""旅游发展""旅游投资""文旅投资""文化旅游发展"等，再加"集团""控股集团"等，后缀"有限公

---

[*] 王薪宇，知酷文旅主理人，资深文旅媒体人，研究方向为旅游传播报道、旅游经济、产业。

司""有限责任公司"等。在股权结构上,地方文旅集团是地方性国资全资或国资控股,有些由省市区县的国有资产管理委员会直接控股,有些由当地的政府部门或派出机构,如"财政局""XX管委会"等进行控股,有些由当地大型国企实行控股和管理,如城投城建集团、能源工矿集团、金融商贸集团、文化投资集团等各类国资企业。

回顾历史,地方文旅集团这类企业出现的时间很早,自1978年中国改革开放,旅游业开启现代化的进程起,地方文旅集团就开始参与旅游业发展。不过,当时地方文旅集团数量较少、分布零星,主要围绕当地核心旅游资源开展业务,整体上未被冠以"地方文旅集团"的标签。2015年以后,在各种因素的驱动下,越来越多的地方文旅集团成立,这类旅游企业开始受到越来越多的重视。在当时,各地组建地方文旅集团有两大背景因素。一个因素是当时全国掀起了"旅游局"升格为"旅游委"的热潮,仅2016年一年,全国就有13个省份成立了"旅游委",截至2017年6月共有24个省份挂牌成立"旅游委"[①]。"旅游委"相比"旅游局",行政级别更高,统筹能力和资源调度能力更强,体现出各地政府对旅游业发展的高度重视。另一个因素是"全域旅游"新发展理念的提出,旅游开发从过去聚焦某项核心旅游资源,转向将整个区域作为旅游目的地进行全域化建设。由此,各地需要一个新的工作抓手,落实旅游建设工作,践行新发展理念,促进区域旅游业繁荣,于是纷纷成立地方文旅集团。

如今,地方文旅集团是文旅产业重要的参与主体,成为各地旅游发展的排头兵,承担着整合域内旅游资源、投资开发旅游项目、旅游资产管理运营、塑造区域旅游品牌等各项使命,在旅游业方面发挥着越来越重要的作用。在此背景下,本文将梳理地方文旅集团的阶段性历程,汇总其发展现状,分析其创新趋势,进一步明确地方文旅集团对中国旅游业的作用和影响。

---

① 汪平、李金枝:《全国已有23省份设立旅游发展委员会》,中国政府网,2017年6月2日。

二 地方文旅集团的发展历程

(一)起步阶段:1978~1999年

我国现代旅游业起始于改革开放。从1978年10月到1979年7月,10个月内,邓小平先后5次集中地谈到发展旅游业的问题,提出了一系列的有关发展旅游业的重要思想①。他强调,旅游很值得搞,发展旅游要千方百计地增加收入,旅游要变成综合性行业。

在政策推动下,当时一批优质的文化旅游资源开始用于旅游开发,例如八达岭长城、陕西兵马俑、黄山等。各级政府是旅游项目最重要的投资者,大多项目由行政部门直接投资建设,并承担日常经营管理的职责。这为日后地方文旅集团的诞生创造了条件。在后续的经济体制改革中,中央提出"政企分离",政府部门不再直接参与旅游经营性活动。为此,许多景区所在地政府专门设立了国资企业,承接景区资产和旅游经营管理。例如,在黄山风景区,当地政府在1989年成立了"黄山旅游总公司",1992年峨眉山景区所在地政府成立了"峨眉山旅游集团总公司",接手这些重点景区的经营活动。这批地方政府推动设立的国资旅游公司,可以算是最早的地方文旅集团。上海、北京等热门的旅游城市,也在这一时期组建了地方文旅集团。上海的锦江国际集团成立于1991年,北京首都旅游集团成立于1998年,目的是承接地方政府持有的老牌酒店、宾馆、旅行社、旅游客运等各类旅游资产。这些资产是历史上长期积淀形成的,数量多且分散,在市场化改革的背景下,将其打包整合形成市属文旅集团,更有利于发展。

截至1999年前后,许多重点风景名胜区、旅游资产集中的大型城市,普遍组建了地方文旅集团。

---

① 刘金田:《邓小平与中国旅游业的腾飞》,中共中央党史和文献研究院官网,2014年2月7日。

（二）探索阶段：2000~2014年

2000~2014年，地方文旅集团数量有所增长，越来越多的地区对旅游资源进行整合，设立了专门的旅游国资企业。这段时期，地方文旅集团沿着市场化的道路探索，不断自我改革，提升经营效率和服务水平。其中一些找到了适合自身的发展模式，不断做大做强，在旅游界产生了重要影响力。

以北京首都旅游集团为例（以下简称"首旅集团"），首旅集团成立于1998年，由数十家分属不同政府部门的旅游企业合并重组而来，许多企业还处于"政企不分"的状态，经营效率低下，业务类型庞杂，重组难度很大。首旅集团进行了大刀阔斧的改革，在集团内部建立现代企业制度，将国有企业常见的科层制管理改为股东负责的股份制；明确所有权和经营权"两权分离"，将各单位的领导人转变为职业经理人；对内实行薪酬激励和员工持股，形成有效的激励机制；对外引入资本对旗下各企业实行混改，为企业注入新资源和新活力；推动旗下企业上市，接受资本市场的考验和激励；在业务版图、品牌战略、SOP标准化等方面进行了全面梳理和清晰规划。一系列组合拳打下来，首旅集团的面貌焕然一新，经营业绩连年上涨，1998~2008年资产总额的年均增长率为11.23%，利润总额年均增长率为25.88%[①]。截至2024年6月，首旅集团资产总额为1728亿元，相比成立之初的83亿元，暴增约20倍，其间还投资孵化了中国经济型连锁酒店领军品牌"如家"、高品质互联网约车平台"首汽约车"等一系列创新项目，旗下首旅酒店在全球著名酒店杂志 *HOTELS* 发布的2023年度"全球酒店集团225强"中，排名中国第三、全球前十，成为中国本土酒店品牌做大做强的典范。

这一时期，其他优秀的地方文旅集团也完成了类似的变革，构建了现代企业制度，推动了旅游市场的服务变革和产品升级。但整体上，在这一阶

---

① 李雁争、徐玉海：《首旅：三次改革重组成就跨越式发展》，《上海证券报》2009年7月22日。

段,"地方文旅集团"还未形成一个集体性的标签,业界更多将其视为旅游业中一个个差异化的个体。

(三)爆发阶段:2015~2018年

真正让地方文旅集团成为一个群体标签,是在2015~2018年。

2015年前后,各地掀起"旅游局"升格"旅游委"的热潮,以及全域旅游发展理念的普及,令各地政府意识到,需要一个新抓手来落实旅游工作部署、践行新发展理念。于是,各省市推动成立的地方文旅集团,一时间引发行业和媒体的广泛关注,由此,"地方文旅集团"逐渐成为一个集体性的标签,开始被旅游业界、新闻媒体等广泛关注。对工商信息大数据平台"企查查"进行数据挖掘显示,2015~2018年各地新注册成立了587家名称中带有"旅游""文化旅游""文旅""旅投"的国资旅游公司,这期间的注册量占到此类国资旅游公司总数量的24.2%。此外,还有一些老牌国资旅游企业,在这一阶段进行了合并重组、企业更名等,被赋予了新定位、新使命。

新阶段诞生的地方文旅集团,有着新的特征和任务,承担着整合域内旅游资源、投资开发旅游项目、旅游资产管理运营、塑造区域旅游品牌等使命,从定位上是当地旅游业的排头兵,促进区域旅游繁荣。

(四)创变阶段:2019年至今

2018年3月,国务院实施机构改革,文化和旅游部成立,凸显了文化和旅游密不可分的联系。以文塑旅、以旅彰文,文化和旅游融合发展,成为旅游业的纲领性发展理念。这为地方文旅集团注入新的发展内涵。许多地方旅游集团将名称更改为文化旅游集团,企业数量进一步增长,经营理念上更加重视在地文化资源的激活利用和创新表达。

这一阶段,是地方文旅集团的创变阶段,是机遇与挑战并存的阶段。旅游市场需求端的变革,为旅游业铺垫了新的产品观、新的资源观,每个地区的特色资源和文化,都可以用于开发文旅新体验,这是地方文旅集团面临的机遇。同时，文旅新体验、新消费的背后，需要优秀的创意、精细化的运营、高品质的服务，需要持续的开拓创新精神，这是地方文旅集团需要应对的挑战。

三 地方文旅集团的现状分析

（一）地方文旅集团的数量

目前，地方文旅集团没有统一的、准确的定义，"地方文旅集团"这一名称更多是反映其股权属性和功能定位，凸显其在当地旅游业的支撑性作用。所以，从严格意义上来讲，难以准确统计地方文旅集团的数量。筛选"企查查"平台上企业名称中带有"旅游""文化旅游""文旅""旅投"的国资全资、国资独资和国资控股的旅游公司，排除掉央企和央企子公司，排除掉参保员工人数为零的非活跃公司，截至2024年10月31日，共筛选出符合上述条件的企业2397家。进一步人工筛查这2397家企业的营业范围、企业简介和产品介绍，大部分符合业界对地方文旅集团的普遍认知。其中一些是围绕当地核心资源进行旅游开发，一些是接收历史上政府部门积淀的各类文旅资产，一些是为促进当地旅游业繁荣而设立的文旅资产运作平台。这些符合业界对地方文旅集团的普遍印象。也有少部分企业不符合地方文旅集团的概念，例如某一专项领域的轻资产服务企业，包括但不限于旅游文化传播公司、旅游会展公司、文创开发公司、研学旅行服务公司等专业性公司，围绕单项旅游服务开展业务，不具备集团企业的性质。

经人工筛查，上述2397家企业中符合地方文旅集团概念的占60%~70%。2397家企业中注册资本在5000万元以上的有1253家，更高的注册资本意味着企业实力更雄厚、资源调度能力更强，更符合"集团企业"的定位。除了名字中带有"旅游""文化旅游""文旅""旅投"的企业之外，各地还有一些多元化的国资企业也在发挥地方文旅集团的功能。筛查经营范围中包含"旅游投资""旅游资源开发""景区管理"等关键词的国资全资、国资独资和国资控股的旅游公司，排除掉央企和央企子公司，排除掉参保员工人数为零的非活跃公司，截至2024年10月31日，共筛选出9763家符合上述标准的国资涉旅企业。经比对，这9763家国资涉旅企业包含了上述2397家名称含旅的国资企业中的大部分。在此之外，还有大量涉足旅游的多元化国资企业。例如，各地的城投城建公司、交通建设公司、文化投资公司、能源工矿公司、金融商贸公司、地产开发公司、市政综合公司等，这些公司业务多元、实力雄厚，旅游是其中一个业务板块，其中一些公司在当地旅游发展中承担重要角色。举例来说，深圳市特发集团有限公司是深圳市国有大型综合性企业集团，员工总数超2万人，旗下各类企业数量超百家，业务涉及电子信息、珠宝时尚、房地产开发、物业管理、文旅投资及运营。文旅业务只是其业务版图中的一小块，但其在深圳盐田区、福田区的文旅发展中发挥着重要作用。在深圳著名旅游胜地小梅沙片区投资150亿元，打造"山、海、城"一体的世界级都市型滨海旅游度假区，规划建设有小梅沙海滨公园、叠翠湖公园、新海洋世界、国际高端酒店、滨海潮文化主题商业街区、特色产办空间、滨海居住社区等，推动整个片区的旅游品质、文旅品牌的升级，促进当地文旅产业繁荣。从这个层面上来看，深圳市特发集团的名称虽不带"旅"，也不是以文旅为主业，但在当地发挥的作用和扮演的角色，符合地方文旅集团的实质。

需要指出的是，并不是经营范围包含"旅游投资""旅游资源开发""景区管理"等的国资企业，就是地方文旅集团。上述9763家国资涉旅企业中，涉旅的程度各有不同，旗下旅游项目有多有少，在各地旅游业中发挥的作用各有不同，很难界定其中有多少企业符合地方文旅集团的概念和实质。本文梳理这些数据，目的是为读者提供更全面的参考信息。上述9763家国资涉旅企业中，注册资本在5000万元以上的有5132家。总之，地方文旅集团的数量很难精确统计。通过大数据挖掘和人工筛查，可对其数量范围有大致的估计。综合以上分析，可以认为，符合业界一般理解认知的地方文旅集团，其数量范围大致是1500~3000家。

（二）地方文旅集团的股权结构

地方文旅集团的股权结构比较多元，有国有全资、国有独资、国有控股。从控股股东的类型来看，有些集团的控股股东是省市县国资委，有些是财政局等政府部门，也有风景区管委会等政府派出机构，更多是由当地大型国企担任控股股东。

上述2397家名称含旅的国资企业中，有40家省属、市属企业（纳入省、市国资委披露的监管名单中的企业）。省属、市属企业，通常由当地国资委或其他政府部门、国有资本经营公司等控股参股，此类在地方国企序列中受重视程度更高，资源调度能力更强。其他名称含旅的国资企业，往往由当地城投城建公司、交通建设公司、文化投资公司、能源工矿公司、金融商贸公司、地产开发公司、市政综合公司等控股，或多家国有企业共同参股。上述企业中只有少部分有民营资本参股，大部分为国有全资，或参股企业均为国企。

（三）地方文旅集团的经营特征

对地方文旅集团的经营情况进行分析，可总结出四点经营特征。

第一，业务多元化。地方文旅集团除了文旅主业外，许多伴生有地产、金融、商贸、工矿、市政、大宗批发、物业管理等业务，文旅之外的业务占比很高。这是由于地方文旅集团一般是多个国资企业合并重组而组建的，并且地方文旅集团需要有较高的资产规模，才能撬动文旅投融资，所以在组建地方文旅集团时，往往合并了一些资产规模较高的业务。

第二，旅游全产业链覆盖。民营文旅公司，往往专注文旅某一个环节或某一项产品，做到专业化。地方文旅集团的业务链条往往覆盖文旅全产业链，涵盖旅游投资、资源开发、景区管理、旅游演艺、酒店、客运、旅行社、在线平台、文创开发等。其中原因一方面是地方文旅集团成立时，划拨合并了当地各类国资文旅资产，天然拥有多种业态；另一方面是许多地方文旅集团作为区域文旅资产运作平台，各类文旅业务都会有所涉足。

第三，耐心资本。地方文旅集团是文旅领域最重要的耐心资本，能做长周期、慢回报的文旅投资。这一点非常重要，因为优秀的文旅项目、文旅品牌需要花时间精心培育。地方文旅集团将市场化的利益诉求和整个地区的发展诉求相融合，避免急功近利的短视行为，更有利于区域文旅产业的长期繁荣。

第四，强投资、弱运营。整体上地方文旅集团的项目运营能力偏弱，盈利水平偏低，这一点可以从其业绩情况中看得更清楚。

（四）地方文旅集团的业绩情况

地方文旅集团经常以发行债券的形式进行融资，同步对外披露财务报告。可以通过汇总地方文旅集团的业绩情况，通过经审计的财务数据分析地方文旅集团的发展。

需要指出的是，并非所有的地方文旅集团都对外披露经审计的财务信息，只有对外发债融资的企业才按监管要求对外披露。这部分企业有近百家，基本覆盖了地方文旅集团中规模最大、实力最强的一批。

以总资产规模计算，排名前20的地方文旅集团如表1所示（数据截至2024年6月30日，数据经四舍五入）。前20名地方文旅集团平均资产规模为957.25亿元，资产中位数为547.5亿元，前20名的入围门槛为资产194亿元。相对来说，在文旅领域各类企业中，地方文旅集团属于资产规模最高的一批。

资产负债率方面，20家企业平均资产负债率为65.8%，属于文旅领域里资产负债率较高的群体。这主要是由于地方文旅集团有较多的重资产业务，在当地承担了较多的文旅项目投资开发，使整体资产规模高，负债也较高，负债率偏高。

表1 2024年上半年地方文旅集团资产规模前20名

单位：亿元，%

序号	集团名称	总资产	资产负债率
1	甘肃省公路航空旅游投资集团有限公司	7341	69.6
2	北京首都旅游集团有限责任公司	1728	69.2

续表

序号	集团名称	总资产	资产负债率
3	景德镇陶瓷文旅控股集团有限公司	1091	59.5
4	锦江国际(集团)有限公司	1075	68.9
5	杭州市商贸旅游集团有限公司	1058	61.0
6	湖北文化旅游集团有限公司	854	70.0
7	广西旅游发展集团有限公司	734	69.6
8	福州古厝集团有限公司	726	58.3
9	山西省文化旅游投资控股集团有限公司	662	66.9
10	锦江文化旅游产业集团有限责任公司	587	62.2
11	陕西旅游集团有限公司	508	78.7
12	扬州瘦西湖旅游发展集团有限公司	435	70.3
13	珠海九洲控股集团有限公司	411	82.7
14	江西省旅游集团股份有限公司	366	84.2
15	成都文化旅游发展集团有限责任公司	351	70.1
16	广州岭南商旅投资集团有限公司	337	46.3
17	龙岩文旅汇金发展集团有限公司	259	58.3
18	绍兴市文化旅游集团有限公司	234	58.5
19	泉州文化旅游发展集团有限公司	194	53.6
20	河北旅游投资集团股份有限公司	194	58.2

以营收计算，排名前20的地方文旅集团如表2所示（数据截至2024年6月30日，数据经四舍五入）。前20名地方文旅集团2024年上半年平均营收为88.75亿元，中位数为57亿元，入围门槛为营收17.6亿元。考虑到文旅集团的业务比较综合，有旅游投资、景区运营、酒店、旅行社，还有许多非旅游类的业务，相对来说，这个营收水平偏低。

净利润方面，除锦江国际（集团）、杭州市商贸旅游集团等少数企业外，其他文旅集团净利润普遍偏低，有6家地方文旅集团2024年上半年净利润为负。这说明，地方文旅集团的经营效益还需提升。

表2 2024年上半年地方文旅集团营收前20名

单位：亿元

序号	集团名称	营收	净利润
1	甘肃省公路航空旅游投资集团有限公司	341.0	7.35
2	湖北文化旅游集团有限公司	254.3	0.12
3	北京首都旅游集团有限责任公司	228.6	-4.63
4	锦江国际(集团)有限公司	164.1	8.60
5	杭州市商贸旅游集团有限公司	103.2	8.50
6	浙江省旅游投资集团有限公司	78.6	-0.09
7	广州岭南商旅投资集团有限公司	78.5	1.11
8	珠海九洲控股集团有限公司	76.3	-2.92
9	山西省文化旅游投资控股集团有限公司	71.5	0.05
10	龙岩文旅汇金发展集团有限公司	64.1	1.15
11	江西省旅游集团股份有限公司	49.9	-1.86
12	福州古厝集团有限公司	46.2	0.31
13	景德镇陶瓷文旅控股集团有限公司	46.1	2.40
14	陕西旅游集团有限公司	35.9	0.82
15	广西旅游发展集团有限公司	32.0	0.71
16	泉州文化旅游发展集团有限公司	24.4	0.26
17	绍兴市文化旅游集团有限公司	22.6	-0.58
18	福建省旅游发展集团有限公司	21.8	-0.90
19	广东省旅游控股集团有限公司	18.5	1.09
20	镇江文化旅游产业集团有限责任公司	17.6	0.57

（五）地方文旅集团的发展瓶颈

从地方文旅集团的业绩表现和业务实践来看，目前，地方文旅集团面临三方面瓶颈。

第一，缺模式。过去，地方文旅集团的规模增长主要来自资产划拨和债务驱动。未来，如何实现资产持续增值？需要寻找新的增长模式。文旅领域有产品驱动、服务驱动、品牌驱动、创意驱动、资源驱动、平台化驱动等多种增长模式。如何找到适合自己的模式，需要地方文旅集团因地制宜地探索。

第二，缺产品。当前，文旅市场正处于转型阶段，传统产品需要更新换代，新产品层出不穷，但很多新产品还需市场检验，产品模型还不成熟，投资风险较大。投资什么样的文旅项目和产品，才能匹配地方文旅集团的投资能力，支撑其营收和利润规模？这一点还需要进一步探索。

第三，缺运营。文旅是创意产业，也是服务业，需要很高的创意能力和服务精细度。过去，地方文旅集团偏重于本地旅游资源开发，偏重于旅游资产的管理，相对来说创意能力和运营能力不突出。当前，文旅市场需求越来越多样化、个性化，体验越来越深度化，游客对服务品质要求越来越高，在此背景下，地方文旅集团亟须补足创意能力和精细化运营的短板。

四 地方文旅集团的发展趋势

（一）地方文旅集团的创新方向

近几年，地方文旅集团也作出了许多创新，主要有5个创新方向。

第一，投资高端精品，做世界级的文旅产品。例如，锦江国际（集团）投资打造上海J酒店，于2021年开业，位于中国第一高楼上海中心大厦的顶端，融合古今中外之长，集合多种艺术之美，是中国酒店品牌冲击世界级精品的力作。中国酒店业过去长期学习国外、仰望国外，如今本土酒店品牌也作出了具有东方特色的世界级精品。做高端产品不仅是硬件投资，背后还有高水准的运营体系，提供无可挑剔的服务，塑造产品和品牌的奢享感，凝聚高端用户圈层。这些探索将对中国文旅产业的提质升级起到推动作用。

第二，传统旅游业态的升级迭代。新一代游客对旅游的需求发生变化，传统旅游业态面临升级换代，一些地方文旅集团基于新需求对老产品进行了大幅升级。例如，南京旅游集团推出的"长江之恋"游轮，采用了全新的设计风格，最大载客量1000名，是长江内河最长的双体滨江客船，配备无柱超宽大厅、宽阔室外活动甲板、数字化互动式礼宾通道、270°沉浸式投影、弧形大屏、舞台级灯光音响等设施设备，可开展水上婚礼、舞会聚会、研学旅游、商务会议等活动，还有数字化船舶模拟驾驶舱、数字化跟拍、虚拟数字人"江晓恋"等众多数字化技术加持，全面革新了传统滨江游船产品的体验。

第三，数字化转型。《"十四五"文化和旅游发展规划》提出，推进文化和旅游数字化、网络化、智能化发展，推动5G、人工智能、物联网、大数据、云计算、北斗导航等在文化和旅游领域应用。地方文旅集团在数字化方面也大举发力，建设智慧景区、智慧酒店，开展数字化营销，建设线上渠道和会员服务体系，提升游客服务体验和服务效率，并积极利用数字化技术研发文旅高科技体验产品。

第四，创意驱动，挖掘在地文化。举例来说，陕西文化产业投资控股集团打造的长安十二时辰主题街区，将文化IP、大唐文化、西安城市历史融为一体，打造了融全唐空间游玩、唐风市井体验、主题沉浸互动、唐乐歌舞演艺、文化社交休闲等为一体的全新商业形态，让游客沉浸式感受当地浓郁的特色文化氛围和特色体验。项目于2022年开业后一炮而红，成为地方文旅集团挖掘在地文化、打造创意项目的典范。

第五，精细化运营，服务品质升级。一些地方文旅集团正在夯实精细化运营能力，做精做优服务品质。例如无锡灵山文化旅游集团，在灵山胜境和拈花湾小镇品牌打响后，以品牌输出、文化创意输出、管理输出等为手段，依托自身对大型文旅项目成熟的策划、设计、建设、运营等全产业链实施能力，打造了金陵小城、尼山圣境、兴汉胜境以及新疆哈茵赛、果子沟等项目，实现了从单一业务向全产业服务的转型，增长模式由投资驱动转向品牌驱动、服务驱动和创意驱动。

（二）地方文旅集团的前景展望

从发展前景来说，地方文旅集团有五项重要价值。一是区域文旅资源的整合者。搭建区域文旅资产运作平台，充分发挥区域内文旅资源的价值，以更大的动力助推当地文旅项目的创新提升。二是文旅投资增量的主力军。作

为文旅领域重要的耐心资本，进行长周期、慢回报、高强度的文旅投资，支撑文旅行业的长期繁荣。三是世界级文旅品牌的潜力股。以全域化发展的思路，围绕在地文化打造特色文旅体验，塑造世界级的文旅品牌。四是旅游服务品质的强支撑。作为地方文旅产业的排头兵，以优质的服务赢得游客的信赖，带动旅游服务品质的升级。五是世界旅游强国的攻坚队。成为世界旅游强国的关键在于打造一流的产品、一流的服务和一流的体验，地方文旅集团正朝着这一目标奋进。

整体来看，地方文旅集团在文旅行业中正在发挥中流砥柱的作用，是支撑旅游景区投资、文旅目的地建设、区域文旅品牌塑造的中坚力量，在中国迈向世界旅游强国的历史进程中，发挥着重要作用。

参考文献

段强：《大型国有旅游集团改革的实践探索——北京旅游集团改革的实践及其启示》，《商业经济与管理》2000年第1期。

戴斌：《转型与重组之后的国有旅游企业：为何与如何》，《旅游学刊》2005年第3期。

王亚娟：《地方国有旅游企业的公共利益目标》，《经济研究导刊》2012年第7期。

江苏省委办公厅调研组：《各美其美的"文旅三例"之一：拈花一笑动人心》，《调查与研究》2024年第27期。

董乐、李子俊：《"长江之恋"游轮正式启航》，《南京日报》2024年11月1日。

三大市场篇

G.15
2023~2025年中国国内旅游发展分析与展望

黄璜[*]

摘　要： 2023年国内旅游经济复苏强劲，特别是国内旅游人均消费创历史新高。进入2024年，国内旅游经济与2023年相比增速放缓，但总体仍然处于景气区间，节假日旅游市场平稳有序，国内旅游市场呈现需求分层和消费升级并存的态势。从客源市场来看，城乡客源市场呈二元结构，城市和东部地区占据了国内旅游客源市场的主体。从旅游目的地来看，东部地区旅游目的地收入占全国近四成，但西部地区旅游人数逐步接近东部。从旅游客流来看，省内旅游客流占国内旅游客流的3/4，省际旅游客流集中在相邻省份之间，国内旅游呈现本地化和近程化趋势。

关键词： 国内旅游　旅游客源地　旅游目的地　旅游流

---

[*] 黄璜，博士，中国旅游研究院（文化和旅游部数据中心）副研究员，研究方向为国内旅游、国民休闲、世界级旅游度假区、国家文化公园。

一 2023~2024年国内旅游发展状况

（一）2023年国内旅游快速恢复

1.国内旅游人数快速增长

2023年，受旅游市场繁荣信号影响，各地旅游业发展预期大幅提升。国内旅游者出游48.9亿人次，比2022年增长93.3%（见图1）。其中，城镇旅游者国内出游37.6亿人次，比2022年增长94.9%；农村旅游者国内出游11.3亿人次，比2022年增长88.5%。

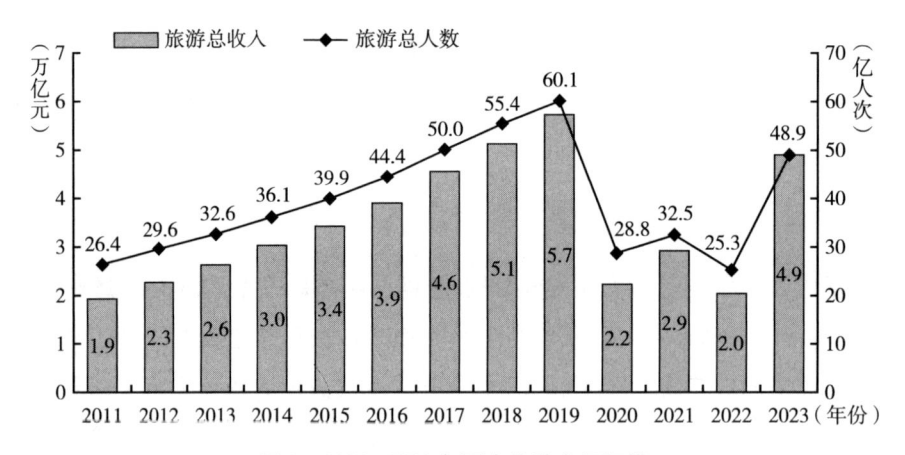

图1 2011~2023年国内旅游市场规模

资料来源：中国旅游研究院（文化和旅游部数据中心）基于《中华人民共和国文化和旅游部2023年文化和旅游发展统计公报》整理得出。

从2023年的4个季度来看，国内旅游出游人数增长持续加速。分季度看，第一季度国内出游12.2亿人次，同比增长46.5%。此后，国内旅游出游人数的增速加快。第二季度国内旅游出游人数为11.7亿人次，同比增长86.9%。

2023年下半年的国内旅游出游人数增长继续加速。第三季度国内旅游出游人数为全年最多，达12.9亿人次，同比增长101.9%。第四季度，国内旅游出游人数为12.2亿人次，同比增长179.1%（见图2）。

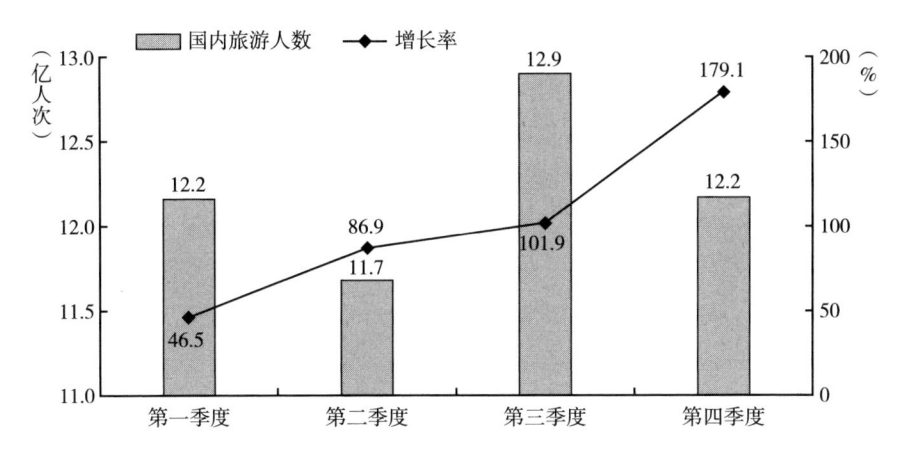

图 2　2023 年各季度国内旅游人数及增长率

资料来源：文化和旅游部财务司。

2. 国内旅游收入强劲提升

2023 年国内旅游收入 4.9 万亿元，比 2022 年增加 2.9 万亿元，增长 140.3%（见图 3）。其中，城镇居民旅游消费 4.2 万亿元，增长 147.5%；农村居民旅游消费 0.7 万亿元，增长 106.4%。

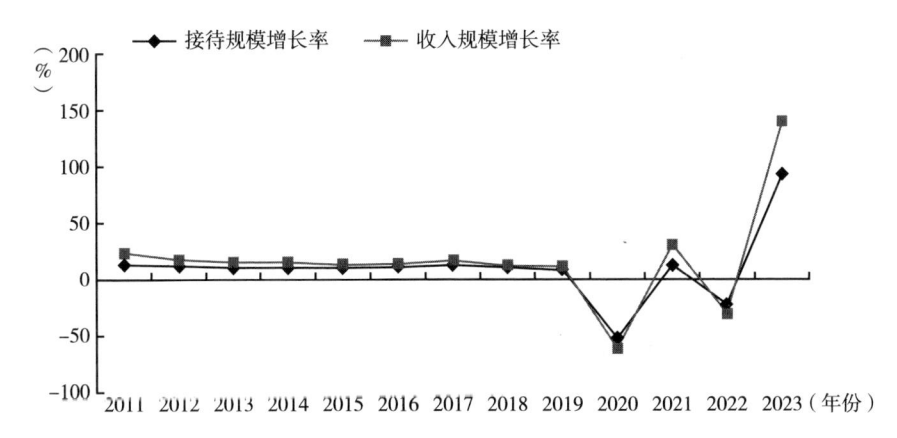

图 3　2011~2023 年国内旅游人数和收入增长率

资料来源：中国旅游研究院（文化和旅游部数据中心）。

3.国内旅游人均消费创历史新高

2023年国内旅游人均每次旅游消费1002元，比2022年增加196元，增长24.3%，达到历史最高水平（见图4）。其中，城镇居民人均每次旅游消费1117.02元，比2022年增长27.4%；农村居民人均每次旅游消费619.47元，比2022年增长3.4%。

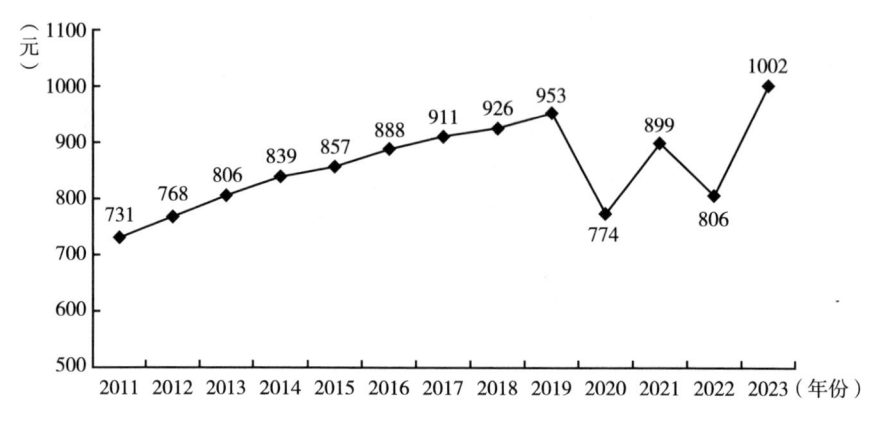

图4　2011~2023年国内旅游人均消费

资料来源：中国旅游研究院（文化和旅游部数据中心）。

（二）2024年国内旅游增速放缓

1.国内旅游经济处于景气区间

经中国旅游研究院（文化和旅游部数据中心）测算，2024年前三季度旅游经济运行综合指数（CTA-TEP）为110.97，同比下降0.1%，处于景气区间。

2.国内旅游经济增速放缓

根据国内旅游抽样调查统计，2024年前三季度国内旅游人数42.4亿人次，比2023年同期增加5.6亿人次，同比增长15.3%。2024年前三季度国内旅游收入（国内旅游总消费）4.3万亿元，比2023年同期增加0.7万亿元。

据中国旅游研究院（文化和旅游部数据中心）预测，2024年第四季度国内旅游人数14.43亿人次，国内旅游收入1.62万亿元（见图5）。

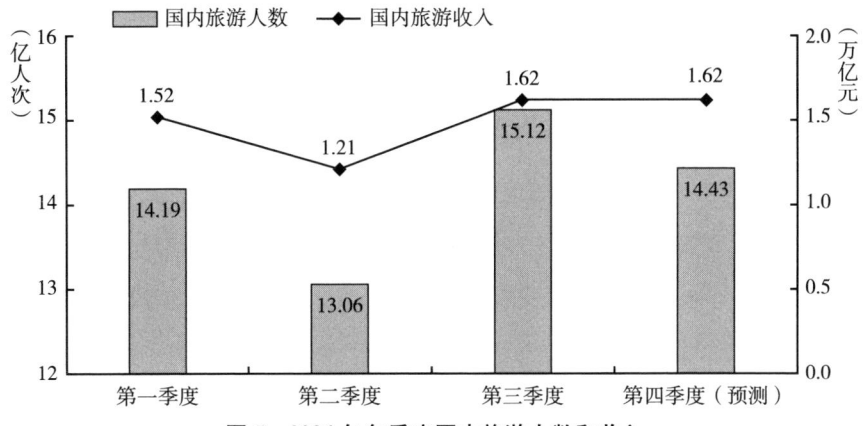

图5 2024年各季度国内旅游人数和收入

资料来源：文化和旅游部财务司、中国旅游研究院（文化和旅游部数据中心）。

3. 节假日旅游市场平稳有序

随着人们生活水平的提高和休闲意识的提升，每逢节假日，大量民众选择出游。2024年的元旦、春节、清明、五一、端午、中秋国庆等节假日，全国旅游出游人数比2023年分别增长了154.7%、53.9%、395.8%、7.7%、3.8%、5.6%（见图6）。

4. 旅游需求分层和消费升级并存

2023年，我国60岁以上老年人口达到2.97亿人，人口老龄化率达到21.1%，预计2025年我国老年人口将突破3亿人。中老年旅游者将成为国内旅游市场的重要客源。与此同时，14岁及以下青少年旅游者增速较快，青少年研学旅行需求持续增长，"一老一小"成为国内旅游的亮点和重点，老年旅游、旅居康养、研学旅行、亲子旅游等具有广阔前景。

国内旅游市场正在进入多样化、个性化和品质化并存的理性消费新时代。特种兵旅游、疗愈旅游、夜间旅游、候鸟旅居、避暑避寒等旅游新方式持续涌现。例如，新一代老年人平均每年进行8次国内旅游，每次旅游花费在数千元，有84%的老年游客希望享受更好的旅游产品和服务，有71%的老年人希望使用专为老年人设计的产品。越来越多的游客追求旅游行程中的体验感和自由度，更愿意为旅游体验和服务品质买单。

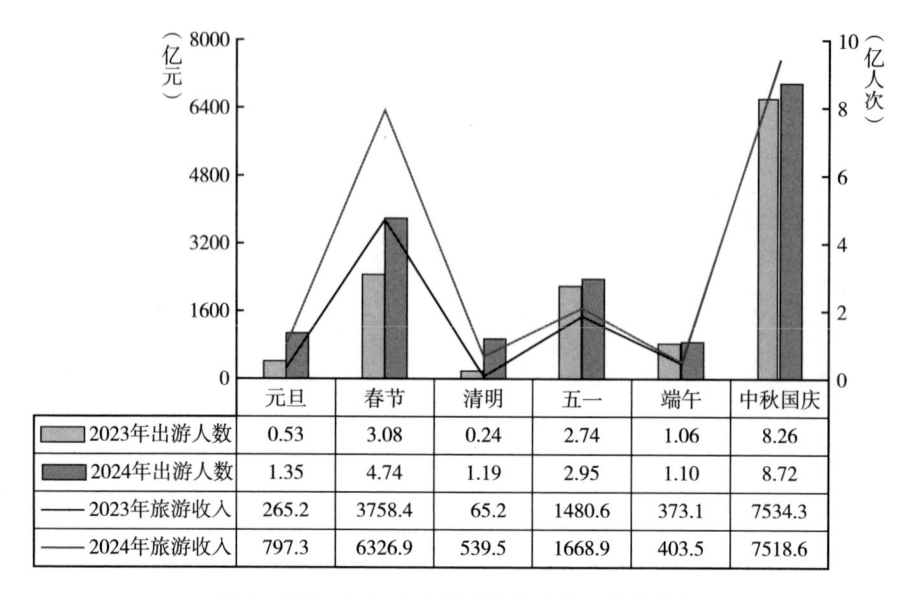

	元旦	春节	清明	五一	端午	中秋国庆
2023年出游人数	0.53	3.08	0.24	2.74	1.06	8.26
2024年出游人数	1.35	4.74	1.19	2.95	1.10	8.72
2023年旅游收入	265.2	3758.4	65.2	1480.6	373.1	7534.3
2024年旅游收入	797.3	6326.9	539.5	1668.9	403.5	7518.6

图6 2023~2024年节假日旅游人数和旅游收入

资料来源：中国旅游研究院（文化和旅游部数据中心）。

二 近年来国内旅游市场趋势

（一）客源市场特征

1. 城乡客源市场呈二元结构

从城乡划分来看，城镇居民仍然是我国国内旅游的主要客源。2023年城镇旅游者国内出游37.6亿人次，占比76.89%；农村旅游者国内出游11.3亿人次，占比23.11%（见图7）。在城镇居民国内旅游出游率持续提升和人口城镇化稳步推进的背景下，预计我国城镇旅游者占据国内旅游客源市场主体的特征还将长期持续下去。

2. 探亲访友是最主要出游目的

从出游目的构成来看，探亲访友是国内旅游者出游的最主要目的。2022

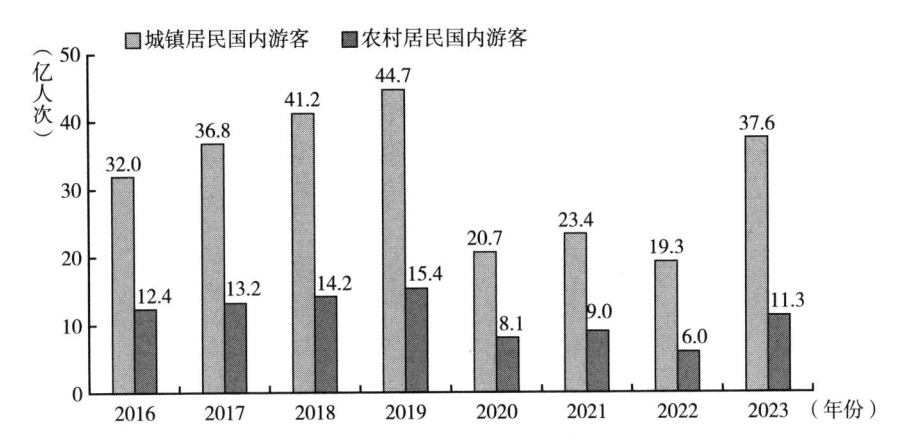

图7　2016~2023年国内旅游客源市场城乡划分

资料来源：文化和旅游部财务司。

年，城镇国内旅游者以探亲访友为出游目的的占到45.0%（见图8），农村国内旅游者以探亲访友为出游目的的占到44.9%（见图9）。

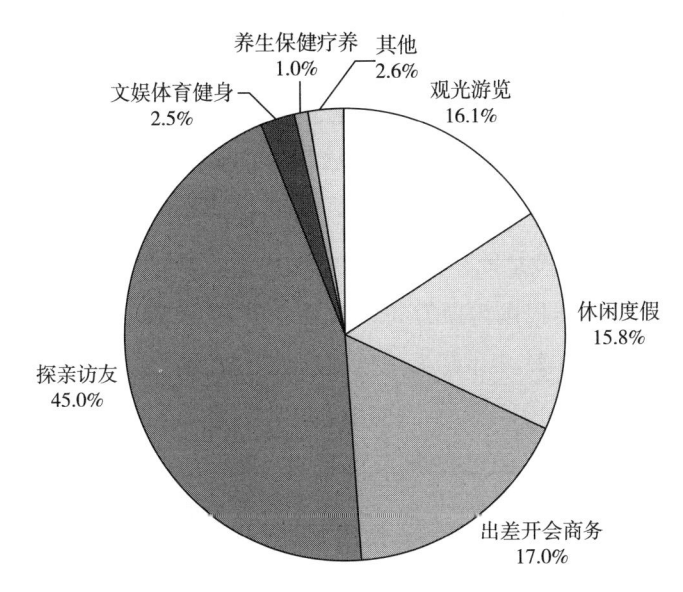

图8　2022年城镇国内旅游者出游目的构成

资料来源：中国旅游研究院（文化和旅游部数据中心）。

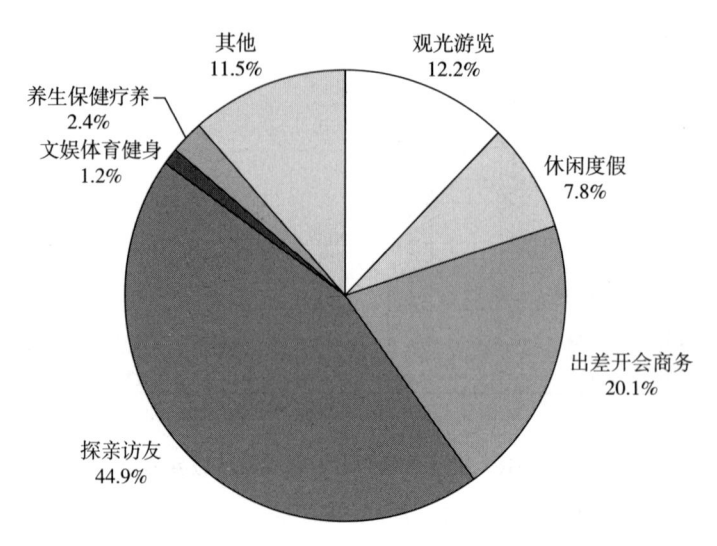

图9　2022年农村国内旅游者出游目的构成

资料来源：中国旅游研究院（文化和旅游部数据中心）。

3. 出差开会商务旅游人均花费最高

2022年，我国城镇居民国内旅游每次人均花费约876.6元，与2021年相比下降13.2%。按旅游目的进一步细分并排序，出差开会商务人均花费最高，达1680.2元；养生保健疗养人均花费916.9元；休闲度假人均花费814.7元；观光游览人均花费769.1元；探亲访友人均花费695.7元；文娱体育健身人均花费529.2元；其他旅游目的人均花费606.0元（见图10）。

2022年，农村居民国内旅游每次人均花费约为599.0元，相当于城镇居民的68.3%，比2021年下降2.4%。按旅游目的细分并排序，出差开会商务人均花费最高，达1019.5元；休闲度假人均花费726.3元；观光游览人均花费667.0元；养生保健疗养人均花费626.6元；探亲访友人均花费475.4元；文娱体育健身人均花费370.2元；其他旅游目的人均花费514.9元（见图11）。

4. 东部地区客源市场占全国一半

综合考虑国内旅游者的出游次数和停留时间等因素，2023年，东部地区占据了49.7%的国内旅游客源市场，西部地区占据了25.6%，中部地区

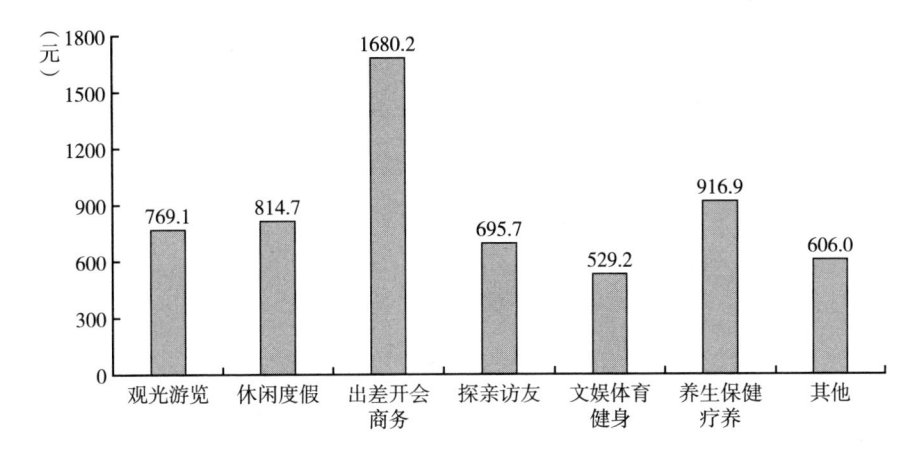

图 10　2022 年城镇国内旅游者按出游目的每次人均花费

资料来源：中国旅游研究院（文化和旅游部数据中心）。

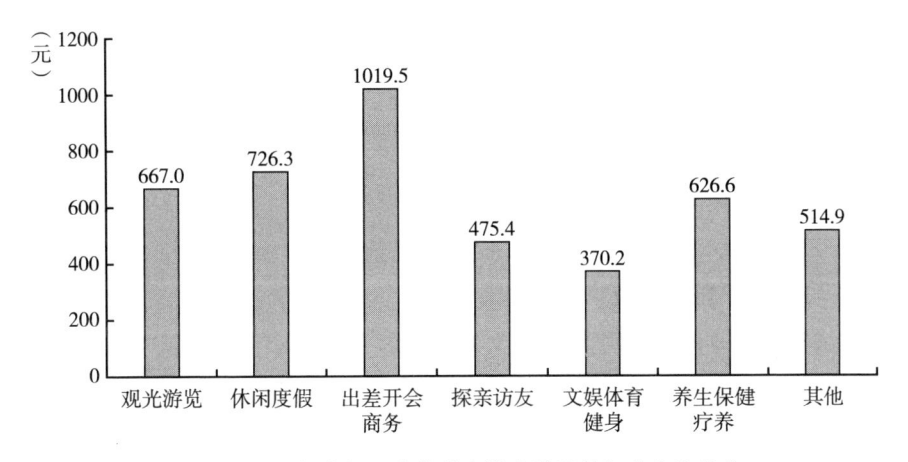

图 11　2022 年农村国内旅游者按出游目的每次人均花费

资料来源：中国旅游研究院（文化和旅游部数据中心）。

占据了22.1%，而东北地区仅占2.7%（见图12）。东部地区占据了近一半的国内旅游客源市场，是国内旅游的主要客源地和旅游市场营销的重点目标区。

分省份看，2023年，浙江、广东、重庆、江苏、湖北等省份具有较大的国内旅游客源市场规模，上海、浙江、重庆、北京、湖北等省份具有较高的国内旅游出游率（见图13）。

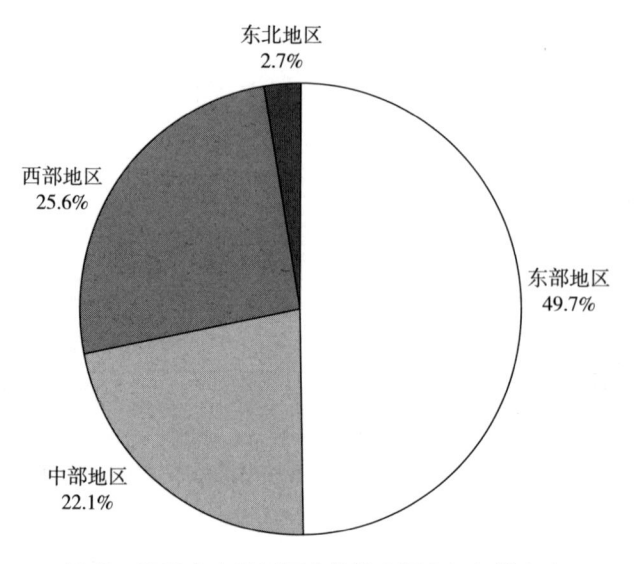

东北地区 2.7%
西部地区 25.6%
东部地区 49.7%
中部地区 22.1%

图 12　2023 年各地区国内旅游客源市场规模占比

资料来源：中国旅游研究院（文化和旅游部数据中心）。

（二）目的地市场特征

1. 东部地区国内旅游收入占全国近四成

2023 年全国各地区国内旅游收入存在显著差异。其中，东部地区国内旅游收入为 71364.4 亿元，占全国总收入的 38.6%。中部地区和西部地区国内旅游收入分别为 44414.4 亿元和 56525.4 亿元，分别占全国总收入的 24.0% 和 30.6%。国内旅游收入最少的为东北地区，为 12515.3 亿元，仅占全国总收入的 6.8%（见图 14）。

2. 西部地区旅游人数逐步接近东部

2023 年，东部地区和西部地区的国内旅游人数差距较小，分别为 56.9 亿人次和 51.3 亿人次。中部地区的国内旅游人数为 41.0 亿人次。东北地区的国内旅游人数最少，仅为 10.4 亿人次（见图 15、图 16）。

3. 东部地区旅游人均消费大幅领先

2023 年，我国四大地区的国内旅游人均消费仍存在较大差异。其中，

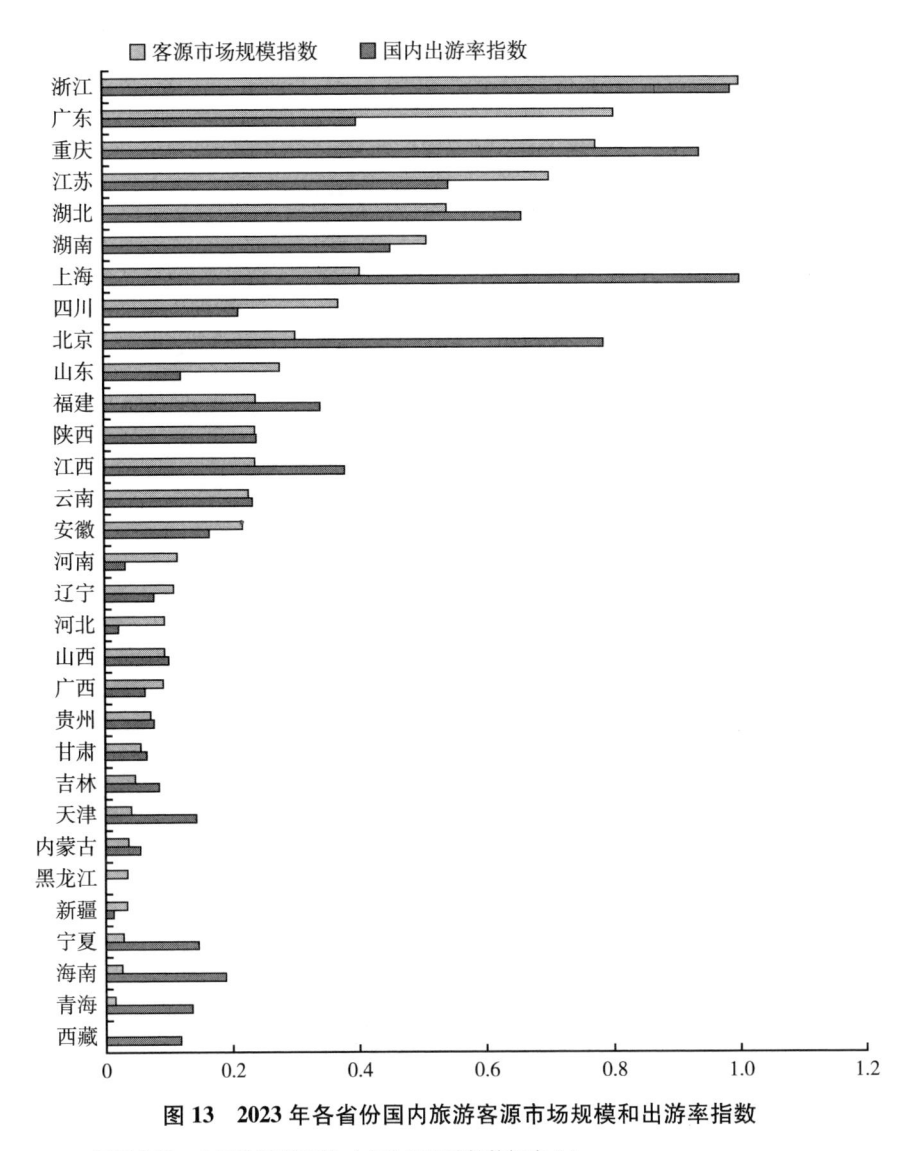

图 13 2023 年各省份国内旅游客源市场规模和出游率指数

资料来源：中国旅游研究院（文化和旅游部数据中心）。

东部地区的国内旅游人均消费最高，达到1254.4元。其次是东北地区和西部地区，国内旅游人均消费分别为1198.8元和1102.3元，而国内旅游人均消费最少的是中部地区，为1082.2元（见图17）。

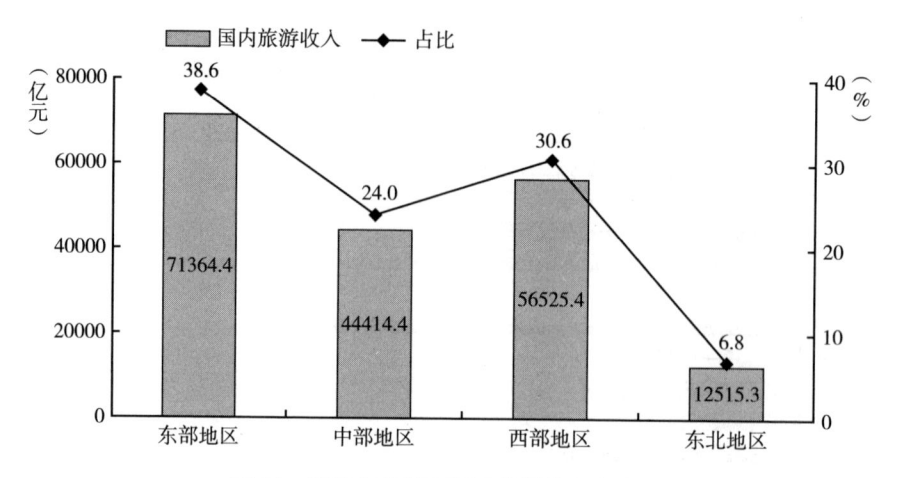

图14　2023年各地区国内旅游收入和占比

资料来源：中国旅游研究院（文化和旅游部数据中心）。

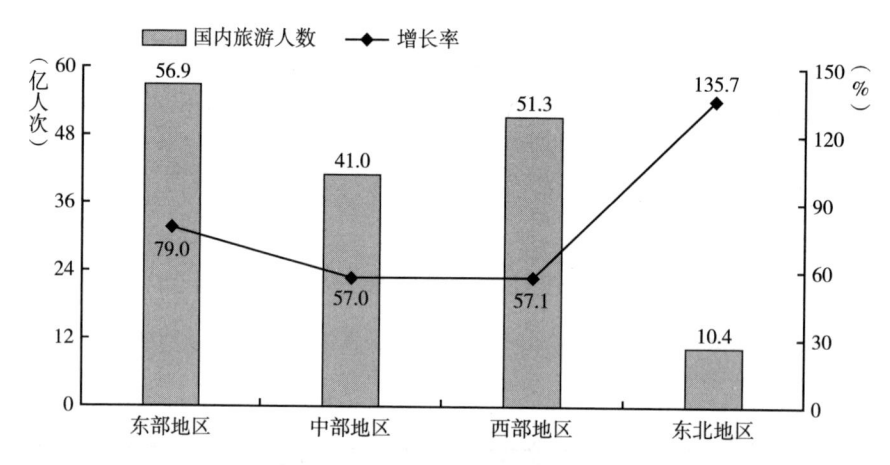

图15　2023年各地区国内旅游人数和增长率

资料来源：中国旅游研究院（文化和旅游部数据中心）。

（三）国内旅游流动特征

1.省内旅游客流占国内旅游客流3/4

根据中国旅游研究院（文化和旅游部数据中心）调查，2024年国内旅

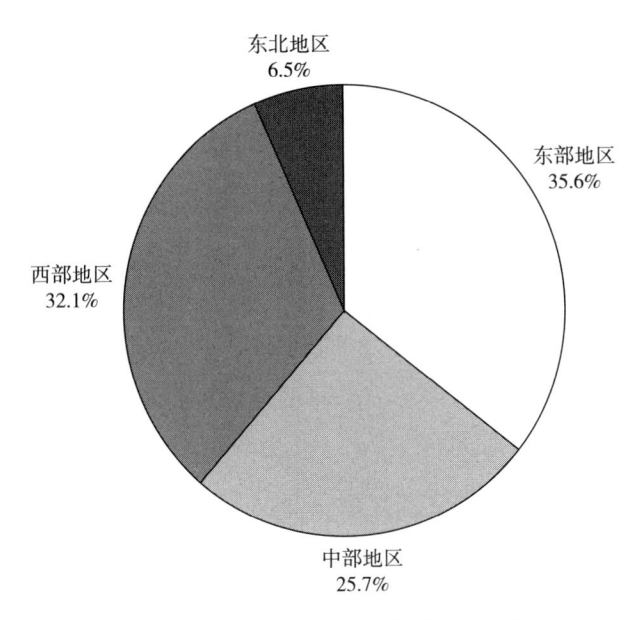

图16　2023年各地区国内旅游人数占比

东北地区 6.5%
东部地区 35.6%
中部地区 25.7%
西部地区 32.1%

资料来源：中国旅游研究院（文化和旅游部数据中心）。

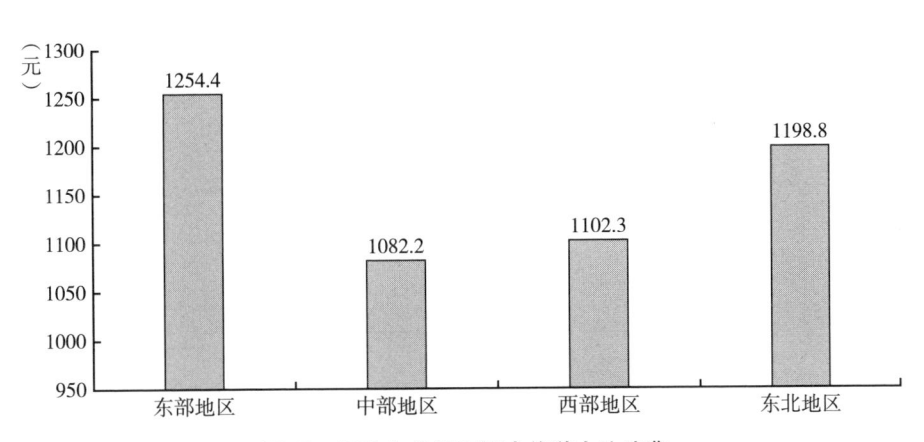

图17　2023年各地区国内旅游人均消费

东部地区 1254.4
中部地区 1082.2
西部地区 1102.3
东北地区 1198.8
（单位：元）

资料来源：中国旅游研究院（文化和旅游部数据中心）。

游客流呈现显著的本地化、近程化特征。近程的省内旅游客流占到了全部国内旅游客流的74.9%，而远程的省际旅游客流仅占25.1%（见图18）。

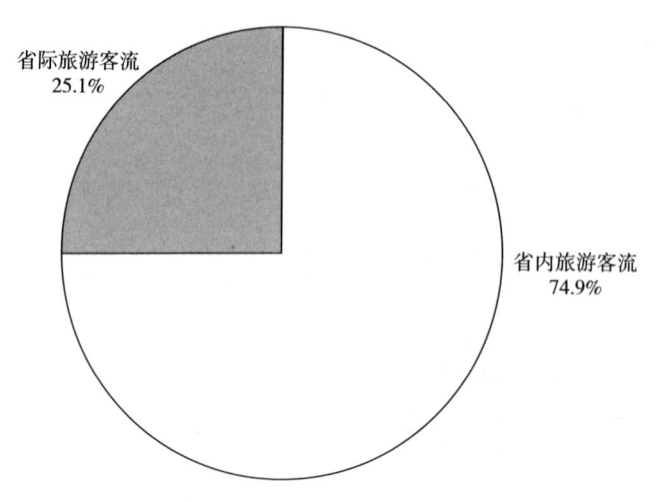

图18　2024年省内和省际旅游客流所占比重

资料来源：中国旅游研究院（文化和旅游部数据中心）。

2. 省际旅游客流集中在相邻省份之间

省际旅游流动表现出相邻省份间互为客源地和目的地的特征。在2024年的全国前100条省际旅游客流中，有69条旅游客流为相邻省份之间的旅游流动，仅有31条旅游客流为非相邻省份之间的旅游流动。

表1　2024年重要省际旅游客流流向

地区	客源地	目的地
东部地区	北京	天津、河北、山东、河南
	天津	北京、河北
	河北	北京、天津、山西、内蒙古、江苏、山东、河南、陕西
	上海	江苏、浙江、安徽
	江苏	上海、浙江、安徽、山东、河南
	浙江	上海、江苏、安徽、福建、江西、河南、湖北、湖南、广东、四川、贵州
	福建	江西、广东
	山东	北京、天津、河北、上海、江苏、浙江、安徽、河南、广东、陕西
	广东	福建、江西、湖北、湖南、广西、四川、贵州
	海南	—

续表

地区	客源地	目的地
中部地区	山西	河北、河南、陕西
	安徽	上海、江苏、浙江、河南
	江西	浙江、湖南、广东
	河南	北京、河北、山西、上海、江苏、浙江、安徽、山东、湖北、广东、陕西
	湖北	江西、河南、湖南、广东
	湖南	湖北、广东
西部地区	内蒙古	河北、陕西
	广西	广东
	重庆	四川
	四川	广东、重庆、贵州、云南
	贵州	重庆、四川、云南
	云南	四川、贵州
	西藏	—
	陕西	四川、甘肃
	甘肃	陕西
	青海	—
	宁夏	—
	新疆	—
东北地区	辽宁	北京、河北、吉林
	吉林	—
	黑龙江	辽宁、吉林

资料来源：中国旅游研究院（文化和旅游部数据中心）。

在以东部地区为客源地的52条重要省际旅游客流中，主要省际旅游目的地是浙江、广东、河北、江苏、山东等地。

在以中部地区为客源地的27条重要省际旅游客流中，主要省际旅游目的地是山西、安徽、江西、河南、湖北、湖南等地。

在以西部地区为客源地的16条重要省际旅游客流中，主要省际旅游目的地是贵州、云南、四川、重庆等地。

在以东北地区为客源地的5条重要省际旅游客流中，主要省际旅游目的地是北京、辽宁、吉林、河北。

3. 省内旅游客流集中在人口大省

由于省内旅游客流占据了国内旅游客流的主体，省内旅游客流量大的省份主要为人口大省。2024年，全国省内旅游客流量排名前10的省份从大到小排序依次为广东、山东、四川、河南、江苏、湖北、河北、湖南、浙江、安徽。

三 2025年促进国内旅游发展的相关建议

1. 加强旅游目的地分类指导，推进区域旅游协调发展

近年来，依托自然和文化资源建设的国家文化公园、国家公园、国家级文化生态保护区、世界级旅游景区和度假区等国内旅游目的地有跨区域发展的趋势。文化和旅游部门应协调财政、自然资源、生态环境、住房城乡建设、体育、林草、文物等部门力量，从资源环境、市场结构、社会经济等角度出发，加强对不同类型国内旅游目的地的研究总结和分类指导。在鼓励国内旅游目的地打破行政区边界束缚，依资源边界和市场范围来建设的同时，协助旅游目的地解决区域协调、用地保障、建设合规等问题，构建国内旅游目的地的跨区域和大部门发展格局。重点将国家文化公园、世界级旅游景区和度假区、国家级旅游休闲城市和街区创建作为引导地方旅游发展的重要工作抓手和促进国内旅游高质量发展的重要调控杠杆。

2. 落实带薪年休假制度，切实保障居民休息休假权利

城乡居民开展国内旅游活动的前提条件是拥有充裕的休闲时间和假期。文化和旅游部门应按照《职工带薪年休假条例》和《企业职工带薪年休假实施办法》规定，会同人力资源社会保障部门，加强对企业落实职工带薪年休假制度的政策指导和日常监管，切实保障职工的休息休假权利，增加国内旅游时间。要鼓励职工依据自身情况错峰出游，熨平旅游者在节假日排浪式出游对旅游供给体系的短期冲击，促进国内旅游的长远可持续发展。

3. 建设全龄友好型旅游环境，提升国内旅游服务质量

积极应对人口老龄化趋势和国内旅游者年龄结构转型，充分考虑老年

人、残疾人、孕妇、青少年、慢性病患者等特殊群体需求，实施旅游设施、旅游服务的无障碍改造，创新适老化旅游产品体系，健全无障碍旅游服务标准规范，构建全龄友好型的国内旅游环境。将全龄友好型旅游环境建设作为优化国内旅游服务、提升游客综合满意度的重要抓手。

4. 顺应长居旅游发展趋势，构建旅居发展支持体系

传统旅游以持续一日或数日的短期旅游度假为主，近年来，持续数月的长居旅游发展迅速，候鸟巡回游、避暑避寒游、康养旅居游等成为国内旅游发展的重要内容。例如，贵州、云南等省份都在国内旅游制度框架里提出了旅居发展战略，云南提出了"有一种叫云南的生活"宣传口号。旅居者具有短期居民特征，旅居发展依托社区公共服务体系支撑，并与医养康养产业紧密结合，因此对传统的旅游管理和公共服务模式提出了新要求。旅居目的地应加强对异地就医直接结算、旅居者本地居民待遇、长期护理保险、旅居人口动态统计分析等旅居领域新问题研究，创新跨部门的康养旅居发展社会支持体系和公共管理模式。

参考文献

文化和旅游部：《中华人民共和国文化和旅游部2023年文化和旅游发展统计公报》，https：//zwgk.mct.gov.cn/zfxxgkml/tjxx/202408/t20240830_954981.html。

文化和旅游部财务司：《各季度国内旅游数据情况》，https：//zwgk.mct.gov.cn/zfxxgkml/447/465/index_3081.html。

G.16
2024~2025年中国入境旅游发展分析与展望

刘祥艳*

摘　要： 从国际对比来看，我国入境旅游市场的恢复进程与亚太地区大体一致。随着入境旅游重新纳入国家战略体系，我国出台了一系列便利化政策与措施，入境旅游市场呈恢复性增长态势。2024年是我国入境旅游集中恢复的关键一年，恢复程度大幅提升，预计到2025年能全面摆脱疫情影响。尽管存在外部不可控的负面因素，但我国入境旅游恢复发展拥有诸多内部积极因素的支撑。当前及未来一段时间，我国各级旅游目的地需在目的地管理、营销工作上不断创新，在管理体系、推广内容、营销渠道及体制机制等方面积极探索。

关键词： 入境旅游　旅游市场　便利化政策

一　全球入境旅游发展概况

国际旅游市场在2023年进一步复苏，并于2024年前九个月几乎恢复至疫情前同期水平。得益于欧洲地区及全球主要客源市场强劲的国际旅游需求，以及亚太地区旅游目的地的持续回暖，再加上国际航空连通性增强和签证便利化程度提升，2024年全年国际旅游人数和收入（实际值）或许会超过疫情前水平。

---

* 刘祥艳，博士，中国旅游研究院（文化和旅游部数据中心）副研究员，研究方向为国际旅游经济、旅游目的地营销等。

（一）2023年国际旅游市场较快恢复

尽管面临全球经济形势不稳定、地缘政治不确定等诸多挑战，但在大量积压需求释放、多个亚洲市场和目的地重新开放，以及全球连通性和签证便利度提高等因素的推动下，国际旅游需求展现出强劲韧性且持续攀升。2023年，国际旅游市场进一步恢复，国际旅游名义收入甚至超过疫前水平。据联合国旅游组织统计，2023年全球接待国际游客13.0亿人次，较2022年增长34%，恢复至2019年的89%，远高于2022年67%的恢复水平。全球约45个目的地（共130个监测目的地样本）在2023年接待的国际游客数量超过疫情前水平。全球国际旅游收入约1.5万亿美元，同比增长35%，名义收入较2019年增长3%，不过按实际值计算，国际旅游收入略低于2019年，恢复到2019年的98%（见图1）。

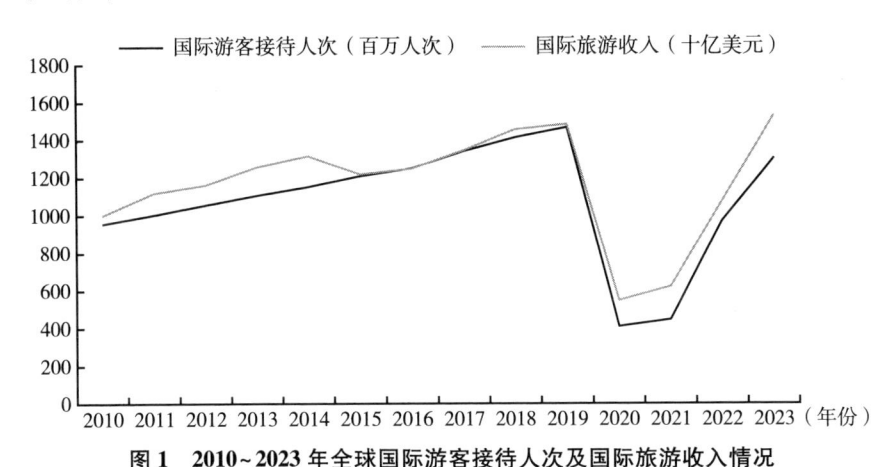

图1　2010~2023年全球国际游客接待人次及国际旅游收入情况

资料来源：联合国旅游组织（UN Tourism）。

全球各地区国际旅游市场也呈恢复性增长，中东地区表现尤为突出，国际旅游人数和收入均超过疫情前水平（见图2）。从国际游客接待规模看，欧洲作为接待国际游客最多的地区，2023年接待7.08亿人次，恢复到2019年的95%；中东是唯一国际游客人数超过疫情前的地区，接待0.93亿人次，较2019年增长31%；非洲和美洲的国际游客接待量与疫情前水平接近，分别恢复至2019年的96%和91%；亚太地区国际旅游市场恢复相对较慢，接待量恢复至2019年的65%，但与2022年28%的恢复水平相比，步伐显著加快，2023年接待2.37亿人次，超过美洲地区（2亿人次），成为全球第二大国际旅游目的地区域。从国际旅游收入看，2023年中东和欧洲已完全摆脱疫情影响，实际国际旅游收入较疫情前正增长，分别增长45%和6%；美洲和非洲接近疫前水平，分别恢复至2019年的99%和94%；亚太地区恢复水平相对较低，为2019年的78%，但较2022年31%的恢复水平大幅提升（见图2）。

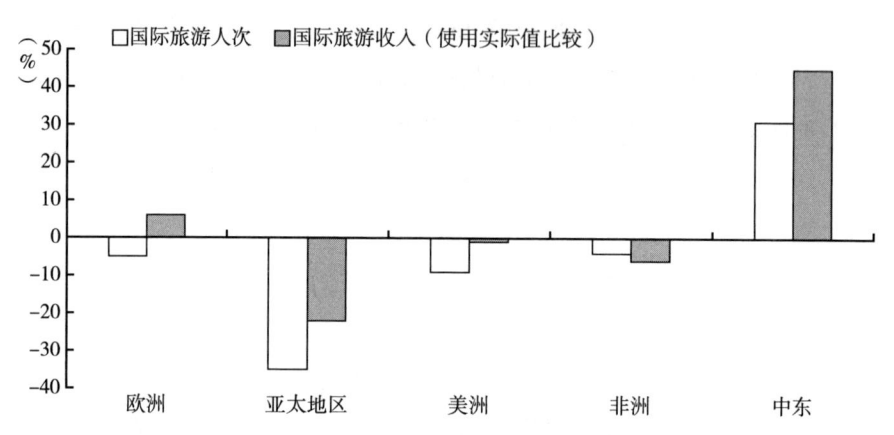

图2　2023年各地区国际旅游人次和收入较2019年的变动情况

资料来源：联合国旅游组织。

（二）2024年国际旅游市场规模接近疫情前水平

在主要客源市场强劲需求拉动和亚太地区旅游市场持续复苏推动下，加上国际航空连通性和签证便利化进一步提升，2024年国际旅游市场恢复程度已非常接近疫情前水平。根据《世界旅游业晴雨表》，2024年1~9月，全球共接待国际游客约11亿人次，较2023年同期增长11%，恢复至2019年同期的98%。

2024年1~9月，欧洲、美洲、亚太地区、中东和非洲五大区域国际旅游市场持续增长。其中，欧洲、中东和非洲已全面摆脱疫情影响，国际游客接待量较2019年同期分别增长1%、29%和6%。中东地区除8月外，其他月份国际游客接待量均较2019年显著增长；非洲和欧洲除个别月份外，较

2019年也实现正增长；美洲和亚太地区保持恢复性增长，分别恢复到2019年的97%和85%（见图3）。

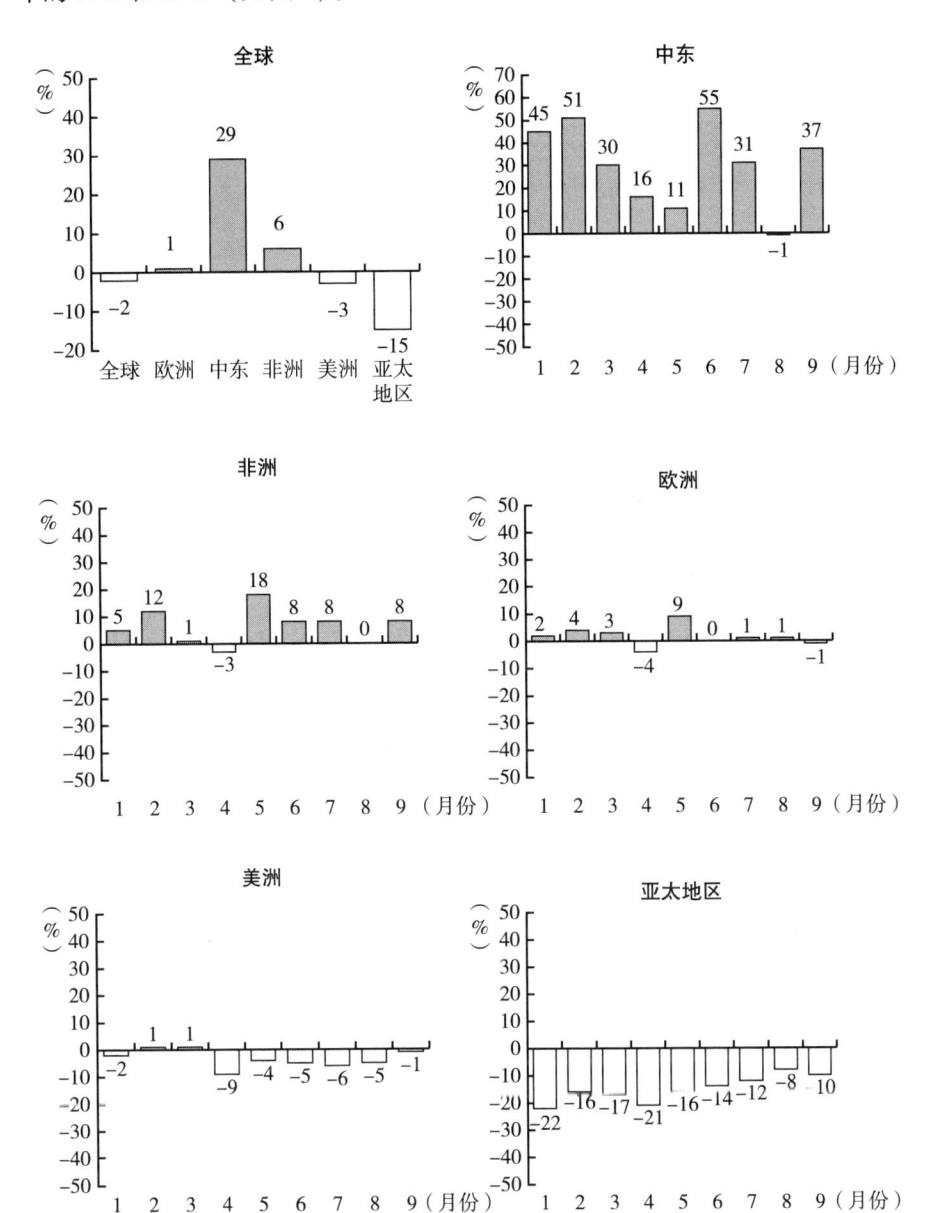

全球

地区	%
全球	-2
欧洲	1
中东	29
非洲	6
美洲	-3
亚太地区	-15

中东（月份 1~9）：45, 51, 30, 16, 11, 55, 31, -1, 37

非洲（月份 1~9）：5, 12, 1, -3, 18, 8, 8, 0, 8

欧洲（月份 1~9）：2, 4, 3, -4, 9, 0, 1, 1, -1

美洲（月份 1~9）：-2, 1, 1, -9, -4, -5, -6, -5, -1

亚太地区（月份 1~9）：-22, -16, -17, -21, -16, -14, -12, -8, 10

图3　2024年1~9月各地区国际旅游恢复情况（与2019年同期相比的百分比）

资料来源：联合国旅游组织。

（三）国际旅游市场恢复预期乐观

联合国旅游组织预计，2024年国际游客人数将达到2019年水平，国际旅游市场有望恢复至疫情前状态。2024年9月调查显示，近一半（47%）的旅游小组专家认为2024年9~12月国际旅游市场前景更好；超四成（41%）专家预计无明显变化，仅11%的专家认为情况可能变差。相比之下，专家对2024年全年发展预期更乐观，近七成（67%）认为前景更好，不足1/4认为无大变化，一成认为会变差。近一半（46%）专家表示所在国国际旅游市场已恢复至疫情前水平，二成专家表示所在国2024年将恢复，也有约1/3（34%）专家表示要到2025年或以后才能恢复。未来，经济环境挑战、航空和住宿费用高企仍是国际旅游市场稳步恢复的主要制约因素，签证要求、俄乌冲突、消费者信心不足等也是重要影响因素。

二 2023~2024年中国入境旅游发展基本情况

随着入境旅游重回国家战略体系，我国出台诸多便利化政策措施，入境旅游市场保持恢复性增长，初步预计2024年我国入境游客接待量有望恢复到2019年的九成左右。

（一）2023年我国入境旅游进入恢复增长轨道

2023年，我国依据疫情形势变化不断放宽入境限制。自3月中旬起恢复各类入境旅游签证，11月起入境通关程序完全恢复至疫情前常态，2023年成为我国入境旅游疫后恢复元年，此后入境旅游逐步摆脱疫情影响。《中华人民共和国2023年国民经济和社会发展统计公报》显示，2023年我国接待入境游客8203万人次，是2022年的3.3倍，其中外国人入境游客1378万人次，是2022年的4.6倍，分别恢复到2019年的56%和43%（见图4）。

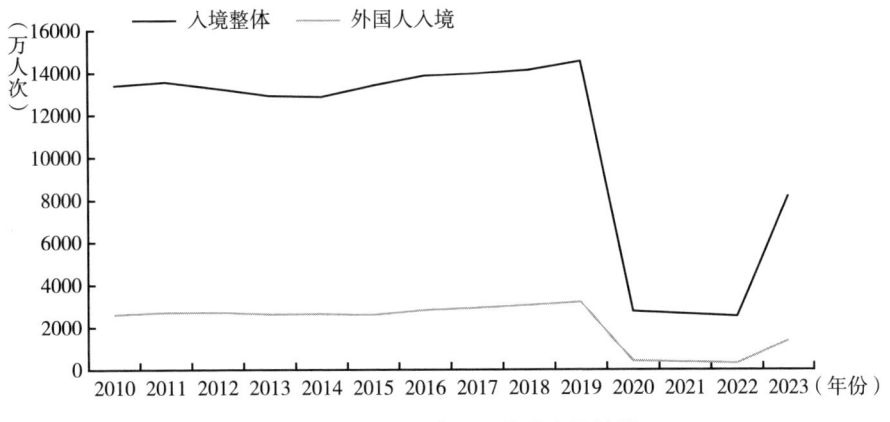

图 4 2010~2023 年我国入境游客接待情况

资料来源：中国旅游研究院（文化和旅游部数据中心）。

（二）2024年我国入境旅游市场加速恢复

在签证方面，从 2023 年底开始我国实施前所未有的入境签证便利化政策。2023 年 12 月和 2024 年 3 月中旬、6 月底、9 月底、11 月初和 11 月底多次扩大单方面免签国家范围。截至 2024 年 12 月 17 日，我国对 38 个国家试行单方面免签入境政策，加上与我国全面互免签证的 25 个国家，共 63 个国家公民可持普通护照免签来华。我国还优化单方面入境免签政策，将交流访问纳入免签事由，免签停留期限从 15 日延长至 30 日。对 54 个国家实施过境免签政策，扣除已享受免签入境的 42 个国家，有 12 个国家公民可借此免签来华旅行。自 2024 年 5 月 15 日起，乘坐邮轮来华且由境内旅行社组织接待的外国旅游团可从我国沿海 13 个邮轮口岸免签入境，对港澳地区外国人组团赴广东 10 城和海南省旅游实施 144 小时免签政策。

我国在提升签证便利度的同时，针对入境旅游堵点出台促进政策措施。外国游客在华支付、住宿登记等便利度进一步提高。2024 年 3 月，国务院办公厅印发《关于进一步优化支付服务提升支付便利性的意见》，增加外币兑换业务网点和外卡刷卡设备布设，提升入境游客支付便利性。2024年7月，商务部等7部门联合印发《关于服务高水平对外开放便利境外人员住宿若干措施的通知》，明确相关方不得设资质门槛限制住宿业经营者接待境外人员，引导其提升服务能力，在住宿登记、信息咨询、支付便利度等方面采取措施，改善境外人员住宿体验。

入境旅游市场恢复增长态势愈加显著。据国家移民管理局最新数据（见图5），2024年前三季度，全国移民管理机构查验中国港澳台居民和外国人出入境总人次恢复到2019年同期的95%。2024年各季度数据均高于2023年同期，且第三季度已超2019年同期。

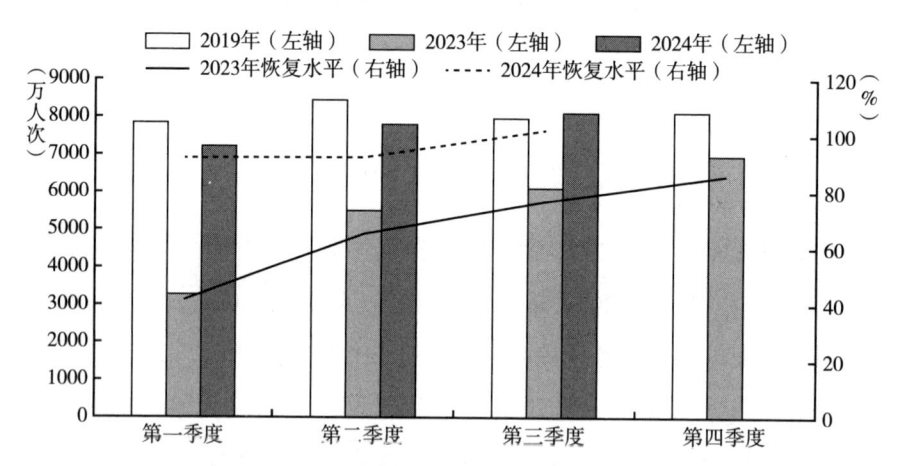

图5　2019年、2023年各季度和2024年第一至第三季度全国移民管理机构查验中国港澳台居民和外国人出入境总人次及恢复水平

资料来源：国家移民管理局。

港澳台市场一直是我国入境旅游市场的基础，恢复速度明显快于外国人出入境市场（见图6）。国家移民管理局统计数据显示，2024年前三季度，全国移民管理机构查验中国港澳台居民出入境人次已超2019年同期，同比增长9%，且各季度查验人次均超2019年同期。查验外国人出入境人次恢复到2019年同期的64%，各季度恢复水平稳步提升，且显著高于2023年，但外国人入境旅游市场恢复仍有较大提升空间。未来促进外国人入境旅游市场进一步恢复是保障我国入境旅游市场全面恢复的关键和工作重点。

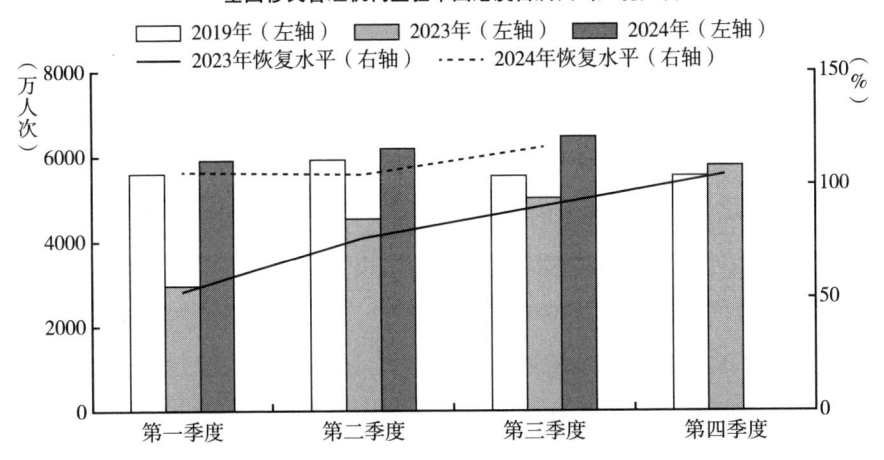

图6　2019年、2023年各季度和2024年第一至第三季度全国移民管理机构查验外国人和中国港澳台居民出入境人次

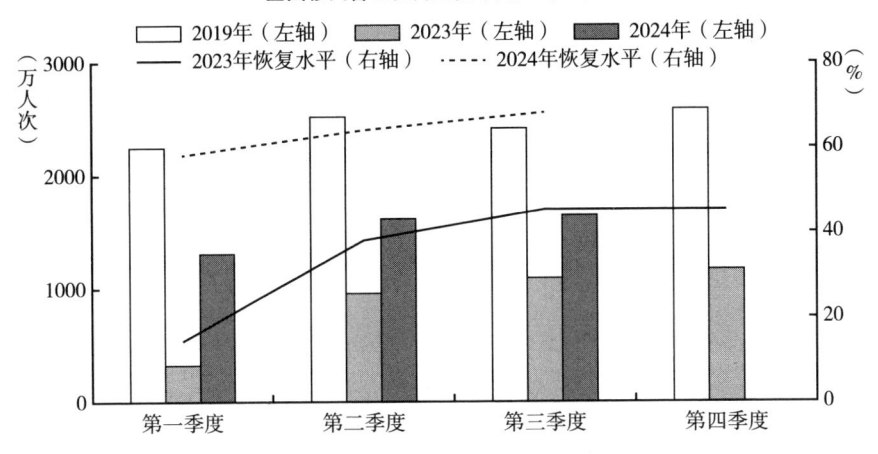

资料来源：国家移民管理局。

相较于2023年仅下半年为主要恢复期，2024年全年都是入境旅游市场集中恢复期，恢复水平显著提升。据中国旅游研究院（文化和旅游部数据中心）测算（见图7），2024年前三季度我国接待入境游客约9500万人次，恢复到2019年的87%，预计2024年全年将接待入境游客1.29亿人次，恢复到2019年的89%。

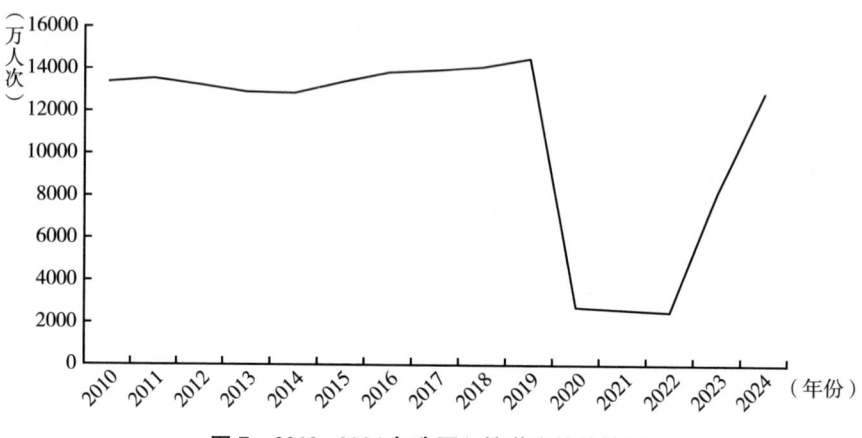

图7　2010~2024年我国入境游客接待情况

注：2024年为预测数据。
资料来源：中国旅游研究院（文化和旅游部数据中心）。

受免签、支付等入境便利化政策推动，以及社交媒体对中国及中国旅游信息的传播，加上国际游客更注重个性化体验，入境旅游散客化趋势愈加明显。我国自2023年以来推出的签证、支付、住宿等入境便利化政策减少了潜在入境游客对旅行社的依赖，提高了其自由行来华旅游的可能性，也会提高入境游客来华频率，使其更倾向于自由行。国际主流社交媒体上的来华旅行经验分享和攻略也为入境游客尤其是年轻一代自行安排行程提供了参考，促使更多人选择自由行。国际游客个性化需求也促使他们按自身兴趣偏好设计来华行程，更多地选择自由行方式。

短期内，团队市场恢复慢于散客市场，因为跟团游尤其是远程市场、团队规模大的跟团游供应链链条长、客户决策时间长、业务修复周期长。据文化和旅游部发布的全国旅行社统计调查报告（见图8），2024年第二季度旅行社接待入境游客人次恢复到2019年的38%，虽为2023年以来各季度最高，但与入境旅游整体恢复水平差距较大。考虑到第三季度是入境旅游旺季，旅行社入境旅游外联和接待规模在下半年有望更好恢复。

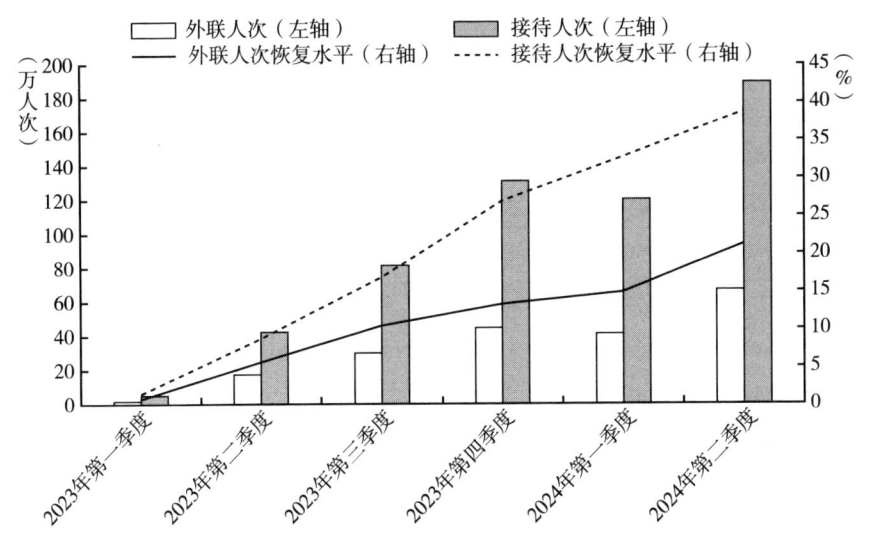

图8 旅行社2023年各季度和2024年第一、第二季度入境游客外联和接待人次及较2019年同期恢复水平

资料来源：文化和旅游部。

三 2025年中国入境旅游的发展形势展望及建议

随着入境旅游签证、支付、住宿等便利化政策进一步完善，各目的地持续优化入境游客接待设施、提升服务质量，以及国家和各地积极开展海外营销推广活动，入境旅游在2025年将实现更高水平的恢复，全面摆脱疫情影响。

潜在入境旅游需求显著提升，预示着未来入境旅游发展前景乐观。谷歌搜索数据显示（见图9），2024年1~10月海外民众对来华航班和住宿的搜索量持续高于上年同期，比2023年同期高27%，表明未来一段时间潜在来华旅游需求将进一步增加，2025年入境游客人数大概率会进一步增长。

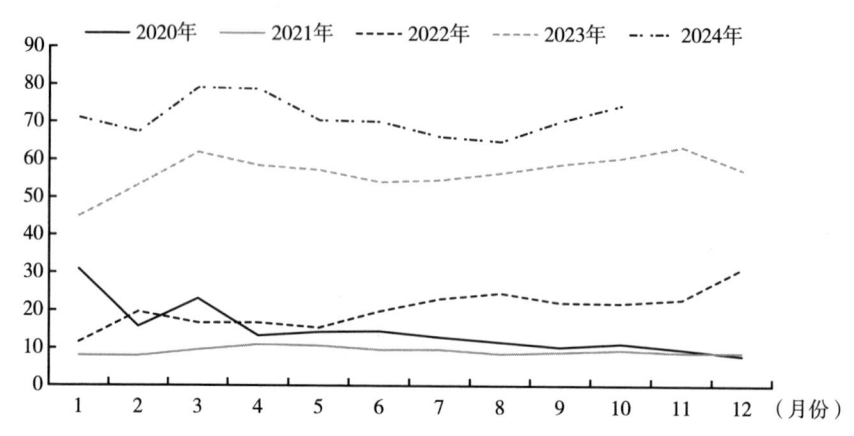

图9　2020年至2024年1~10月海外民众对来华航班和住宿的月均日搜索指数

资料来源：谷歌旅行洞察。

我国入境旅游虽面临全球经济增长放缓、地缘政治摩擦等外部不利因素，但促进入境旅游发展的内部环境和基础更加稳固完善，包括国家对入境旅游的重视、旅游基础设施和公共服务的不断完善、国内旅游需求升级与市场竞争带来的优质产品和服务，以及逐渐成熟的入境旅游服务供应体系等。当前及未来一段时间，我国各级旅游目的地应在目的地管理和营销工作上创新，在管理体系、推广内容、营销渠道和体制机制等方面积极探索。

旅游目的地一般分为国家级、省级（区域）和城市级三级，各级之间需相互协调配合。国家主要在品牌层面开展国家形象宣传，联合省市旅游目的地尤其是城市旅游目的地和市场主体推出新线路、新产品并开展推广活动。城市旅游目的地要统筹全市旅游目的地管理与宣传工作，协调所辖区县旅游发展。明确全市旅游目的地定位，构建契合本地文化价值理念的品牌形象；摸清各区县旅游资源和项目情况，避免过度开发；依据市场定位和需求筛选更新对外推广的旅游产品；做好全市旅游统计和游客调查工作，为管理工作提供数据支撑。

在宣传内容方面，要跳出自身旅游资源局限开展目的地宣传推广，增加能让境外游客更好了解中国当代生活的内容。可借助在海外走红的"中国风"影视、游戏、网文、视频等（如近期热门的《黑神话：悟空》），整合营销内容，引导和打造在线热点话题，推出新的旅游体验空间和场景。在宣传渠道上，重视年轻用户常用的主流社交媒体如 Instagram、TikTok 等，提高信息传递的触达率。在销售渠道上，与各国主要旅行商/OTA 建立紧密合作关系，通过它们连接目的地高品质的住宿、餐饮、购物、娱乐等供应商以及优质旅行服务商、会议服务商等，更好地触达终端旅行消费者。最后，在体制机制方面继续创新，建议组建由专业人员组成的国家旅游推广机构，各省市根据自身情况组建旅游目的地管理机构（DMO），提升目的地管理和营销工作的专业化水平。

参考文献

中国旅游研究院课题组：《中国入境旅游发展年度报告2024》，旅游教育出版社，2025。

中国旅游研究院课题组：《2024年中国旅游经济运行分析与2025年发展预测》，中国旅游出版社，2026。

G.17
2024~2025年中国出境旅游发展分析与展望

杨劲松 邵玉翡*

摘　要： 得益于发展环境的优化、目的地和市场主体的努力，2024年中国出境旅游的复苏进程明显加快，呈现确定性明显强化、快与慢交织持续和高质量发展等特征。展望2025年，确定的超越和全面的复苏终将到来。结构化的发展和更频繁密切的扰动正在形塑未来的常态。与国内旅游和入境旅游的联动将更密切。

关键词： 出境旅游　旅游市场　免签

一　2024~2025年中国出境旅游发展总体概况

（一）正在激发的出游梦想

与2023年相比，2024年出境旅游恢复的速度呈现加快态势，与世界平均恢复水平之间的距离在缩小。2024年上半年，全国移民管理机构共查验出入境人员2.87亿人次，同比增长70.9%，其中内地居民1.37亿人次。2024年第三季度全国移民管理机构累计查验出入境人员1.6亿人次，同比上升30.1%，其中内地居民7854.5万人次，同比上升27.3%。出入境交通

---

* 杨劲松，博士，中国社会科学院旅游研究中心特约研究员，中国旅游研究院（文化和旅游部数据中心）国际所/港澳台所所长，研究方向为国际旅游；邵玉翡，中国旅游研究院（文化和旅游部数据中心）国际所/港澳台所研究助理。

运输工具的查验量达735.3万架（列、艘、辆）次，同比增长78.3%。在签证和证件发放方面，2024年第一季度普通护照签发635.7万本，往来港澳台证件签注2498.7万人次，同比分别上升24.1%和30.5%（见表1）。估算出境旅游人数规模在70%~80%。相比上年的50%左右，呈现较为明显的复苏态势。

表1 2024年前三季度出入境人数与护照签发量

单位：万本，亿人次

季度	护照签发量	出入境人数
第一季度	635.7	1.41
第二季度	598.3	1.46
第三季度	598.7	1.6

资料来源：国家移民管理局。

主要节假日的情况也是如此。国家移民管理局的数据显示，2024年端午假期，内地居民出入境246.6万人次，较2023年同期增长了25.4%。2024年中秋节假期，内地居民出入境263.2万人次，较2023年同期增长15.1%。2023年国庆假期，内地居民出入境758.9万人次，同比增长了33.2%。

文化和旅游部发布的全国旅行社统计调查报告显示，2024年第一季度全国旅行社出境旅游组织286.82万人次、1382.37万人天。2024年第二季度全国旅行社出境旅游组织304.73万人次、1568.56万人天。第二季度比第一季度分别增长6.24%和13.47%。相比2023年上半年，2024年上半年的出境旅游人次数和人天数分别增长284.74%和317.97%。

2024年的出境旅游的流向依然呈现明显的以近程市场为主的特征，亚洲依然是中国出境游客的主要目的地。从旅行社组织的团队出境游角度观察，2023年上半年我国出境游在洲际目的地结构占比上同样表现出明显的近程特征，前往亚洲的比例为88.43%，稳固地占据洲际目的地首位。之后依次为欧洲（7.46%）、非洲（2.36%）、大洋洲（1.11%）和美洲（0.30%）。

2023年上半年,旅行社组织的前往亚洲的游客比例为80.95%,稳固地占据目的地首位,之后依次为大洋洲(9.79%)、欧洲(6.82%)、非洲(2.16%)和美洲(0.27%)。2024年上半年,亚洲占比虽小幅下降至78.45%,但仍保持第一,欧洲增长至16.75%,跃升为第二大目的地。非洲和大洋洲分别占2.05%和1.90%,而美洲虽升至0.85%,仍占比最小(见表2)。

表2 全国旅行社组织出境的旅游目的地洲际分布

单位:%

时间	亚洲	欧洲	美洲	大洋洲	非洲
2023年上半年	80.95	6.82	0.27	9.79	2.16
2024年上半年	78.45	16.75	0.85	1.90	2.05

资料来源:文化和旅游部。

2024年上半年,主要出境旅游目的地排名有细微的变化,韩国上升至第四位,而2019年排名第十;中国澳门从2019年的第六位跃升至第五位;越南的排名有所下降,从2019年的第四位降至第七位;而新加坡则从2019年第七位上升至第六位;俄罗斯和意大利新进入前十(见表3)。

表3 2019年与2024年上半年我国旅行社组织出境旅游目的地人数排序

排序	2019年上半年	2024年上半年
1	泰国	泰国
2	日本	日本
3	中国香港	中国香港
4	越南	韩国
5	中国台湾	中国澳门
6	中国澳门	新加坡
7	新加坡	越南
8	马来西亚	俄罗斯
9	印度尼西亚	马来西亚
10	韩国	意大利

资料来源:文化和旅游部。

得益于出境旅游的复苏,头部市场主体的经营状况也在迅速改善。众信旅游2024年10月14日发布业绩预告称,预计2024年前三季度实现归母净利润1.15亿~1.35亿元,同比增长713.72%~855.23%,上年同期盈利为1413.27万元;预计实现扣非净利润为1.05亿~1.25亿元,同比增长927.86%~1123.64%。众信优游目前拥有超过2000家门店,并计划于2026年底在全国范围内达到超5000家零售门店。

在近程目的地中,中国香港和澳门与内地的旅游交流合作更趋紧密,在签注便利化上有新进展,作为主要目的地的地位继续得到巩固。自2024年12月1日起,深圳市户籍居民和居住证持有人可以申请办理赴香港旅游"一签多行"签注,在1年内可不限次数往来香港地区,每次在香港逗留不超过7天。

自2025年1月1日起,珠海市户籍居民可以申请办理赴澳门旅游"一周一行"签注,在1年内的每个自然周可前往澳门一次且仅限一次,每次在澳门逗留不超过7天;横琴粤澳深度合作区户籍居民和居住证持有人可以申请办理赴澳门旅游"一签多行"签注,在1年内可不限次数往来澳门地区,每次在澳门逗留不超过7天。

(二)出境旅游目的地和市场主体越来越坚定的行动

众多目的地对中国出境旅游发展抱有较大期待,积极推进旅游便利化进程,开展形式多样的推广促销活动,提升旅游产品和服务的吸引力(见表4)。

表4 部分目的地吸引中国出境游客举措举例

目的地	举措
中国香港	推出一系列特别优惠活动,鼓励内地游客来香港旅游。包括与内地生活服务指南平台合作,向游客赠送"Call车红包",即乘坐出租车优惠券,并将与内地超过20个城市的主要旅行社合作,推广访港旅游套票等
中国澳门	推出"周游列澳"社区旅游资助计划,鼓励举办多元化的社区旅游活动,提升旅客的游览意愿。执行"味历澳门"美食推广资助计划,吸引游客品尝澳门美食。推出了"滨海游乐"海上旅游资助计划。通过推广智慧客流应用网页,帮助游客查看景点客流状况,优化旅游路线。推出系列优惠方案和"机票+酒店自由行""高端私家小团"等旅游产品

续表

目的地	举措
沙特阿拉伯	简化签证手续,正式成为团队旅游目的地国。改善航空交通的便利性,以及对整个旅游行业开展语言培训;沙特旅游局网站推出中文版本,机场设置中文标牌,提供讲普通话的导游和酒店工作人员;提供中国游客熟悉的酒店品牌,包括即将开业的中国本土品牌酒店
新加坡	强化"Made in Singapore就在新加坡"休闲旅游品牌概念。利用综艺节目在新加坡的拍摄地点推广同款旅游路线,吸引更多游客
古巴	实施"免签+直航"策略,精心规划了融合自然风光与文化底蕴的旅游线路。深入研究中国游客的习惯与需求。例如,避免使用含有不吉利数字"4"的房间号,而偏好使用象征吉祥的数字"8"。酒店在客房配备了便于泡茶的热水设施。着手接入银联支付系统,旅游行业人员参与中文培训
加拿大	开发户外康养和音乐研学等创新旅游产品。利用微信小程序促销种草。并且从2024年4月23日起恢复了在华的15处签证中心
英国	增加直航航班,推动签证便利化进程。位于广州的英国签证中心在2024年10月22日正式运营。宣传热情友好的形象,展示各区域的旅游产品,拓展旅行路线,推动游客到访英国更多地方

资料来源:作者根据网络搜集梳理而成。

2024年以来,中国先后同新加坡、泰国、哈萨克斯坦、安提瓜和巴布达、格鲁吉亚、所罗门群岛等国家签署互免签证协定。目前已同25个国家实现了全面免签(见图1)。比如,2023年11月29日,斯里兰卡宣布对包括中国在内的7个国家公民实行免签入境政策的试点计划。根据该政策,中国公民可享受30天内两次免签入境的待遇,需提前通过电子签系统(eVisa)申请许可。中泰互免普通护照人员签证协定于2024年3月1日起正式生效,中国公民可免签入境泰国,单次停留不超过30天,每180天累计停留不超过90天(见表5)。自2024年7月15日起,泰国允许包括中国在内的93个国家和地区公民单次停留时间延长至不超过60天。阿塞拜疆于2024年7月3日在上海合作组织峰会上宣布,自2024年7月20日至2025年7月20日,对持普通护照的中国公民实施单方面免签政策。中国公民可免签入境三次,每次停留不超过30天。2024年12月1日,中国与乌兹别克斯坦签署了互免签证协定,双方公民自此可免签进入对方国家。

截至2024年12月,中国已经同158个国家和地区缔结了涵盖不同护照种类的互免签证协定。其中单方面落地签最多，接近50个。对华单方面免签和全面免签都超过20个。中国同巴西、澳大利亚等国达成了互发十年多次、五年多次签证安排。2024年7月1日，沙特阿拉伯正式成为中国公民出境团队游目的地国家。

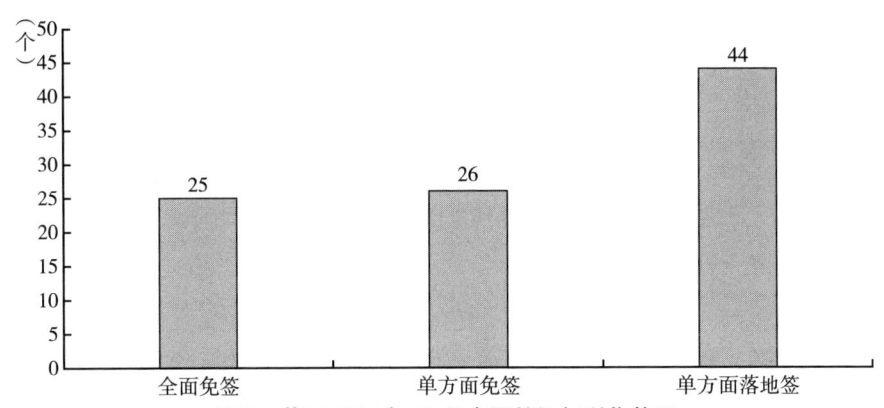

图1　截至2024年12月中国签证便利化状况

资料来源：中国领事服务网。

表5　2023年11月至2024年12月生效的互免签证状况

序号	协议国	互免签证的证件类别	生效日期
1	哈萨克斯坦	中方公务普通、普通护照、旅行证	2023年11月10日
2	巴勒斯坦	中方外交护照	2024年1月21日
3	新加坡	普通护照	2024年2月9日
4	泰国	中方公务普通、普通护照	2024年3月1日
5	安提瓜和巴布达	中方外交、公务、公务普通、普通护照 安方外交、官员、普通护照	2024年5月11日
6	格鲁吉亚	普通护照	2024年5月28日
7	所罗门群岛	普通护照	2024年12月28日
8	乌兹别克斯坦	—	—

资料来源：中国领事服务网。

从与中国签署签证互免协定目的地国家的洲际分布情况看：中方与非洲国家签署签证互免协定的国家最多，接近30个；紧随其后的是亚洲，超过20个国家；北美洲和欧洲的签署国家数量相对接近，都在10个左右，分布较为均衡；而南美洲和大洋洲的签署数量不足10个，明显低于其他区域（见图2）。

图2　与中国签署互免协定目的地国家的洲际分布情况

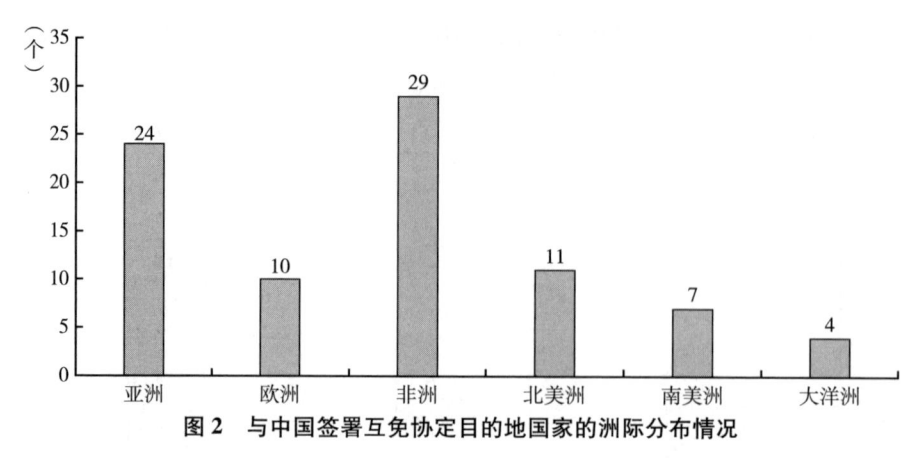

资料来源：中国领事服务网。

2024年上半年，出境旅游交通呈现稳步复苏的势头，航线恢复情况逐渐向2019年水平靠拢。2024年上半年，港澳台航线旅客周转量达到67.4亿人公里，已恢复至2019年同期的74.64%；旅客运输量为469.2万人次，恢复至2019年同期的75.93%。国际航线方面，旅客周转量为1221.1亿人公里，恢复至2019年同期的78.63%；旅客运输量为2967.3万人次，恢复至2019年同期的81.77%（见表6）。

表6　中国民航2024年上半年和2019年上半年港澳台和国际航线比较

指标	2024年上半年	2019年上半年	恢复程度(%)
港澳台航线旅客周转量(亿人公里)	67.4	90.3	74.64
国际航线旅客周转量(亿人公里)	1221.1	1552.9	78.63
港澳台航线旅客运输量(万人次)	469.2	617.9	75.93
国际航线旅客运输量(万人次)	2967.3	3628.8	81.77

资料来源：中国民航网。

中国远程出境目的地的航班恢复情况较为明显。2024~2025年冬春航季中国民用航空局发布的航班计划显示，该航季共有194家国内外航空公司计划每周安排客货运航班11.8万班，同比增长1.2%，国际航线进一步有序恢复，共通航79个境外国家，涉及57个共建"一带一路"国家每周10326班。其中，127家国内外航空公司每周13987班客运航班，通航73个境外国家。从区域看，国内（不包含港澳台地区）至拉美和非洲客运航线网络将进一步拓展，北美航线航班将进一步增加，中亚、东南亚、日韩、欧洲等传统市场稳中有进。截至2024年10月，中国往返加拿大的客运航班量，每周已接近90班。2024年11月起，从多伦多和温哥华两大城市往返中国的多条直航航线也开始复飞或增班。中澳航线恢复至2019年的八成左右，每周航班数量显著增加。

二 对当前出境旅游发展形势的判断

（一）出境旅游的确定性在加强

2024年5月17日，全国旅游发展大会上传达了习近平总书记对旅游工作的重要指示，强调着力完善现代旅游业体系，加快建设旅游强国，推动旅游业高质量发展行稳致远。习近平总书记关于旅游工作的重要指示和系列论述、全国旅游大会的会议精神为出境旅游发展注入了最大最重要的确定性。改革开放特别是党的十八大以来，我国出境旅游发展步入快车道，我国成为国际旅游最大客源国。当前和未来，在着力完善现代旅游业体系，加快建设旅游强国，让旅游业更好地服务美好生活、促进经济发展、构筑精神家园、展示中国形象和增进文明互鉴的历史性进程中，出境旅游将继续探索独具中国特色的发展之路，也必将发挥出越来越重要的作用。

当前中国正在推进中国式现代化，由此所形成的高质量发展将有力地托举和提升中国经济发展，提升人民的收入水平，保障人民享有更多的闲暇时间，这些都是有助于出境旅游长期健康发展的确定性因素。与发展出境旅游相关的旅游合作机制、签证和交通等基本要件正在持续地改善中，可以预期未来也会有明显持续的进展。相比世界经济发展波动、地缘政治关系变化、公共卫生局部区域的政治动荡和战争等所带来的不确定性，确定性依然占据主导地位。

（二）快与慢的交织在持续

出境旅游市场的恢复速度将继续保持，行业整体进入全面恢复的进程中，但对于具体的市场主体和目的地，感受还是不一样的。出境旅游市场越来越表现出碎片化的特征，每一个细分市场的恢复都有自己的速度和节奏。"资源"的牵引渐渐转化为"兴趣"和"情绪"的牵引。越来越多垂直细分市场的聚集和组合创造出更多具有价值的新场景和新领域。面对不同的碎片化市场，处于不同环节和领域的市场主体和目的地，在恢复过往的场景，也在创造和适应新的场景。在恢复和成长较快细分市场的牵引下，与之相关的供应链恢复相对快一点。无论是出境旅游领域中原有的市场主体，还是新进入者，都有明显不同的体感。对出境旅游市场恢复和发展的快慢认知有明显的不同，身处其中的体验也明显不同。即便在同一个领域，由于营销推广、成交和交付履约等方面的能力差异，对市场恢复和环境变化的快慢感知也不同。

（三）高质量发展将成为关键

出境旅游高质量发展的目标是更好地服务美好生活、促进经济发展、构筑精神家园、展示中国形象和增进文明互鉴。出境旅游高质量发展的指向是建设具有显著时代特征的民生产业和幸福产业。应该认识到，现代旅游业是适应中国式现代化发展的旅游业新生态，能实现旅游经济、社会、生态效益最大化，加快推进完善现代旅游业体系是推动出境旅游高质量发展的重要着力点。高质量的出境旅游市场主体培育和成长、高质量的出境旅游产品和服务创新、高质量的技术赋能以及高质量的出境旅游发展支撑体系将是出境旅游高质量发展的关键领域。

三 2025年中国出境旅游发展展望

（一）确定的超越和全面的复苏终将到来

与世界其他区域相比，尽管中国出境旅游的恢复并没有那么快，但是持续复苏的状态依然提升了相关方的信心。尽管仍面临经济景气波动、地缘政治紧张和灾害疫病不时出现等多重挑战，但已经进入发展轨道的势头还在继续强化。需求方面，实施更加积极的财政政策和适度宽松的货币政策，赤字、减税、扩大政府支出等一系列措施将刺激社会总需求特别是国内有效需求，以及有望实施更大力度的降准和降息，有助于增强国民出境旅游消费的能力、提振出境旅游的消费意愿。供给方面，预期航班和供应链正在持续恢复，中国出境游客的便利化水平正处于不可逆转的历史性改善进程中。目的地和市场主体都在致力于为中国出境游客提供更多的高质量产品和服务。所有这些，都将激发中国游客对出境旅游的更多期待，也必将释放出更多的出行动力。可以预期，出境旅游人次将在2025年超越2019年的水平。在重要目的地到访人数规模上，近程目的地将更多地表现全面复苏的态势。东南亚和东北亚区域的部分目的地将达到甚至超越2019年的到访规模。部分远程目的地也将展现出明显的增长态势。

（二）结构化的发展和更频繁密切的扰动正在形塑未来的常态

目的地的结构化表现将持续。以周边和近程目的地为主的格局将持续。中国香港和中国澳门将继续保持主要出境目的地地位。位于亚洲的近程目的地，特别是东南亚和东北亚目的地的领先地位将持续。共建"一带一路"地区的目的地将对中国出境游客产生更明显的吸引力。客源地的结构化表现也将持续。出境旅游客源地的下沉趋势将日益显现。以一线城市、新一线城市和中心城市为主体的城市客源地将继续保持强大的客源产出能力，以千亿元GDP和百万人口县城为主体的客源地正在提升其在客源产出中的重要性，江浙沪等地农村的客源产出能力也开始释放。出境游客的散客化趋势在持续。尽管有相当规模的出境游客依然选择团队出游，旅行服务商也在不遗余力地推出更具灵活性、更个性化的"小团"产品，散客化的趋势依然存在，并且在未来很长一段时间内表现出来。与之相伴随的，是与中国出境旅游巨大规模和综合特性联系紧密的扰动会越来越频繁密切。既有经济景气波动、地缘政治紧张和灾害等意外情况的影响，也有签证政策和航线航班等因素变动的影响，还有时尚社交等流量因素潮起潮落的影响。特别是数字技术的广泛应用正在重塑出境旅游产业链条。在线预订平台、移动支付、智能导游设备等创新应用在提升确定性的同时又创造了更多更新的不确定性，游客偏好也由此在清晰和模糊之间不时游移。所有这些所形成的频密扰动将成为出境旅游未来发展的常态。

（三）与国内旅游和入境旅游的联动将更密切

高水平对外开放使中国旅游业发生了深刻变革，也有助于实现出境旅游、国内旅游和入境旅游相关资源的互联互通和有效整合，由此创造了更多的机会。未来出境旅游将与国内旅游产生更多的互补和替代效应。随着国内目的地的建设和旅游产品服务的快速更新迭代，两个市场将更多地表现出它们间的共同点和类似之处，这为共享市场提供了基本前提。满足中国公民对美好生活的向往是国内旅游与出境旅游共同的目标，以人民为中心提供更好的旅游产品和服务是国内旅游和出境旅游共同的追求。出境游客的旅游习惯可以在国内旅游体验中养成，出境旅游的经历也会对国内旅游产品和服务带来新的不一样的要求。因为共享客源，境内目的地与全球目的地的竞争将趋于白热化。如何依托和借助国内旅游发展，实现对客源的多渠道接触和多模式挖掘将成为出境旅游目的地和市场主体都需要回答的新课题。国内市场主体的专业化程度提升和竞争能力提升所产生的溢出效应，也正在出境旅游发展中展现出来。国家对入境旅游的高度重视，以及入境旅游的巨大发展空间，也正在吸引市场主体探索打通入境旅游和出境旅游的联系，进行资源的重新配置和调整。特别是通过挖掘现有领域的潜力和影响力，以创造出更多的跨界机会。相关方都开始意识到，可以预期的高质量双向交流为资源的有效利用创造了宝贵机会，比如，入境旅游所依托的国际航班同样可以为出境旅游所利用。签证便利化进程的双向作用导致中国护照的含金量越来越高，也有利于出境旅游的发展。

参考文献

戴斌：《增长、变化与关注——中国入出境旅游市场形势与政策展望》，中国旅游研究院官方网站，2024年10月29日。

杨劲松、朱昊赟：《中国入出境旅游的恢复重构和前瞻》，《中外文化交流》2024年第4期。

港澳台旅游篇

G.18 2024~2025年香港旅游业发展分析与展望

万燕 揭珈诚 李咪咪*

摘　要： 本报告深入剖析了2024年香港特别行政区旅游业的整体状况、特区政府与业界的实践举措，以及《行政长官2024年施政报告》，并指出香港旅游业进一步优化的潜在方向。2024年，香港旅游业在2023年全面复苏的基础上稳步发展，彰显强大的市场韧性和发展潜力。访港旅客数量、入境旅游相关总消费较上年均显著提升。此外，特区政府以"增强文化自信，打造香港旅游新面貌"为指引，从强化政策统筹协同、挖掘丰富旅游热点、完善基础设施配套、发展推广特色产品、优化旅客入境政策等方面，为香港旅游业高质量发展提供新方向与路径，致力于将香港打造成首选旅游目的地。最后，围绕香港旅游业发展现状，聚焦挑战与机遇，从加强顶层设计、拓展多元旅游、提升便利化水平、实施创新驱动、培养专业人才等5个方面提出未来发展建议。

---

* 万燕，香港理工大学酒店及旅游业管理学院博士研究生，研究方向为旅游者行为；揭珈诚，香港理工大学酒店及旅游业管理学院硕士研究生，研究方向为可持续旅游；李咪咪，香港理工大学酒店及旅游业管理学院教授、博士生导师，研究方向为旅游者行为。

关键词： 香港旅游业　入境旅游　高质量发展

一　2024年香港旅游业发展特征

（一）传统旅游市场稳步增长

2024年，香港入境游市场延续2023年的稳步向好态势，入境访港人次及收入方面均实现了稳定攀升。香港旅游发展局（以下简称"旅发局"）公布数据显示，2024年前三季度访港人次为3258.87万，较上年同期增长近四成。其中，访港内地旅客超过2523.6万人次，内地旅客和非内地旅客分别同比增长35%和59%[①]。从单月访港人数来看，前三季度单月访港旅客均超过300万人次。2024年1~9月，访港旅客总数达到3258.87万人次，比2023年同期增长39.7%。其中，2024年1月表现亮眼，访港旅客达382.56万人次，同比增长667.11%；8月达到峰值，访港旅客为445.39万人次，同比增长9.23%（见表1、图1）。2024年上半年，与入境旅游相关的总消费达939.44亿港元，较2023年同期增长21.62%。

表1　2018~2024年每年1~9月单月及合计访港旅客人次

单位：万人次

年份	1月	2月	3月	4月	5月	6月	7月	8月	9月	1~9月合计
2018	533.36	528.10	499.51	530.16	495.30	474.18	546.12	589.60	471.85	4668.17
2019	678.44	558.96	586.03	557.72	591.65	514.37	519.70	359.06	310.40	4676.34
2020	320.78	19.91	8.23	0.41	0.81	1.46	2.06	0.44	0.91	355.02
2021	0.44	0.55	0.67	0.57	0.53	0.62	0.87	1.08	0.99	6.31
2022	0.71	0.26	0.18	0.47	1.87	4.11	4.80	5.96	6.60	24.97
2023	49.87	146.20	245.41	289.23	282.84	274.85	358.85	407.77	277.18	2332.20
2024	382.56	400.12	340.20	339.14	339.85	313.26	392.16	445.39	306.20	3258.87

资料来源：《2018~2024年访港旅客人次统计》，香港旅业网，2024。

---

① 《香港：2024年前三季度访港旅客近3258.9万人次同比增长四成》，观点网讯，2024。

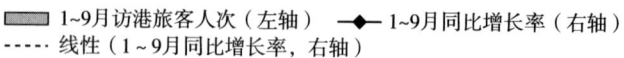

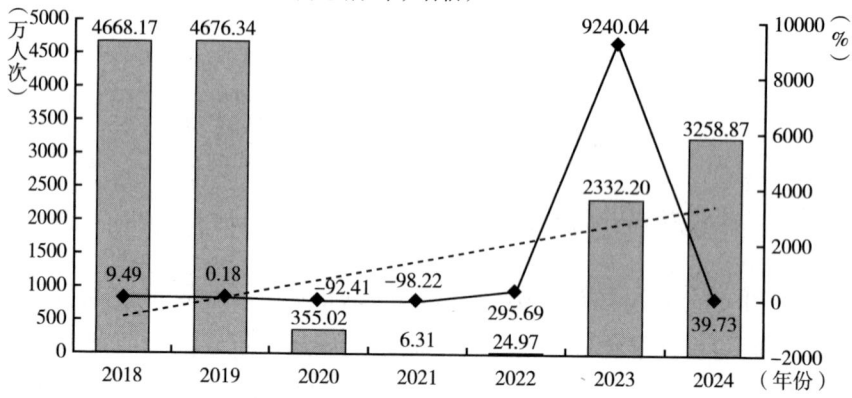

图1　2018~2024年每年1~9月累计访港旅客人次及同比增长率

资料来源：《2018~2024年访港旅客人次统计》，香港旅业网，2024。

2024年，香港入境旅游市场的向好态势相应带动了其交通运输、酒店和会展等行业的同步增长。

在交通运输业中，航空业发展强劲。2024年，得益于全球航空市场的复苏和国际贸易的活跃，以及新航线的开通和国际旅客流量的恢复[①]，香港航空业正在实现快速增长，有望恢复到2019年的发展水平。2024年前三季度，香港国际机场的客运量已达到3900万人次，与2023年同期相比增长了40.9%，达到2023年全年水平，已恢复至2019年同期的70%；客运飞机起降次数达20.4万架次，已超过2023年全年的19.8万架次，为2019年同期的75%（见图2）。2024年，印度尼西亚亚洲航空及泰国狮子航空两家航空公司与香港国际机场进一步加深合作，并相应开通了两国连接香港的客运航线，增加了雅加达、峇里以及曼谷（廊曼）直飞香港的航班；同时，香港国际机场还新增了帕劳科罗尔、沙特阿拉伯利雅得两个客运航点，进一步扩大了机场的航空网络[②]，为国际旅客访港创造了更为便捷的通道。

自2023年复通后，广深港高铁在2024年的表现强劲，反映了香港与内

---

① 《福州机场总体规划获批；香港国际机场客运量持续复苏》，澎湃新闻，2024。
② 《香港国际机场8月份客运量再创疫后新高》，香港国际机场，2024。

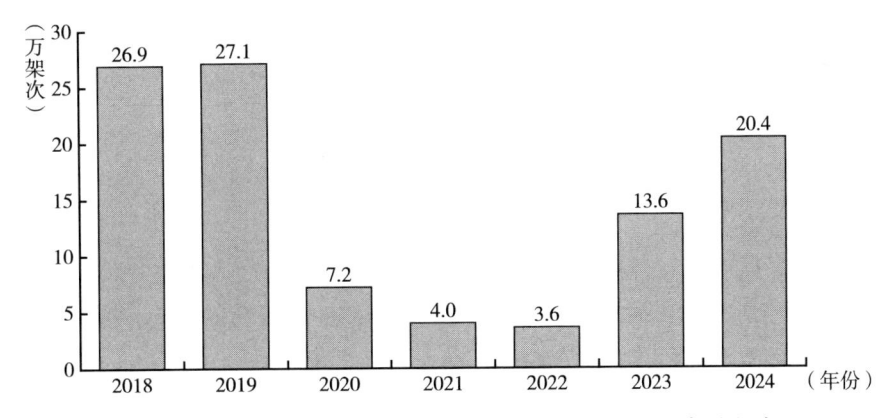

图 2 2018~2024 年每年 1~9 月香港国际机场客运飞机起降架次

资料来源：香港机场管理局《2018~2024 年香港国际机场国际民航交通量确实统计数字》，2024。

地人员往来日趋频繁、区域互联互通的新活力。2024 年前三季度，广深港高铁跨境客流达 2013 万人次，较 2023 年同期增长超 43%①；广深港高铁香港段日均载客量已接近 7 万人次②。特别是 2024 年暑运期间，广深港高铁发送旅客 561.5 万人次，同比增加 70 万人次③。随着跨境客运需求旺盛，香港与内地的高铁网络覆盖持续优化。2024 年，香港首次增开往返张家界方向的动车组列车和往返北京、上海方向的高铁动卧列车，为内地旅客访港提供了更多选择。据统计，2024 年 6 月 15 日实施新的列车运行图后，广深港跨境高铁从 190 列增加到 200 列，暑运最高峰日更达到了 234 列④。高铁运力的提升使更多内地游客能够方便快捷地前往香港旅游，有利于促进香港入境游市场及相关行业如酒店、餐饮、购物等的发展。特区政府和香港铁路有限公司持续争取拓宽广深港高铁香港段的通达性，截至 2024 年 9 月末，香港段的直达站点已由通车时的 44 个增加至 80 个，这将进一步促进内地与香

---

① 《今年前 9 个月广深港高铁跨境客流破 2000 万人次》，中国网，2024 年 10 月 18 日。
② 《前三季度广深港高铁香港段载客量已接近去年全年》，新华社，2024 年 10 月 30 日。
③ 《广深港高铁出行最火爆》，北青网，2024 年 9 月 2 日。
④ 《港澳台简讯：前 9 个月广深港高铁跨境客流破 2000 万人次》，千龙网，2024 年 10 月 21 日。

港的人员往来，有望为香港旅游业带来新的发展机遇和活力。

作为香港旅游业的重要组成部分，邮轮业在2023年实现触底反弹后呈现增长态势。2024年，香港邮轮游客数量预期较2023年增长0.5%；虽然本港邮轮旅客数量预期同比下降41%，访港邮轮旅客数量预期则会提高至32.7万人次，较2023年的21.82万人次增长50%。同时，访港邮轮数量迅速增长，来港邮轮公司数量由2023年的12家增长至2024年的30家，已恢复至2019年水平[1]。据旅发局透露，特区政府将开拓新的邮轮航线和客源市场，包括中国内地、日本、韩国、马来西亚、菲律宾、中国台湾和泰国等地，并加强推广和宣传"飞航邮轮"及"铁路邮轮"旅游[2]。根据《〈内地与香港关于建立更紧密经贸关系的安排〉服务贸易协议》的第二份修订协议（以下简称《修订协议二》），自2025年3月1日起，符合条件的内地旅客将可以过境方式赴港参加邮轮游[3]，预期为香港旅游业带来新的客源。

香港会展业在2023年加速回暖后，继续展现了积极的发展趋势。特区政府预计，2024年全年将举办超过210个会展活动，吸引约170万名旅客[4]。根据旅发局统计数据，香港会展过夜旅客数量稳步增长，2024年前三季度累计达98万人次，与2023年同期相比增长15.6%。同时，会展活动的规模和数量也不断扩大。香港会议展览中心（HKCEC）在2023~2024财年（2023年7月至2024年6月）已举办122场展览、81场国际和本地会议，涵盖创新与科技、金融科技、Web3、可持续发展等多个领域；其中还包括首次在香港举办的14场展览与20场会议，如2024年香港旅游博览会、香港绿色科技论坛2024、2024年国际商事仲裁理事会等，充分反映了香港在举办国际活动方面的独特优势仍然稳固[5]。

---

[1] HKTBQuarterlyUpdate，香港旅游发展局，2024。
[2] 香港文体旅局：《2024年有30间邮轮公司派船来港预计非本地乘客人次同比增加50%》，2024。
[3] 《明年3月起，内地旅客可赴港参加邮轮游》，环球旅讯，2024年10月10日。
[4] 《香港全年会展活动有望超过210个》，《中国贸易报》2024年5月29日。
[5] 《香港会议展览中心活动数量回升至疫前八成》，中国国际贸易促进委员会浙江省委员会，2024年9月11日。

2024年，香港酒店业总体表现优于上年，实现客房供应量和酒店入住率的双提升。截至2024年第三季度末，香港酒店业客房供应量为91961间，已超过2023年全年水平，较2019年全年上升9.36%。2024年前三季度客房平均入住率为84%，已达到近6年的高点（见表2）；2024年8月的客房入住率更是达到90%，高于2023年同期3个百分点（见图3）。不过，2024年香港的酒店业虽在1月、2月实现单月客房平均单价超过1400港元，但其在3月后总体呈缓慢下滑趋势，均低于2023年同期水平（见图4）。考虑第四季度香港持续推出一系列活动，其酒店业客房单价有望实现反弹。

表2 2018~2024年香港酒店业主要指标

年份	客房供应量（间）	平均房价（港元）	平均入住率（%）
2018	81465	1375	91
2019	84089	1206	79
2020	86700	885	46
2021	88614	860	63
2022	89205	1062	66
2023	90109	1395	82
2024（1~9月）	91961	1312	84

资料来源：香港旅游发展局《酒店入住率报告》，2024。

（二）本地旅游市场面临挑战

由于内地文旅资源丰富且消费性价比较高等因素，香港居民赴内地出游消费持续升温。特别是2024年复活节及清明节前后，大批香港居民北上返乡祭祖、探亲访友、游玩扫货等，挤爆各大口岸，场景堪比"春运"①。根据亚洲旅游交流中心调研数据，2024年，约50%的香港居民赴内地旅游次数多于2019年，超过80%的香港居民全年赴内地1~10次（见图5）。其

---

① 《港人持续掀北上狂潮，挤爆深圳源于"消费降级"？》，珞拾文旅，2024年5月6日。

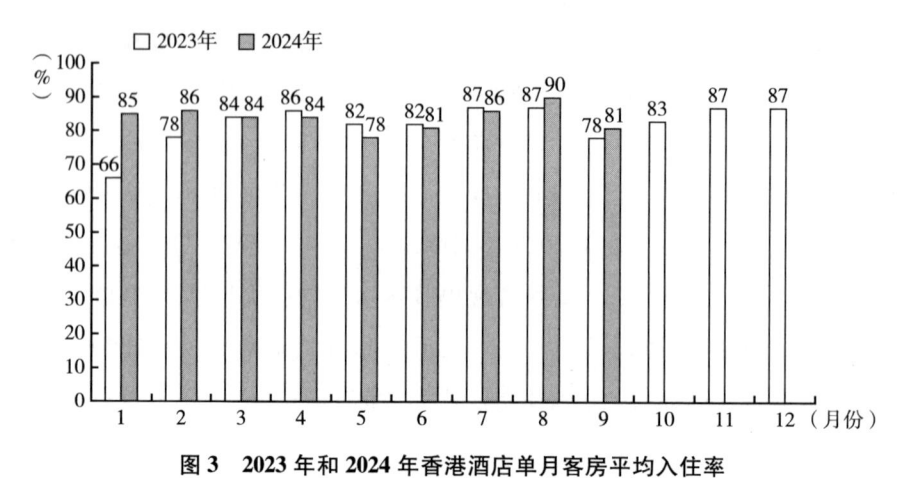

图3 2023年和2024年香港酒店单月客房平均入住率

资料来源：香港旅游发展局《酒店入住率报告》，2024。

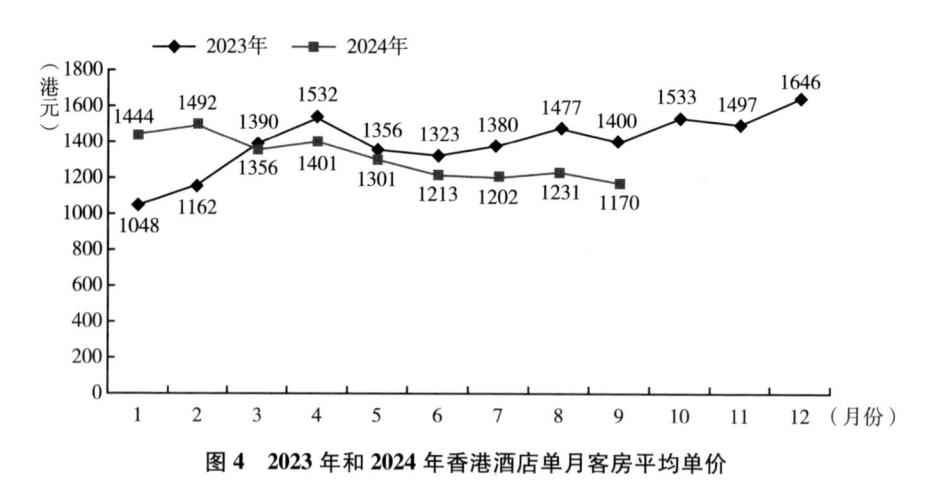

图4 2023年和2024年香港酒店单月客房平均单价

资料来源：香港旅游发展局《酒店入住率报告》，2024。

中，以观光养生、美食购物和休闲度假为主要旅游目的的居民占八成以上；约三成的香港受访者赴内地旅游的单次消费预算在4000港元以上①。香港居民掀起的北上消费热潮，一方面促进了香港与内地的经济、文化交流，加速了粤港澳大湾区"一小时生活圈"的形成，有利于粤港两地的深度融合；

---

① 亚洲旅游交流中心：《2024年港澳居民赴内地旅游特征调研报告》，2024。

但另一方面，香港居民北上消费热情不减，导致本地旅游市场部分消费转移至内地，对香港的酒店业、零售业、餐饮业等造成一定影响。

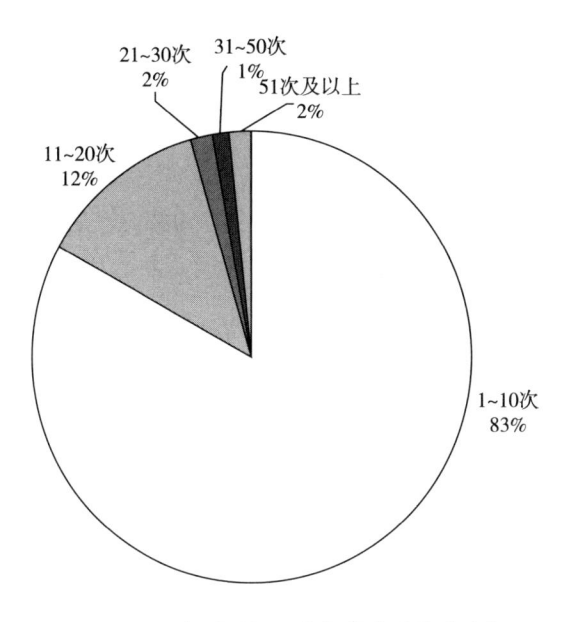

图 5　2024 年香港居民全年赴内地旅游次数

资料来源：亚洲旅游交流中心《2024 年港澳居民赴内地旅游特征调研报告》，2024。

（三）少数传统行业表现低迷

2024 年，受全球经济增长放缓、海南免税政策、两地奢侈品差价缩小、跨境电商高速发展等因素影响，综合港人北上"反向消费"现象，赴港游客消费模式从购物为主向文化体验游、深度游的转变等形势，香港零售业持续低迷。特区政府统计处公布的数据显示，2024 年 1~9 月，香港零售业总销货价值由 2023 年同期的 3022.89 亿港元跌至 2794.09 亿港元，较 2023 年同期下滑 7.57%；与 2023 年同期相比，连续 7 个月负增长（见图 6、图 7）。零售业的低迷也导致行业洗牌，一些知名零售商如连锁药店巨头华润堂、超过40年历史的顺香园、30年老店日升玩具等相继关闭香港门店①。香港奢侈品零售复苏速度亦暂未及预期，2024年前三季度珠宝首饰、钟表及名贵礼物销货价值较2023年同期下降17.32%。

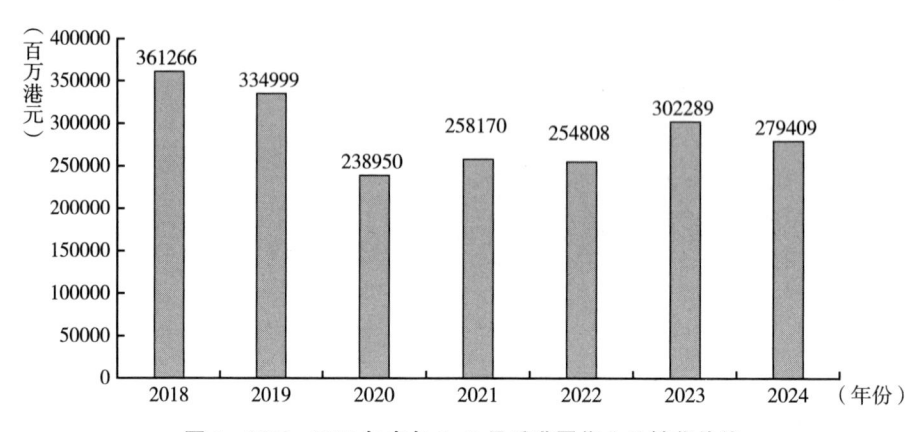

图6　2018~2024年当年1~9月香港零售业总销货价值

资料来源：香港特区政府统计处《零售业总销货额》，2024。

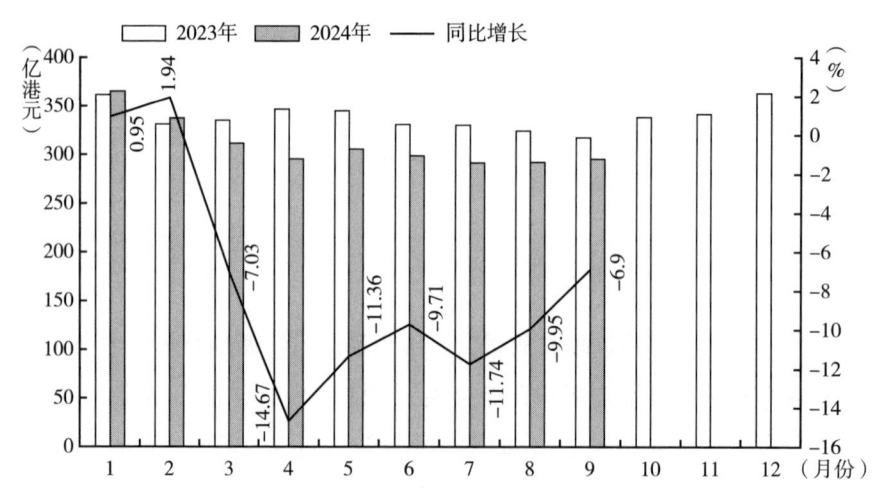

图7　2023年和2024年1~9月单月香港零售业总销货价值及同比增长率

资料来源：香港特区政府统计处《零售业总销货额》，2024。

---

① 《香港消费再次降级，这些老字号也撑不住了！》，香港365天，2024。

2024年，香港餐饮业发展形势仍有待观望。知名连锁餐厅日牛涮涮锅专门店、知名爆米花连锁店GarrettPopcorn、开业近60年的沙田茵餐厅，以及屹立香港超31年的德国热狗等相继宣布结业[1]。特区政府统计处数据显示，2024年前三季度，餐饮业总收益已恢复至2019年同期九成以上水平，较2023年同期下滑0.34%（见图8），未能实现有效增长。

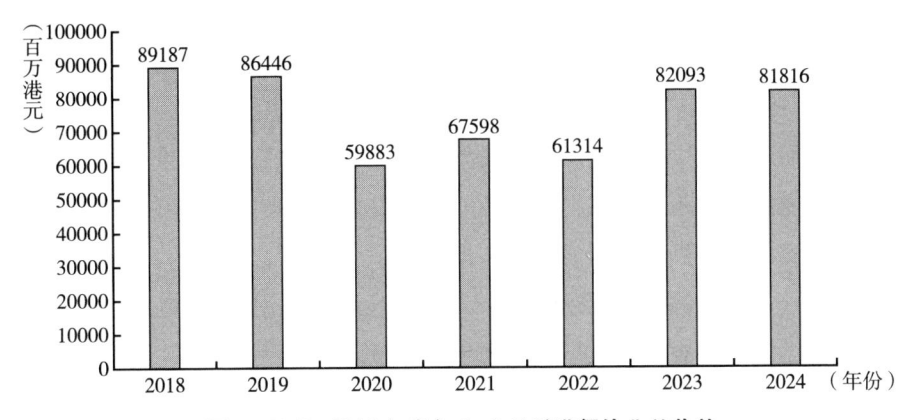

图8 2018~2024年当年1~9月香港餐饮业总收益

资料来源：香港特别行政区政府统计处《食肆总收益及食肆购货总额》，2024。

（四）新兴市场多元发展

2024年，香港继续积极发展包括夜间经济、文化旅游、"科技+旅游"等在内的旅游新兴业态，旨在为香港旅游业发展注入新的活力。

夜间经济发展持续向好。香港自2023年9月启动"香港夜缤纷"系列活动后，已持续举办"尖咀夜缤纷""开篷巴士夜游香港""亚洲顶级酒吧尽在香港"等各种特色夜间活动。特区政府还进一步优化夜间交通方式，例如港铁（包括接驳巴士）加密车次或延长通车时间，以配合特区政府力推夜经济发展[2]。特区政府此前还购入2024年巴黎奥运会和残奥会转播权，

---

[1] 《香港消费再次降级，这些老字号也撑不住了！》，香港365天，2024。
[2] 《点亮夜经济之21 便利出行促夜市 交通配合要跟上》，香港新闻，2024。

为香港市民提供观看比赛直播的免费渠道；2024年奥运会期间，吸引大批市民和游客在夜间外出消费，带动了涉及餐饮、文化、娱乐、零售业等多方面的夜间经济发展。①

文化旅游成为香港旅游市场的新亮点。特区政府持续强化西九文化区、启德体育园等文化地标的建设，并利用香港故宫文化博物馆、M+展馆等平台举办著名文化艺术展览，如"贝聿铭特别展览""M+夜不同：众乐乐"夜间艺文派对等，打造文化盛宴。此外，特区政府积极打造游艇旅游、熊猫旅游、赛马旅游等，丰富文化旅游内容。旅发局还利用近年大火的MBTI性格测试为游客提供个性化的旅游路线推荐，通过创新方式推广文化旅游。

绿色旅游项目不断丰富。特区政府持续发掘更多特色郊外和海岸旅游等生态旅游路线，发展生态旅游景点并推广生态旅游产品，如开发印洲塘跳岛游，加快建设南大屿生态康乐走廊，发展尖鼻咀和白泥为生态旅游节点等，吸引更多游客体验香港的自然风光和生态环境。

科技与旅游的融合日益明显。特区政府充分利用虚拟现实、增强现实、人工智能等科技提供一站式支援和景点推介，提升旅游的便捷度和舒适度。香港入境事务处正在升级新皇岗口岸设施，双方的自助柜台及通道将设于两地口岸边界线，并将采用"合作查验、一次放行"模式，简化入境手续，实现"刷脸过关"，预计过关时间最快可缩短至五分钟。② 此外，香港保安局通过人脸辨识科技，让在中英街居住和工作的人员试行无感畅通方式进出，并研究应用相关科技配合中英街等地未来的旅游发展，促进香港旅游业创新发展。

二 2024年香港旅游业发展举措

（一）政府持续加大财政支持力度

2024~2025年度的财政预算案中，特区政府提出向旅发局增拨9.71亿

---

① 《奥运赛事转播带动香港"夜经济"》，中国新闻网，2024年8月8日。
② 《新皇岗口岸最快明年底落成 采用「合作查验」料5分钟极速过关》，香港01，2024。

港元（包括 2024~2025 年度的 6.65 亿港元，以及未来两年合计的 3.06 亿港元），相较 2023~2024 年度的 3.39 亿港元大幅增加 96.17%，充分展现了特区政府对推动香港旅游业发展的决心。2024~2025 财年，香港旅游发展局的政府常规及额外拨款总额达 15.2 亿港元，其中，市场推广预算为 11.24 亿港元，进一步支持香港旅游业宣传推广，吸引更多国际及内地旅客访港，带动香港经济发展（见表3）。

表3　2024~2025 财年香港旅游发展局市场推广预算

策略重点	常规拨款（港元）（占整体预算百分比）	额外拨款（港元）（占整体预算百分比）		合计（港元）（占整体预算百分比）
		2023~2024 年度财政预算案	2024~2025 年度财政预算案	
1. 拓展多元化旅游体验	1000 万（3%）	2300 万（19%）	1.5 亿（23%）	1.83 亿（16%）
2. 支持举办国际大型盛事	7970 万（24%）	9700 万（81%）	2.37 亿（36%）	4.14 亿（37%）
3. 开拓多元化客源市场,强化宣传策略	1.4 亿（41%）	0（0%）	1.76 亿（26%）	3.16 亿（28%）
4. 推出全新"礼貌运动",持续支持旅游业界	3320 万（10%）	0（0%）	1.02 亿（15%）	1.35 亿（12%）
5. 持续进行的推广工作	7600 万（22%）	0（0%）	0（0%）	7600 万（7%）
总计	3.39 亿	1.2 亿	6.65 亿	11.24 亿

注：2023~2024 年度财政预算案向旅发局增拨 2.89 亿港元资源，以在 2023~2024 年度至 2026~2027 年度四个年度，推动会展旅游和邮轮旅游，当中包括 2024~2025 年度会展旅游 9700 万港元及邮轮旅游 2300 万港元。

2024~2025 年度财政预算案向旅发局增拨 9.71 亿港元资源，当中包括 2024~2025 年度的 6.65 亿港元，以及未来两年合计 3.06 亿港元。

资料来源：香港旅游发展局《2024~25 年度工作计划》，2024。

（二）促进旅游业发展的四项重点工作

2024 年，为巩固香港国际城市地位，强化旅游枢纽角色并实现旅游业高质量增长，香港旅游发展局主要围绕"拓展多元化旅游体验""支持举办国际大型盛事""开拓多元化客源市场,强化宣传策略""推出全新'礼貌运动',持续支持旅游业界"四大工作重点,推动香港旅游业朝着更高质量、可持续的方向稳步发展。香港文化体育及旅游局则继续以资金支持等方式参与和支援多项文体旅盛事活动。

1. 拓展多元化旅游体验

旅发局积极运用现有的旅游资源,打造丰富和多元化的旅游体验及产品,如"幻彩咏香江"灯光音乐会演、"大城小区"计划、城市漫步、郊野远足、离岛游及其他深度游体验等(见表4),进一步提升香港的旅游吸引力、旅游业竞争力,推动香港旅游业可持续发展。

表4 旅发局拓展多元化旅游体验举措列举

举措类型		具体实践
重塑"幻彩咏香江"展现维港新姿		通过维港两岸建筑物及景点的互动灯光和音乐效果展示维港魅力。联乘节庆和大型活动,定期举办不同主题的烟火及无人机汇演,推出海上游、烟火晚宴等配套旅游产品
加强打造深度体验	国际级艺术盛事	通过举办"巴赛尔艺术展香港展会""ArtCentral""法国五月""艺术三月"等,巩固香港"中外文化艺术交流中心"角色
	地道文化	加强"大城小区"项目内容,推出第二轮庙街宣传,吸引游客融入本地社区,一同感受最地道的香港
	深度游体验	针对具消费力的深度游旅客推出特色旅游产品,如走访米芝连星级食府、知名酒吧、各式沉浸式体验工作坊等
	中西特色节日	整合端午节、中秋节、万圣节、圣诞节及新年等中西特色节日的庆祝活动,打造全城跨年倒数、香港国际龙舟邀请赛、中秋节大坑舞火龙等节庆项目。推广"旅游+"的理念,鼓励业界推出节日旅游产品
	文化创意旅游品牌项目	打造"#ddHK设计#香港地""西贡海艺术节"等文化创意旅游品牌项目,以及"咫尺自然·就在香港"等平台。建设北部都会区"蓝绿康乐旅游生态圈",举办"创意·深度游"行程设计比赛,将特色得奖路线在网上公开,为游客提供旅游灵感和参考

续表

举措类型	具体实践
提升邮轮旅游体验	向邮轮公司提供支援及优惠,吸引更多国际及内地邮轮访港及以香港作为母港
	在中国内地、日本、韩国等亚洲市场,以及其他地区的多元客源市场创造需求,包括与邮轮公司、旅行社、媒体、KOL等合作,加强推广宣传
	发展"飞航邮轮"及"铁路邮轮"旅游,结合邮轮旅程前后的住宿、景点、观光及其他体验,与内地邮轮公司、旅行社合作,为游客打造更多元化的邮轮旅游产品
	加强与亚洲及粤港澳大湾区主要港口区域合作,丰富特色活动和安排,提升邮轮旅客的旅游体验

资料来源:香港旅游发展局《2024~25年度工作计划》,2024。

2. 支持举办国际大型盛事

为充分发挥大型盛事展现香港优势和魅力,带动旅游、酒店、餐饮、零售等行业经济收益的重要作用,特区政府专门成立了盛事统筹协调组,由财政司副司长出任组长、文化体育及旅游局局长出任副组长,成员包括相关政策局、部门和法定机构的代表,统筹各方力量支持盛事经济发展。香港旅游发展局则担任"第一站联络窗口",推出"Event+"计划,成立"盛事拓展专组",为活动主办单位提供多方位支持(见表5、表6)。

表5 旅发局支持举办国际大型盛事举措列举

举措类型	具体实践
举办连串旗舰盛事	举办以体育、美食及节庆为主题的六大旗舰盛事,包括"香港国际龙舟邀请赛""香港单车节""香港美酒佳肴巡礼""香港缤纷冬日巡礼""香港跨年倒数""新春国际汇演之夜"等
全力支持及宣传国际盛事	支持和宣传国际活动及盛事,如享誉国际的亚洲年度顶级球赛"香港国际七人榄球赛"、香港网球公开赛、LIVGolf香港站等,推高全城体育气氛与热潮
	推行"本地特色旅游活动先导计划",资助香港注册非营利机构或团体举办具本地特色、具潜质发展的旅游活动,如盂兰文化节、鸭脷洲洪圣传统文化节等

续表

举措类型	具体实践
巩固香港"国际会展之都"角色，力吸高端过夜旅客	支持大型国际会展活动选址在香港举行，吸引更多小型企业及国际会议和奖励旅游（会奖）活动来港举办
	推出全新《香港会奖全攻略》，介绍逾100项崭新和独特奖励旅游体验及团队活动，为会奖旅游业界伙伴制作电子书、主题短片系列和在线培训计划，加强对香港会奖旅游的认识
	加强宣传推广和积极拓展市场，包括邀请国际知名商业媒体合作举办高端国际会议，邀请世界顶尖演讲嘉宾出席，展示香港"国际会展之都"形象。加强与会奖旅游业界伙伴合作，推出穆斯林会奖团队独特体验，吸引穆斯林会奖旅游团来港等
	加强以"MeetHongKongMeetGBA"为主题的推广工作，与国际会展奖励旅游协会合作，实施香港国际会议特邀大使计划，吸引更多海外会展活动选址香港
全新专组担当盛事"第一站联络窗口"	成立跨部门盛事统筹协调组、专责小组，由香港旅游发展局担任"第一站联络窗口"，主动与主办机构联系沟通，加强政府部门及机构的协调合作，强化宣传推广

资料来源：香港旅游发展局《2024~25年度工作计划》，2024。

表6 2024年香港重点节庆赛事活动一览

盛事类型	具体活动
大型体育赛事	"香港国际龙舟邀请赛""香港单车节""香港国际七人榄球赛""维港泳2024"等
夜间活动	2024香港缤纷冬日巡礼、庙街："一条街道万种地道""尖咀夜缤纷""开篷巴士夜游香港""亚洲顶级酒吧尽在香港"等
文化艺术节庆活动	"音乐盛会2024"、"亚艺无疆"、"中华文明溯源"展览、第四届"粤港澳大湾区文化艺术节"、"香港博物馆节2024"、Clockenflap音乐及艺术节等

资料来源：香港旅游发展局《活动情报》，2024。

3. 开拓多元化客源市场，强化宣传策略

借助丰富多元的旅游产品，旅发局积极在不同的客源市场宣传香港多元化的精彩旅游体验，凸显香港的旅游魅力。持续开拓中国内地、东南亚、美

国、韩国、日本、澳大利亚及英国等多元化客源市场,并通过与区域及国际知名的媒体合作、在社交媒体上广泛宣传等多种渠道,强化推广策略,重点加强新增"个人游"城市如西安和青岛等的宣传工作(见表7)。

表7 旅发局开拓多元化客源市场,强化宣传策略举措列举

举措类型	具体实践
邀请国际媒体合作,共同策展香港故事	推出全新的故事策展计划,邀请主要客源市场,例如中国内地、东南亚、美国、韩国、日本、澳大利亚及英国知名的影视制作公司参与,于客源市场宣传香港魅力,吸引旅客访港
	与区域及国际知名的媒体合作,制作不同的剧集和综艺节目,邀请不同媒体来港亲身体验
借助盛事节庆进行主题宣传	依托盛事和节庆活动,宣传推广中西艺术、流行文化、水上体验、传统节庆、美酒佳肴、缤纷冬日、动感体育等旅游主题,迎合不同旅客群体的口味和兴趣
	丰富宣传渠道,如大型户外广告、社交媒体、与知名艺人或网红合作等,推出更多沉浸式深度游,以崭新内容"软销"香港
全新宣传推广计划	研究分析旅游趋势,有针对性地制订宣传计划。按照各个市场的实际情况,分阶段推出宣传,向旅客展示香港多元化旅游的独特魅力

资料来源:香港旅游发展局《2024~25年度工作计划》,2024。

4. 推出全新"礼貌运动",持续支持旅游业界

旅发局专门推出全新"礼貌运动",推广香港"好客之都"形象。通过鼓励业界、社区及公众发挥好客精神、做好东道主角色,顺应游客出行消费模式转变,以打造更具吸引力及优质的旅游产品,并就特定市场加强相关产品和服务宣传,吸引他们来港旅游并提升访港体验(见表8)。

表8 旅发局推出全新"礼貌运动",持续支持旅游业界举措列举

举措类型	具体实践
全新宣传,推广"好客之道"	推出以业界、年青人以及公众为目标的多项活动,动员整个香港一同发挥好客精神,拍摄"真人show"等
	实施"优质旅游服务"计划,修订商户评审准则,加大服务水平评分比重,减免参加计划商户的续会费用

续表

举措类型	具体实践
全新宣传，推广"好客之道"	承接2023年推出的"专业优质服务承诺"，制作培训短片协助业界培训人才，向各行业的前线从业员展示优质服务。举办"杰出优质商户及员工服务奖"，鼓励前线员工发挥杰出服务表现
	扩大旅游义工计划，树立香港人好客精神榜样，并与旅客分享各种旅游主题的知识及建议。制作全新系列宣传片，以"好客之道"为主题，宣传香港专业、优质的服务精神
协助业界把握新兴客群潜力	在中东的海湾阿拉伯国家等穆斯林客源市场加强香港旅游品牌推广，参加2024年5月在迪拜举办的ArabianTravelMarket。借助连串国际文化艺术盛事和不同的中西节庆，与航空公司合作，为不同旅客群体提供旅游套票
	在DiscoverHongKong.com网页上为穆斯林旅客专设内容板块，包括美食、酒店住宿、本地文化以及适合穆斯林旅客参与的活动等。邀请权威的认证机构与本地认证机构合作，为制定香港穆斯林认证制定分类、标准及评估准则，打造"穆斯林友好"旅游目的地
推动"一程多站"旅游	会同粤港澳大湾区其他城市举办活动，邀请电视台制作旅游节目，赴海外市场宣传粤港澳大湾区丰富的旅游资源，推动"一程多站"旅游发展
持续提升智慧旅游	建立中央数据库，加强数据收集基础建设及分析，制定应对方案。提升香港旅游发展局的电子平台内容管理功能，研究自动化推广方案，为旅客提供量身定制的旅游内容。运用人工智能等科技手段，为游客在出行前和行程中提供个性化行程建议

资料来源：香港旅游发展局《2024~25年度工作计划》，2024。

三 特区行政长官2024年施政报告

特区政府在2024年10月发布的《行政长官2024年施政报告》（以下简称《施政报告》）中提出"增强文化自信打造香港旅游新面貌"，强调了"香港无处不旅游"的理念，并推出多项促进旅游业发展的措施，以创新思维将香港打造成为首选旅游目的地，提升香港旅游业竞争力。具体来说，可归纳为五个方面。

第一，强化政策统筹和部门协同。成立由政务司副司长任组长的"发展旅游热点工作组"，加强跨部门统筹，结合机构及业界等社会力量，在地区发掘和建设汇聚人气、提升吸引力的旅游热点。制定《香港旅游业发展蓝图2.0》，明确以推动文化、体育、生态及盛事等为重点方向，促进各领域协同推进香港旅游业高质量发展。

第二，发掘和丰富香港旅游热点。利用丰富和独特的资源，如维港、岛屿、文化、美食、生活时尚和历史建筑，结合科技、动漫、演艺和影视文化等优势，培育文创项目，推出更多特色体验活动，落实"香港无处不旅游"理念。具体通过开拓生态旅游、拓展具特色旅游产品、发展盛事旅游经济、巩固传统旅游吸引力、推动智慧旅游及提升旅游业服务素质等6个方面，促进体育盛事、创新娱乐、餐饮、会议展览和旅游协同发展。

第三，优化完善配套基础设施建设。构建艺术产业生态圈，兴建亚洲博览馆第二期等新项目，设置游艇港湾及配套设施，提升启德邮轮码头作为母港及会议展览和活动场地的功能，开设空运鲜活市集，打造香港旅游新地标，带动高端商业和旅游业发展。完善特色郊外和海岸旅游路线，优化郊野公园设施，建设对不同文化背景旅客友好的旅游配套设施，利用人工智能等科技提供一站式支援和景点推介，通过人脸辨识等科技在部分区域试行无感畅通。

第四，发展推广更具香港特色的旅游产品。制定十八区美食指南，举办美食盛事，推广地区美食，巩固香港"美食之都"地位。此外，通过削减烈酒税，进一步丰富香港的美食和餐饮选择，带动旅游和高端餐饮消费等高增值产业发展。加强宣传具香港特色的旅游体验，推广沙头角文化生态旅游路线产品，推动游艇旅游、熊猫旅游、赛马旅游等特色旅游产品。推出创新杰出服务奖励计划，全力弘扬香港热情好客之道，提升旅客在港的体验。

第五，优化旅客入境政策。开拓中东和东盟旅客客源，鼓励和协助餐饮店、酒店和景点等增设对不同文化背景旅客友善的设施，加快东盟国家团体旅客审批，放宽柬埔寨、老挝和缅甸旅游和商务"一签多行"申请门槛和"一签多行"签证有效期。此外，经特区政府申请，自2024年12月1日起，国家出入境管理局已恢复深圳市户籍居民和居住证持有人赴香港"一签多行"个人游签注①，便利相关旅客访港，进一步提升香港旅游业的竞争力。

四 香港旅游业展望及建议

（一）未来展望

2024年，虽仍面临挑战，但受到内地往来香港签证政策优化和旅游产品多元化的加持，香港旅游业在多方面均展现出强大的市场韧性和潜力，总体发展态势良好。香港国际机场客运量、酒店客房供应等多个方面在2024年前三季度就已完成2023年全年的业绩，且达到近五年来的最好水平。其中，酒店客房供应量更是超过新冠疫情发生前的高点。此外，2024年香港旅游市场热点频发，展现出许多旅游新现象。例如，旅客对于访港旅游有了更深层次的需求，更加关注香港的自然、历史、人文和生活体验，特别是年轻游客群体对新兴文化景点和多元旅游体验的兴趣持续增长。随着粤港澳大湾区融合加深，深中通道等超级工程建成通车，极大地缩短了大湾区城市间的交通时间，香港旅游市场正实现稳步有序的增长。然而，目前香港旅游业的发展仍面临传统消费模式转变、产品较为单一、科技含量不足等挑战。此外，香港酒店客房单价普遍较高催生了"特种兵式旅游"（游客当天往返内地与香港）的兴起，降低了过夜游客占比，对香港旅游业收入和形象产生影响。因此，应深入研判香港旅游市场的未来发展动态，持续推进旅游业高质量发展。

从旅游业需求方面看，第一，总体上访港旅客仍将呈现稳步增长态势。第二，新型消费需求潜力将加速释放，科技、文化、美食、艺术、教育等将持续成为支撑新型消费需求发展的新动能。第三，年轻游客群体的消费模式正向探索港式文化的体验游、深度游转变。游客不再满足于传统的旅游方

---

① 《12月1日起赴港澳旅游"一签多行""一周一行"陆续实施》，新华社，2024。

式，香港的旅游定位已逐渐从"购物天堂"转向"文艺高地"，"跟着港剧游香港"、"香港离岛游"、感受"港式烟火气"等成为越来越多年轻游客的选择。第四，平衡满足旅客体验需求与保障香港本地居民生活需求之间的关系应得到重视，需要更加合理地规划旅游路线及游客数量，避免过度拥挤给本地居民带来压力；同时，降低游客对于公共空间、基础设施等资源的过度占用对居民日常生活带来的影响。

从旅游业供给情况看，第一，香港旅游市场需要深入考虑如何重焕旅客在港消费热情，尤其是零售业和餐饮业消费。未来香港零售业和餐饮业可能陷入"旺丁不旺财"即游客数量增加但消费增长不如预期的困境。第二，旅游业发展转型需要适应数字化时代的发展特征，香港旅游业界应将科技与旅游的融合作为推动产业创新和升级的重要动力。而智慧旅游的发展依赖物联网、大数据、人工智能等先进技术，需要充足资金；此外，相应的人力资源，景区、酒店、交通等资源整合与协同发展亦是一大挑战。第三，在各项政策支持下，以文化、体育、生态及盛事等为下一步发展重点的香港旅游业如何进一步发掘和丰富旅游热点，以推出更多具有香港特色的旅游产品、落实"香港无处不旅游"的理念仍需深入探究。

（二）发展建议

《施政报告》体现了特区政府打造香港旅游新面貌的信心和决心，提出了以创新思维将香港打造成为首选旅游目的地的目标。针对香港旅游业现状和特区政府的未来举措，为切实推动香港旅游业高质量发展，本报告从加强顶层设计、拓展多元旅游、提升便利化水平、实施创新驱动、培养专业人才等5个方面提出发展建议。

第一，加强顶层设计，构建香港现代旅游业体系。强化政策保障，根据《香港旅游业发展蓝图2.0》细化相关政策措施，为香港旅游业整体规划和全局性、长远性发展提供清晰指引。健全旅游工作协调机制，充分发挥"发展旅游热点工作组"作用，加强跨部门统筹协调，确保各项政策精准对接和高效落实，最大限度提升政策执行效果。聚焦开发特色旅游产品、加强发展邮轮旅游、推动智慧旅游，以及推动建设沙头角文化旅游区等重要任务，定期审查回顾政策措施执行情况，分析香港旅游业态现状及趋势，及时更新调整发展策略。努力实现旅游业经济效益、社会效益和环境效益的有机统一，巩固香港作为"亚洲盛事之都""国际会展中心""亚洲邮轮枢纽"等的国际城市地位。

第二，拓展多元旅游体验，打造香港旅游新模式。一是大力发展盛事旅游经济，在活动中注入新角度、新元素、新体验。比如，积极争取更多国际歌星演唱会、国际体育赛事等盛事活动在香港举办，产生足够的轰动效应和吸引力，利用盛事活动吸引大量人流、物流、资金流。二是打造深度体验旅游，如离岛游及越野跑等依托香港独有资源的绿色旅游，以及社区地道文化、民俗活动等文化旅游。积极运用微信、小红书、抖音、微博等内地社交媒体，广泛推介香港艺文地图和打卡热点，提升游客沉浸式体验感。三是丰富邮轮旅游产品，吸引更多国际及内地邮轮访港及以香港作为母港，加强主要港口区域合作，推动发展"飞航邮轮"和"铁路邮轮"旅游，提升香港作为亚洲邮轮枢纽的竞争力。结合邮轮旅程前后的住宿、景点、观光及其他体验，为旅客提供更多元化的邮轮旅游产品。四是大力支持会展经济，充分发挥香港"国际会展之都"优势，争取更多国内外高端会展活动落户，提高香港国际知名度和影响力。鼓励商家推出与会展、酒店、餐饮相关的旅游优惠套票，吸引更多高端过夜旅客在港消费。

第三，提升出入境便利化水平，加强旅游业国际推广。一方面，促进旅游业相关的基础设施、公共服务、产业政策和人员往来便利化等领域的制度创新。积极运用入境政策，申请将"个人游"计划扩展至更多内地城市，有针对性地放宽入境手续如设立快速通道，通过智能化手段为游客提供更高效、便捷的签证服务，提高游客通关效率。另一方面，善用国际化优势，吸引更多国际及内地旅客访港，带动香港经济发展。邀请中国内地、东南亚、美国、韩国、日本等主要客源市场的知名影视制作公司参与策划香港故事，针对客源喜好有针对性地打造具有国际竞争力的旅游品牌。借助不同盛事和节庆活动，积极宣传推广香港最新旅游体验，向旅客展示香港多元化的魅力，吸引游客及早策划访港行程，并提升在港的旅游体验。

第四，实施科技创新驱动，大力发展智慧旅游。一是加强旅游信息收集基础建设及分析，提高数据收集的效率和准确性，建立香港旅游业发展数据库，促进旅游资源的优化配置和协同管理，更加迅速有效地应对旅游业新趋势和新发展。二是完善智慧旅游公共服务，有效运用人工智能、扩展现实和区块链等技术手段，推动旅游资源的数字化、网络化、智能化运用。通过构建智慧旅游平台，实现旅游信息的整合与共享，为游客在出行前和行程中提供行程建议和个性化服务，提升游客旅游体验。三是紧抓低空经济等新质生产力发展先机，推出一系列在旅游行业中的应用场景，包括维多利亚港空中游览观光、飞行体验，以及山地型、岛屿型以及市内观光景区的无人机物资便捷配送，开通粤港澳大湾区短途低空飞行航线等，为游客提供更加丰富、轻松、独特的旅游体验，为香港旅游业发展增添新动能。

第五，培养高素质专业人才，提供优质旅游体验。一是建立常态化培训机制和人才专项培养计划，全面提升香港旅游从业人员素质。促进企业与教育机构之间的联系，有针对性地优化培训内容和方式，满足旅游业不断变化的需求，培养出更多高素质的旅游管理和服务人才，并为绿色和数字化转型做好准备。二是支持旅游业中小企业和从业人员更好地适应数字化发展，提升专业技能，促进旅游业在新技术应用、管理实践和国际化等方面的发展，增强香港对国内外游客的接待能力。三是建立以游客为中心的旅游服务质量评价体系，推进评价结果应用。大力推广全新"礼貌运动"，鼓励业界、社区及公众展现好客精神。充分发挥杰出优质服务奖励的示范效应，提升旅客访港时的体验，助力香港旅游业更加包容、可持续发展。

G.19
2024~2025年澳门旅游业发展分析与展望

唐继宗*

摘　要： 澳门特别行政区政府积极推动综合旅游休闲业多元化发展，依法促进博彩业健康发展。借助"旅游+"模式，全力打造融合美食、度假、观光、购物、娱乐、文化、医疗、体育等元素的综合旅游目的地，推动综合旅游休闲业更高质量发展，进而吸引更多国内外游客，提升城市知名度与美誉度，强化与世界各地的人文交流。未来，澳门将凭借自身独特优势，进一步稳固其世界旅游休闲中心的地位。

关键词： 澳门经济　澳门旅游　粤港澳大湾区　综合旅游　博彩业

一　全球经济展望

国际货币基金组织（IMF）在2024年10月发布的《世界经济展望报告》中指出，全球经济增长预计保持稳定。2024年和2025年的增速预测均为3.2%，与2024年7月及4月的预测相比基本无变化。其中，美国预测值的上调抵消了其他发达经济体（尤其是欧洲几个主要国家）预测值的下调。在新兴市场和发展中经济体方面，因大宗商品（尤其是石油）生产运输受

---

* 唐继宗，博士，澳门管理学院院长，中国社会科学院旅游研究中心特约研究员，全国港澳研究会会员，澳门特区政府人才发展委员会与都市更新委员会委员，世界旅游经济论坛顾问和香港中文大学航空政策研究中心成员，研究方向为产业发展、服务贸易、旅游经济、区域合作及公共经济学等。

阻、区域冲突及极端天气等因素，中东和中亚地区以及撒哈拉以南非洲地区的经济增长前景受到影响。

自2024年初以来，周期性失衡有所缓解，主要经济体的经济活动与潜在产出更为契合，推动全球通胀率下降。预计全球总体通胀率将从2023年的6.7%降至2024年的5.8%，并在2025年进一步降至4.3%。发达经济体的通胀率回归目标水平的速度快于新兴市场和发展中经济体。

二 澳门特区旅游服务出口主要市场经济展望

中国内地和香港特别行政区分别是澳门旅游服务出口的第一大和第二大市场，其经济发展状况与澳门旅游市场需求紧密相连。

（一）中国内地经济展望

2024年3月11日召开的第十四届全国人民代表大会第二次会议上通过的政府工作报告中，明确了2024年的主要发展预期目标：国内生产总值增长约5%；城镇新增就业1200万人以上，城镇调查失业率控制在5.5%左右；居民消费价格涨幅3%左右；居民收入增长与经济增长同步；国际收支保持基本平衡；粮食产量达到1.3万亿斤以上；单位国内生产总值能耗降低2.5%左右，生态环境质量持续改善。

据国家统计局2024年7月公布的2024年上半年国民经济运行数据，上半年国内生产总值达61.7万亿元，同比增长5.0%。城镇调查失业率平均为5.1%，其中批发零售、住宿餐饮、交通运输、信息传输等服务行业的就业人数同比增长较多。居民消费价格指数（CPI）同比上升0.1%。

（二）香港特区经济展望

香港特区政府在2024年11月发布的新闻稿中指出，香港经济在2024年第三季度继续保持同比增长，但增速有所放缓。前三季度累计，实质本地生产总值同比增长2.6%。经季节性调整后按季比较，第三季度实质本地生产总值下降1.1%。结合2024年前三季度的实际数据以及全球和本地的最新发展情况，预计2024年香港特区全年实质本地生产总值增长2.5%。2024年基本和整体消费物价通胀率的预测分别下调至1.1%和1.7%。

三 全球和澳门特区主要客源市场发展概况

（一）全球客源市场发展概况

联合国世界旅游组织（UNWTO）在2024年初预计国际旅游业将全面恢复至疫情前水平，初步估计较2019年增长2%。不过，旅游业目前面临诸多挑战，如旅行和旅游业的通货膨胀、高昂的交通和住宿费用、劳动力短缺及极端天气事件等。

2024年9月，UNWTO发布的最新报告显示，2024年1~7月累计，国际旅游业已恢复至新冠疫情前水平的96%。这一复苏主要得益于欧洲的强劲需求以及亚太市场的重新开放。

UNWTO的《世界旅游业晴雨表》报告表明，2024年1~7月，国际游客约为7.9亿人次，较2023年增长约11%，仅比2019年低4%。

在国际旅游收入方面，至少47个经济体在2024年上半年已恢复至疫情前水平，按实际价值和当地货币计算，许多国家与2019年相比实现了两位数的强劲增长。

国际旅游支出数据显示，与2019年同期相比，2024年1~7月的出境旅游需求旺盛，特别是美国（增长32%）、德国（增长38%）和英国（截至3月增长40%）等大型客源市场。值得注意的是，印度的出境消费大幅增长，2024年第一季度比2019年同期增长了86%。

（二）中国内地出境旅游市场概况

2024年2月，中国旅游研究院官方微信公众号发布的《中国出境旅游发展报告（2023—2024）》指出，随着我国旅游市场活力的增强和居民出境游意愿的提升，亚太地区的国际旅游复苏步伐有望显著加快，预计2024年出境旅游人数将达1.30亿人次，为2019年的八成以上。

2024年上半年，中国内地出境旅游人数达6655万人次，同比增长87%。2024年以来，旅游市场的稳步复苏进一步稳定了市场预期，持续优化的政策环境也为行业发展注入了更强的信心。

（三）香港出境旅游市场概况

根据2024年8月21日更新的《2024香港出境市场报告》，2024年上半年香港居民出境旅游总人次为495万，较上年同期增长72.5%。

四　澳门经济展望

2024年5月，IMF完成对澳门特别行政区的第四条款磋商后预计，在旅游业持续复苏和私人投资回升的推动下，2024年澳门经济增长率将达到13.9%，经济总量将于2025年恢复至疫情前（2019年）的水平。

据澳门统计暨普查局最新公布的数据，2024年前三季度本地生产总值按年实质增长11.5%，整体经济规模已恢复至2019年同期的86.3%。随着本地经济形势和就业市场的持续向好，居民收入增加，带动私人消费稳健增长，前三季度私人消费支出按年上升5.8%，其中住户于本地市场的最终消费支出增长4.8%，于外地的支出上升13.6%。此外，受暑假旅游旺季的推动，访澳旅客持续增长，带动前三季度整体服务出口按年实质增长11.4%，其中博彩服务出口增长28.4%。

五　澳门旅游市场展望

（一）入境旅游需求侧分析

1. 入境旅客人次

澳门特区旅游局的数据显示，2023年入境旅客约2823万人次，日均量

为7.7万人次，恢复至2019年的70%。2024年11月20日，澳门旅游局局长文绮华在接受采访时预计，全年3300万人次的旅客量以及200万人次①的国际旅客数量目标有望达成。

2024年1~10月，访澳旅客人次同比增长28.1%，达到29056272人次，已恢复至疫情前（2019年）的87%。同期，按人次计算，澳门特区旅游服务出口的五大市场依次为中国内地、中国香港、中国台湾、韩国和菲律宾。其中，来自中国内地的旅客占比70.5%，恢复至疫情前的86.1%；占比20.6%的中国香港已恢复至疫情前的97.8%；占比2.4%的中国台湾的复苏率为76.9%；占比1.34%的韩国恢复至2019年的59.5%；占比1.32%的菲律宾则超过疫情前水平（112.4%）。

2. 旅客消费

2023年，旅客总消费（不包括博彩）同比增长2.9倍，达到712.5亿澳门元，但人均消费减少20.8%，为2525澳门元，分别是2019年的111.2%和155.3%。

2024年前三季度，旅客总消费（不包括博彩）按年上升8%，达到562.1亿澳门元，人均消费则下跌17%至2168澳门元。

2024年第三季度，旅客人均消费2002澳门元，其中42.6%用于购物消费，其余依次为住宿（27.4%）、餐饮（21.4%）、交通（4.6%）和其他（3.9%）。同期，按访澳主要目的统计旅客人均消费，"观看演出/赛事"的类别最高（4362澳门元），其次为"参加会展"（3977澳门元），第三位是"探访亲友"（2416澳门元）。按客源地细分，人均消费最高的旅客来自上海市（6081澳门元），第二和第三位分别是浙江省（4474澳门元）和北京市（3933澳门元）。

在访客对澳门各项服务及设施的评价方面，2024年第三季度环比有进步的类别包括：环境卫生（91.9%，环比上升1.8%）、酒店业场所（90.7%，环比上升1.1%）、餐厅及食肆（84.8%，环比上升0.8%）、购物

---

① 中国内地、中国香港和中国台湾以外旅客。

（89%，环比上升0.9%）、公共交通（80.5%，环比上升2.8%）以及观光点（76.3%，环比上升8.2%）。而评价有所下降的类别是旅行社（85.3%，环比下跌0.2%）和博彩场所（79.5%，环比下跌4.6%）。

（二）入境旅游供给侧分析

澳门特区属于微型外向经济体，综合旅游是其支柱产业，众多行业都与旅游服务出口密切相关。

1. 博彩业

澳门特区政府在2024年初预计全年博彩业毛收入为2160亿澳门元。澳门博彩监察协调局的数据显示，2024年1~10月累计，澳门幸运博彩业毛收入同比增长28.1%，达到1901.42亿澳门元，恢复至2019年的86.3%。2024年11月，特区政府预计2025年澳门博彩业毛收入将增长至2400亿澳门元。

2. 酒店业

2024年第三季度末，澳门特区向公众提供住宿服务的144家酒店业场所共有44163间客房。前三季度客房平均入住率按年上升4.8个百分点，达到85.4%，住客人数增长11.2%，达到10889356人次。

按酒店级别分析，在144家酒店中，26.4%为五星级，2024年前三季度平均入住率为87.5%；13.2%为四星级，平均入住率为81.2%；三星级酒店占13.2%，平均入住率为82.9%；二星级酒店占17.4%，平均入住率为88.9%；经济型住宿场所占29.9%，平均入住率为77.1%。

3. 会展业

2024年前三季度，澳门特区举办的会展活动达1011项，其中包括943项会议、40项展览及28项奖励活动，与会者/入场观众共100.3万人次。经估算，前三季度会展活动带动澳门非博彩行业的收入约44.8亿澳门元，较2023年同期增长5.4%。

4. 餐饮业

2023年，有营运的饮食业场所较2022年增加248家，达到4977家，其中包括2503家饮食店铺、2404家外卖店及70家街市熟食档。餐饮业收入（146.7亿澳门元）按年增长42%，支出（147.2亿澳门元）也增长25%。行业全年亏损收窄至2033万澳门元，其中饮食店铺实现盈利1.8亿澳门元，外卖店亏损2.2亿澳门元。反映行业对经济贡献的增加值总额按年上升67.7%，达到48亿澳门元。

然而，根据澳门统计暨普查局公布的数据，2024年1~9月，澳门餐饮业景气度下降，除农历新年的2月外，其余8个月整体受访餐饮商户营业额同比均为负值。

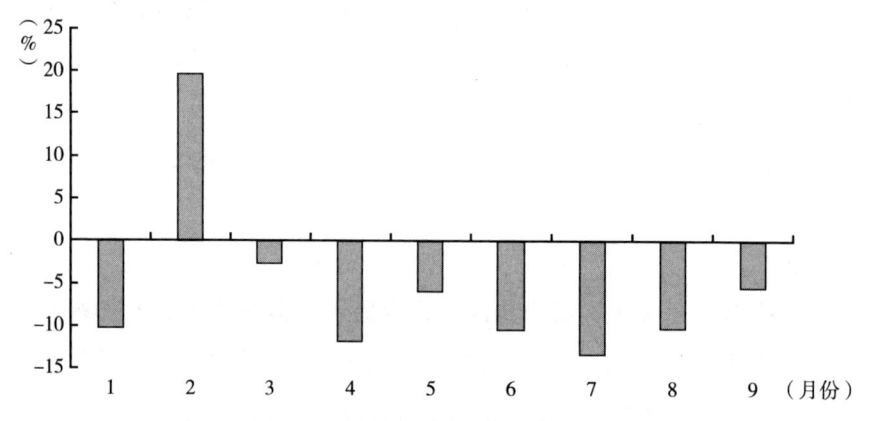

图1　2024年1~9月整体受访餐饮商户营业额同比变动

资料来源：澳门统计暨普查局。

5. 批发及零售业

2023年，批发及零售业（包括批发业、零售业、车辆及车用燃料销售业、街市摊档及固定街档）共有15817家场所，较2022年减少10家，在职员工减少832人，至64693人。行业收入按年增长27.0%，达到1364.1亿澳门元，其中零售业的增长幅度（+37.9%）最为显著；支出也增加18.5%，达到1209.6亿澳门元，主要是购货及佣金和经营费用分别上升19.8%和20.3%所致。行业盈利按年增长1.7倍，达到183.7亿澳门元，其中零售业的盈利增幅达2.2倍，反映了行业对经济贡献的增加值总额同比上升71.2%，达到293.6亿澳门元，其中零售业增长94.1%。

2024年1~9月，澳门零售业景气度转向下行，整体受访零售商户营业额同比均为负值（见图2）。

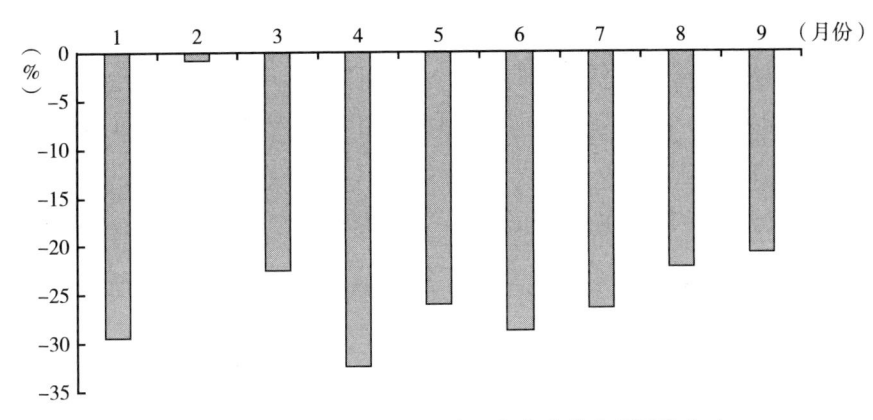

图2　2024年1~9月整体受访零售商户营业额同比变动

资料来源：澳门统计暨普查局。

6. 民航业

2024年澳门民航客运市场整体表现良好，客运复苏速度加快，货运吞吐量超过2019年水平。

据澳门国际机场公布的数据，2024年1~9月累计的机场旅客吞吐量为5743573人次，恢复至2019年同期的79.3%，而2023年的复苏率为53.6%。机场货运吞吐量方面，2024年1~9月累计76317.7吨，是2019年同期的269%。

7. 旅行社

2023年，有营运的旅行社共177家，比2022年增加1家。在职员工人数上升36.6%，达到2993人。同期，旅行社收入（50.6亿澳门元）及支出（47.8亿澳门元）同比分别增长2.1倍和1.8倍，全年盈利达2.9亿澳门元。反映行业对经济贡献的增加值总额同比增长1.8倍，达到8.2亿澳门元。固定资本形成总额按年大幅增长25.3倍，达到1.4亿澳门元。

六 政府重点政策和措施

澳门特别行政区政府全面对接国家"十四五"规划,编制了《澳门特别行政区经济和社会发展第二个五年规划(2021—2025年)》,为澳门经济适度多元化发展指明了方向。其中,按照建设世界旅游休闲中心的目标要求,推动综合旅游休闲业多元化发展,做优做强该产业。

(一)中央支持特区旅游市场发展政策措施

中央政府进一步优化"港澳个人游"计划,自2024年5月27日起,将该计划扩展至山西省太原市、内蒙古自治区呼和浩特市、黑龙江省哈尔滨市、西藏自治区拉萨市、甘肃省兰州市、青海省西宁市、宁夏回族自治区银川市和新疆维吾尔自治区乌鲁木齐市。加上2024年3月6日起已扩展的陕西省西安市和山东省青岛市,"个人游"计划已涵盖59个城市,囊括了全国所有省会(府)城市。

经国务院批准,中华人民共和国出入境管理局决定自2025年1月1日起,在广东省珠海市实施赴澳门旅游"一周一行"政策,即珠海市户籍居民可申请办理赴澳门旅游"一周一行"签注,在一年内每个自然周可前往澳门一次且仅限一次,每次在澳门逗留不超过七天;在横琴粤澳深度合作区实施赴澳门旅游"一签多行"政策,横琴粤澳深度合作区户籍居民和居住证持有人可申请办理赴澳门旅游"一签多行"签注,在一年内可不限次数往来澳门地区,每次在澳门逗留不超过7天。

(二)澳门特区政府关于旅游市场发展之施政重点

2023年11月1日,澳门特区政府正式公布《澳门特别行政区经济适度多元发展规划(2024—2028年)》,这是澳门首个全面系统的产业发展规划,是贯彻落实中央要求、推动经济适度多元发展的重要纲领性文件。该规划明确了未来五年经济适度多元发展的具体目标、主要任务和重点项目,引导社会投资和居民发展方向，加快推动澳门经济适度多元、可持续和高质量发展。

在全面对接国家"十四五"规划、深入实施《粤港澳大湾区发展规划纲要》的基础上，澳门特区第五届政府编制的《澳门特别行政区经济和社会发展第二个五年规划（2021—2025年）》（以下简称"二五"规划）为澳门经济适度多元发展提供了清晰路径，并在《2023年财政年度施政报告》中提出"1+4"经济适度多元发展策略。"1"即按照建设世界旅游休闲中心的目标，促进综合旅游休闲多元发展，做优做精做强综合旅游休闲业；"4"是持续推动中医药大健康、现代金融、高新技术、会展商贸及文化体育等四大重点产业板块发展，构建符合澳门实际且可持续的产业结构。

经济适度多元发展的总体目标为：充分发挥澳门特殊优势，把握国家发展机遇，围绕"一中心、一平台、一基地"的发展定位，依据"二五"规划确定的方向，有效落实"1+4"策略，做优综合旅游休闲业，加快发展中医药大健康等产业，构建适度多元、可持续的产业结构。逐步提高四大产业在本地生产总值中的比重，增强经济发展动能和综合竞争力，争取未来非博彩业占本地生产总值约六成。在推动综合旅游休闲业多元发展方面，要促进博彩业依法健康发展，通过"旅游+"模式，加快建设集美食、度假、观光等元素于一体的综合旅游休闲目的地，丰富澳门世界旅游休闲中心内涵。

澳门特区政府《2024年财政年度施政报告》指出，2024年是"1+4"规划实施的开局之年，特区政府将以规划为引领，大力推动经济适度多元发展，从政策、人力、财力等多方面发力，做好经济适度多元发展这一关键任务，构建可持续发展的产业结构，推动澳门经济高质量发展。各部门需对照"1+4"规划，将主要任务和重点项目落实到年度施政工作中。

要做优做精做强综合旅游休闲业，丰富世界旅游休闲中心内涵。加强对外宣传推广澳门旅游休闲城市形象，深化旅游跨界融合，促进旅游业与美食、研学、体育、科技、文创、会展、大健康等产业联动发展，支持发展研学旅游、文化旅游等。严格执行新博彩法，严格监督幸运博彩经营承批公司履行批给合同，确保博彩业依法有序健康发展。

对于综合旅游市场高质量发展，有三项施政重点。

一是全面推进旧区活化行动计划。以活化历史片区为突破口，带动社区经济发展。在特区政府主导下，推动社会共同参与6个历史文化片区的活化工作，挖掘旧区历史文化资源，打造标志性文化旅游景点，吸引游客进入民生社区消费，为游客提供具有澳门特色的文旅体验，带动区内及周边中小企业发展。例如，妈阁塘片区注入文创商业、艺术展演等元素，打造特色休闲文创园区；内港片区以23号及25号码头为节点，增添渔港文化特色店等元素，打造社区旅游特色片区；福隆新街片区增设步行区，优化空间，增加艺术装置等活动，营造良好艺文氛围的步行环境；新马路片区打造全新文化旅游休闲地标，推动街道美化与活化计划串联，开拓文旅资源；荔枝碗船厂片区建成以造船工业为主题的特色休闲园区；益隆炮竹厂片区结合科技互动游览，提供多元游赏体验，并与氹仔旧城区协同发展。同时，通过社区消费节庆活动、社区旅游资助计划等提升社区经济活力。

二是切实推动幸运博彩经营承批公司着力发展非博彩元素。确保幸运博彩经营承批公司落实2024年投资计划，引入更多国际品牌盛事活动，丰富本地主题游乐产品，利用科技打造跨领域融合的文化消费和特色体验项目，增建高水平旅游娱乐设施，综合带动会议展览、娱乐表演、体育盛事、文化艺术、健康养生、主题游乐、美食之都、社区旅游、海上旅游等非博彩元素发展。

三是加大力度开拓外国客源市场。进一步完善澳门国际机场航线网络，开辟更多国际直航航线。充分发挥港珠澳大桥作用，完善和宣传港澳便捷换乘措施，提高外地旅客来澳便利性。以"庆祝澳门特区成立25周年"为契机，推出涵盖机票、跨境交通、酒店住宿、餐饮、游乐设施、表演门票等方面的优惠措施，吸引更多国际旅客。联合大湾区城市合作开发"一程多站"旅游产品，重点面向东北亚及东南亚旅客推广，促进区域客源互送。

七 澳门旅游市场高质量发展建议

通过全面剖析澳门旅游市场的内外部发展现状，为实现澳门旅游业可持续发展及世界旅游休闲中心的目标，提出以下四点建议。

一是推进区域旅游市场融合发展。为深化粤港澳大湾区旅游市场融合，需持续完善跨境通关基础设施和相关政策。优化现有通关设施，增加自助通关设备数量，优化布局，提升维护和更新频率，突破通关瓶颈，提高通关效率。推广应用更智能的通关系统，如在澳门所有出入境关口全面引入生物识别技术（面部识别、指纹识别等），提升电子通关系统的安全性和效率。加强跨境交通网络建设，重点打造澳门与珠海、广州、深圳等城市间的高效交通连接，推进澳门与粤港澳大湾区其他城市的陆、海、空多式联运系统建设。

二是更有效拓展国际客源。建议积极推动民航客运发展以拓展国际客源。加快开放基地航空公司准入市场，自澳门国际机场1995年启用以来，因市场准入限制，目前仅有一家基地航空公司，造成航权资源浪费，阻碍了对外航线发展，应尽快打破垄断。增加航约签订数量并探索建立新型多边机制。澳门作为粤港澳大湾区四大中心城市之一，定位为世界旅游休闲中心和中国与葡语国家商贸合作服务平台。澳门民航局资料显示，特区政府长期奉行开放天空政策，与多数国家的航班协议条款较为开放。截至目前，澳门已与50个国家草签双边航班协议，其中41份已正式签署。应积极配合《粤港澳大湾区发展规划纲要》，与尚未签署协议的共建"一带一路"国家和葡语地区国家签署双边航班协议，并探索多边航空协议的可行性。

三是旅游业界要自强不息。在后疫情时代，网络技术飞速发展、信息传播迅速、区域市场融合加速、竞争激烈、消费者行为多变、服务和产品生命周期缩短等成为市场常态。旅游产业链中的中小微企业经营理念和模式较为传统，人员紧张，企业内部培训、市场营销、市场开发及生产技术水平提升等方面的规划和资源匮乏。为求生存发展，企业主应积极参与商务交流、考察、培训等活动，提升应对市场变化的经营能力。充分利用澳门特区贸促局和旅游局举办的展会（如MIF、活力澳门推广周等）及外访考察机会，用足经科局扶持中小微企业和数字化转型的政策资源（如中小企业后台数字化支持服务计划），用好教青局的培训资助（如"持续进修发展计划"6000

澳门元)。此外,经科局可与本澳高校合作,为中小微企业主定制有针对性的实战培训课程。

四是进一步提升人力资源水平。旅游业是人力密集型和资本密集型产业,人力资本至关重要。应持续全面提升澳门旅游业人力资源水平。开展专项培训,制定涵盖多方面技能的综合培训计划,如定期举办服务礼仪、语言能力、文化解说、危机应对等培训课程,并设立旅游从业人员技能提升奖励机制。加强与高等院校合作,引入高端课程和认证体系,打造旅游行业专业人才高地。可与区内或国际知名旅游教育机构签订合作协议,共同开展国际认证课程,设立奖学金计划,吸引优秀人才学习深造。鼓励创新创业,建立旅游行业创新创业支持体系,设立旅游创业基金,提供融资、场地、导师等方面支持,举办创业大赛和孵化项目,推动旅游业创新发展。

总　结

推动经济适度多元发展是解决澳门经济社会深层次矛盾问题的必由之路,是确保澳门特区长期繁荣稳定的必然选择,也是澳门特区政府及各界的重要任务。通过综合旅游的高质量发展,澳门吸引了大量国内外游客,提升了城市知名度和美誉度,加强了与世界各地的人文交流,增进了不同文化间的理解与合作。未来,澳门将凭借自身独特优势,进一步巩固其世界旅游休闲中心的地位。

G.20
2023~2025年台湾旅游业发展分析与展望*

陈伍香　张进福**

摘　要： 2023~2024年，台湾旅游市场逐步回暖。2024年1~7月进岛旅游总数为435.28万人次，出岛游客累计984.12万人次。台湾民众岛内游增长有限，2023年岛内旅游总人次增幅较2022年低11.64个百分点。台湾旅行社、餐饮业、旅馆及民宿业收入总体呈增长态势。台湾地区虽推行多项观光策略促进产业复苏，但出岛与进岛旅游产值逆差显著。预计2025年，进岛、出岛旅游人次基本恢复至疫情前水平。台湾旅游业在生态化、品牌化、数字化发展进程中仍面临基础设施、专业人才及产业政策等方面的挑战。

关键词： 台湾旅游业　旅游市场　旅游复苏

一　2023~2024年台湾旅游市场发展分析

2023~2024年，因新冠疫情终结与旅游需求回升，台湾旅游市场活力得以一定程度释放，复苏步伐加快。

---

* 感谢厦门大学黄福才教授在本文撰写过程中的悉心指导,在此深表谢忱!
** 陈伍香，博士，广西师范大学旅游研究所所长，历史文化与旅游学院教授、博士生导师，研究方向为旅游市场、生态旅游、文物管理等；张进福，博士，厦门大学管理学院旅游与酒店管理系副教授、博士生导师，中国旅游研究院台湾旅游研究基地副主任，研究方向为旅游基础理论、旅游社会学与人类学、旅游目的地与景区管理。

（一）台湾进岛旅游市场发展分析

1. 2023年台湾进岛旅游市场显著复苏

2023年台湾进岛旅游总数达648.70万人次，相较于2022年的89.60万人次大幅增长624.00%，恢复至2019年的54.68%，其中近47.67%的游客为近5年首次进岛。台湾进岛旅游市场在历经疫情冲击后迎来强劲反弹（见图1）。

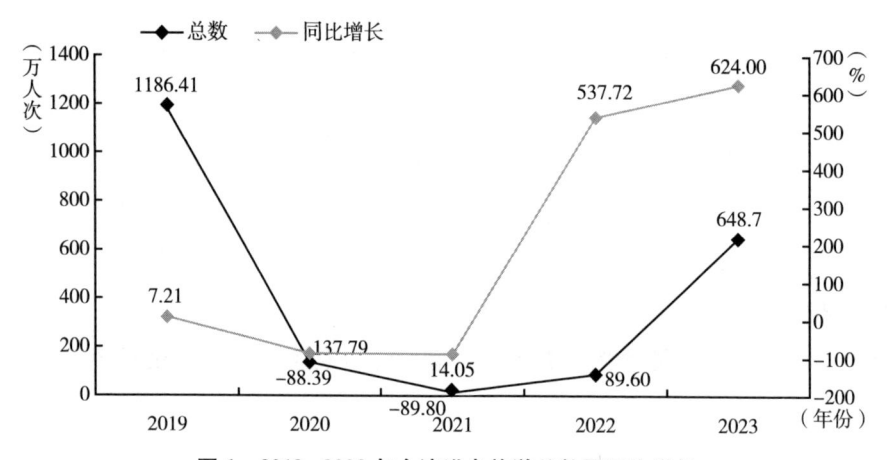

图1 2019~2023年台湾进岛旅游总数及同比增长

资料来源：台湾"观光局"观光业务统计。下同。

2023年进岛旅游客源市场结构较2022年变化显著，各主要客源市场游客数量均大幅增长。其中，中国港澳地区以119.96万人次从2022年的第十大客源市场跃居首位，且成为2023年赴台旅游人次增幅最大的客源地，增幅高达3577.30%。日本进岛旅游人次从2022年的8.76万增至92.82万，增长率达959.44%，取代美国成为第二大客源市场。韩国从2022年的第九位升至第三位，进岛旅游人次达74.47万，增幅显著，为1339.14%。越南虽不再是第一大客源市场，但进岛旅游人次从2022年的13.48万增至38.25万，仍是重要客源地之一。印度尼西亚从2022年的第四位降至第11位，虽未进入2023年前十，但增幅达158.41%。中国大陆进岛旅游人次为22.63

万,增幅828.17%,从2022年的第11位升至第十位。2023年台湾进岛旅游主要客源市场情况如表1所示。

表1 2023年台湾主要客源市场进岛旅游人次及增长率

单位:人次,%

主要客源市场		进岛旅游人次		2023年增长率
序号	客源市场	2023年	2022年	
1	中国港澳地区	1199572	32621	3577.30
2	日本	928235	87616	959.44
3	韩国	744727	51748	1339.14
4	美国	529532	90614	484.38
5	新加坡	463893	69507	567.40
6	马来西亚	437491	59035	641.07
7	泰国	394688	74434	430.25
8	越南	382529	134818	183.74
9	菲律宾	350487	64038	447.31
10	中国大陆	226269	24378	828.17

2023年台湾地区观光外汇收入达86.61亿美元,较2022年的17.81亿美元增加68.80亿美元,增长386.30%,恢复至2019年的60.10%(见图2)。其中,"新南向18国"游客在台消费最高,达33.03亿美元,占比38.14%;其次为美国(12.11亿美元,占13.98%)、中国港澳地区(10.15亿美元,占11.72%)、日本(10.03亿美元,占11.58%);中国大陆在台消费5.71亿美元,占6.59%。与2019年相比,美国在台消费增长14.68%,中国大陆降幅最大,达85.30%。

2023年进岛游客人均每次消费1335美元,较上一年减少32.85%,但较2019年增长9.88%。人均每日在岛内消费180.67美元,较2022年增长90%,其中旅馆支出71.52美元,占比最高,为39.59%。与2019年相比,2023年进岛游客人均每日消费减少15.24美元,降幅7.78%。从消费结构

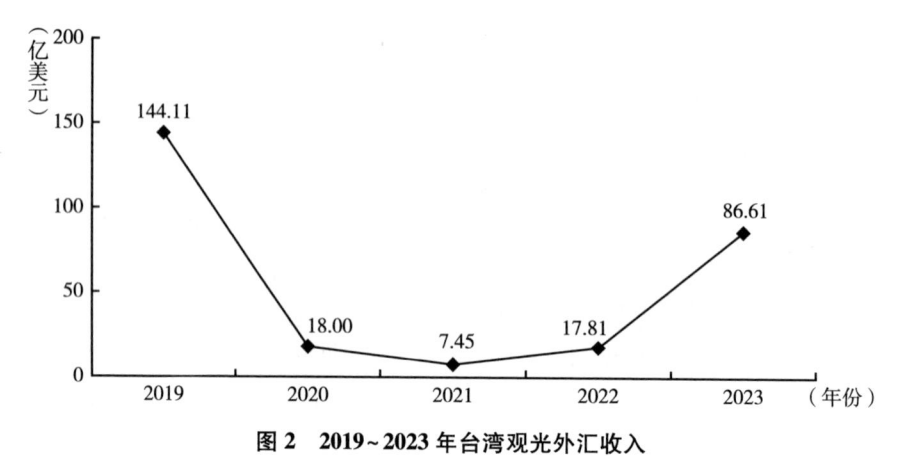

图 2　2019~2023 年台湾观光外汇收入

看,购物费用降幅最大,减少 16.59 美元,下降 32.06%;娱乐费用增长最多,增加 5.37 美元,增长 89.05%。以"业务"为目的的游客在岛内消费最多,日均 267.44 美元;其次是"参加国际会议或展览"的游客,日均消费 237.24 美元;"观光"游客位列第三,日均消费 181.31 美元;"探亲访友"游客消费相对较低,日均消费 114.97 美元。此外,2023 年进岛观光团体游客人均每日在岛内消费 214.20 美元,已恢复至 2019 年的 95.68%;非观光团体游客人均每日在岛内消费 176.16 美元,恢复至 2019 年的 93.42%。

2023 年游客进岛主要目的仍为"观光",占比 67.39%,其次为"探亲访友""业务""参加国际会议或展览",占比分别为 17.49%、12.90%、1.13%。在观光游客中,42.56%进岛前看过台湾观光宣传或报道,咨询来源以网络(含社交网络)最多,占 91%;其次为亲友口碑、旅行社宣传及电视电台等。美食或特色小吃与风光景色是吸引观光游客的主要因素(见图 3)。

夜市、台北 101、西门町、九份及淡水等是 2023 年进岛游客热门游览地,日月潭以 35.03%的喜爱率成为最受欢迎景点。进岛游客在岛内期间,购物活动占比最高,达 92.95%,16.81%的游客使用购物退税服务,其中 98.73%认为退税手续便利。其次为逛夜市(78.43%)、参观古迹(50.36%)、泡温泉(23.17%)、生态旅游(23.01%)等。

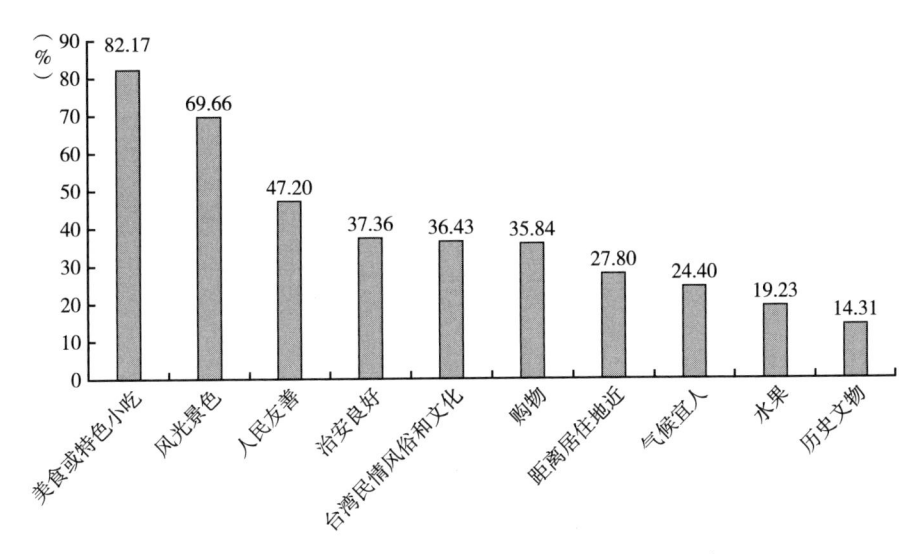

图中柱状图数据：
- 美食或特色小吃：82.17
- 风光景色：69.66
- 人民友善：47.20
- 治安良好：37.36
- 台湾民情风俗和文化：36.43
- 购物：35.84
- 距离居住地近：27.80
- 气候宜人：24.40
- 水果：19.23
- 历史文物：14.31

图3　2023年吸引观光游客进岛观光的前十大因素

2023年，72.87%的进岛游客未委托旅行社预订住宿与机票，抵台后也未参加当地或线上旅行社行程。进岛游客平均停留7.39夜，较上一年减少13.52夜，较2019年增加1.19夜，增长19.19%。住宿以旅馆（86.45%）最多，其次为亲友家、民宿，占比分别为17.13%、11.23%。游客对旅馆整体满意度为92.09%，对民宿为85.40%。交通方面，进岛游客主要选择地铁（79.60%）和出租车（72.80%），高铁满意度最高（98.62%）。综合来看，进岛游客对台湾整体满意度为97.12%，较2019年下降1.21个百分点，其中"台湾民众态度友善"满意度最高。游客对台湾的深刻印象依次为美味菜肴（86.40%）、自然风光（67.83%）、逛夜市（61.19%）、人情味浓（43.74%）及地方特产（36.28%）等。

调查显示，仅2.21%的游客因疫情改变进岛旅游安排。99.84%的游客有再次进岛意愿，主要目的仍为观光，99.93%的游客会推荐亲友进岛旅游。

2. 2024年1~7月台湾进岛旅游市场持续升温

据台湾"观光局"统计，2024年1~7月台湾进岛旅游总人数达435.28万人次，较2023年同期的323.23万人次增加112.05万人次，增幅34.67%。其

中，以"观光"为目的的游客最多，达291.06万人次，较2023年同期增加89.72万人次。排除"其他"原因，以"业务""探亲访友"为目的的进岛人数分别位居第二、三位，为28.45万人次、21.74万人次。

2024年1~7月，台湾进岛旅游主要客源市场有所变化。各客源市场旅游人次增速较2023年同期放缓。与2023年同期相比，除越南外，2024年1~7月，前十大客源市场进岛游客均增长，其中中国大陆增长率最高，达123.87%。越南增长率最低，为-4.64%。从排名看，前四位与2023年同期相同，依次为中国港澳地区、日本、韩国及美国，进岛游客分别为73.42万、68.35万、56.03万及37.26万人次。菲律宾从2023年1~7月的第九位升至第五位，进岛游客为26.48万人次。越南从第五位降至第十位，进岛游客较2023年同期减少1.07万人次。马来西亚排名不变。泰国与新加坡排名稍有调整，新加坡从第七位降至第八位，泰国从第八位升至第七位。中国大陆以22.41万人次入围2024年1~7月进岛旅游前十大客源市场，排名第九。台湾2024年1~7月进岛旅游主要客源市场情况如表2所示。

表2 2024年1~7月台湾主要客源市场进岛旅游人次及其增长率

单位：人次，%

主要客源市场		进岛旅游人次		2024年同比增长率
序号	客源市场	2024年1~7月	2023年1~7月	
1	中国港澳地区	734153	586506	25.17
2	日本	683526	395395	72.87
3	韩国	560339	360811	55.30
4	美国	372589	278975	33.56
5	菲律宾	264821	184608	43.45
6	马来西亚	253069	222601	13.69
7	泰国	239098	217228	10.07
8	新加坡	235298	222504	5.75
9	中国大陆	224103	100102	123.87
10	越南	220897	231636	-4.64

（二）台湾居民岛内旅游市场发展分析

1. 2023年台湾居民岛内旅游人次与费用增长有限

2023年各季度台湾居民岛内旅游总人次①较上年同期分别增长41.27%、46.35%、-2.99%及13.79%。全年岛内旅游总人次从2022年的1.69亿增至2.07亿，增长22.49%，但与2022年34.13%的增幅相比下降11.64个百分点（见图4）。此外，2023年台湾居民岛内平均旅游次数为9.79次，较2022年的8.04次增加1.75次，较2019年的7.99次增加1.80次。2023年台湾居民岛内旅游比例为90.0%，与2022年的88.3%相比增长1.7个百分点，较2019年的91.1%减少1.1个百分点。

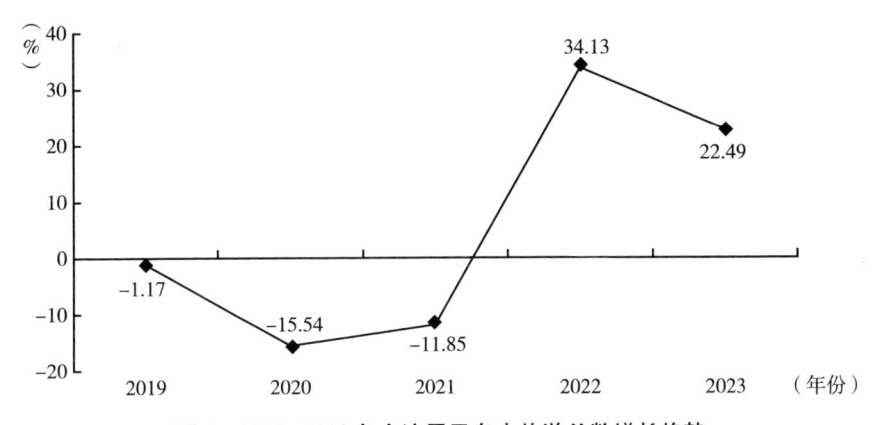

图4 2019~2023年台湾居民岛内旅游总数增长趋势

台湾居民岛内旅游总费用由2022年的3904亿元新台币增至2023年的4954亿元新台币，增长26.90%，较2019年增长26.15%。人均每次旅游费用为2396元新台币，较2022年的2316元新台币增长3.45%，各项支出从高到低依次为餐饮、交通、住宿、购物、娱乐及其他支出。15.8%的旅次使用移动支付，且使用率逐年上升，其中餐饮支付占比最高，达75.8%。整体而言，2023年台湾居民岛内旅游人次与总费用虽有增加，但因出岛旅游

---

① 岛内旅游统计对象为12岁及以上台湾居民。

消费替代影响，较2022年增幅有所下降。

2. 周末出游和观光休闲游仍为主流，当日往返成趋势

2023年，台湾居民岛内旅游时间相对集中，55.3%的人选择周末出游，较2022年增加0.9个百分点；平日出游比例为32.3%，较2022年减少1.9个百分点。与2019年相比，周末出游比例不变，但法定节假日出游比例增加0.8个百分点，平日出游比例减少0.9个百分点。从旅游目的看，82.9%的居民出游是为了"观光、休憩、度假"，"探亲访友"占16.5%。与2019年相比，"观光、休憩、度假"类旅游占比增加1.5个百分点，"探亲访友"类占比减少0.8个百分点。

2023年，61.2%的岛内旅游在居住地区内进行，较2019年的55.7%有所增加。岛内居民多选择1日游，71.1%的旅次为"当日往返无过夜"；过夜旅次中，选择旅馆住宿比例最高，为14.8%。与2019年相比，"当日往返无过夜"旅次占比增加4.7个百分点，旅馆、亲友家及民宿住宿比例分别减少2.3个、1.7个及0.8个百分点。2023年台湾居民岛内旅游平均天数为1.45天，比上一年减少0.02天，较2019年减少0.06天。

3. 岛内游以自助规划为主，资讯获取渠道多样

在旅游方式上，91.3%的台湾居民自行规划岛内旅游行程，其他方式占比均低于3%，与2022年相比无明显差异，较2019年自助规划行程旅游增加2.8个百分点。选择旅行社套餐旅游的居民占2.3%，主要原因是不必开车（64.1%）、套餐行程有吸引力（60.7%）、节省规划时间（57.7%），与2019年相比，不必开车、节省规划时间、缺乏交通工具这三个原因的比例分别增加17.9个、10.9个、9.8个百分点。团体旅游占比10.3%，较2019年减少3.2个百分点。

台湾居民获取旅游资讯主要途径为网络与社交媒体，占比56.5%，其次是亲友、同事、同学，占比44.5%。网络与社交媒体作为资讯来源的比例近三年最高，而亲友、同事、同学及电子媒体获取信息的比例较2019年分别下降3.6个和1.5个百分点。从购买旅游产品渠道看，网络订购比例仍较低，为12.9%，与前三年无显著差异，网络订购的旅游产品以旅馆民宿居多。

4. 北部地区最受欢迎，对景点满意度高

台湾居民选择旅游地点时，首要考虑因素是"交通便利或接驳方便"，其次是纾压休闲保健、品尝美食等，其中品尝美食、民俗节庆活动重要性逐年上升。居民岛内旅游主要和最喜欢的游憩活动均以自然赏景占比最高，美食活动在最喜欢的游憩活动中排第二，且在主要游憩活动中的比例增加最多。从出游目的地看，前往北部地区旅游的居民最多，较2019年增长2.6%，前往中部、东部地区的居民分别减少1.9%、0.6%。居民岛内旅游主要交通工具为自用汽车，占比64.5%，其次是地铁（10.0%）、游览车（9.7%）。

2023年、2022年及2019年以到访"淡水、八里"比例最高，礁溪次之；"东区信义商圈"及"鹿港"（含天后宫、老街、民俗文物馆）的到访排名较2022年上升。游客对岛内旅游地点整体满意度（含非常满意及较满意）为98.9%，较2022年下降3个百分点，不满意主要集中在环境管理维护和交通状况方面。

5. 岛内旅游市场回暖稳定，多数居民旅游安排未受疫情影响

2023年台湾居民岛内旅游比例较2022年上升。至少进行1次岛内旅游的居民比例为90.0%，较2022年增加1.7个百分点。疫情影响方面，25.9%的受访民众因疫情缓解、生活解封增加岛内旅游次数，主要原因是"疫后减压放松"；6.2%的受访者减少出游次数，原因包括"仍担心感染""物价上涨""岛内旅游价格高"；67.9%的受访者表示未受疫情影响。19.7%的受访民众表示与疫情前相比改变了岛内旅游安排，主要调整"旅游地点"和"旅游天数"，占比分别为11.0%、9.5%。

（三）台湾居民出岛旅游市场发展分析

1. 出岛旅游市场总量及支出增加

2023年台湾居民出岛旅游市场快速增长，出岛游客累计1179.58万人次，较2022年的148.28万人次大幅增长695.51%，但较2019年的1710.13

万人次仍负增长31.02%（见图5）。台湾居民2023年出岛旅游比例为24.2%，较2019年减少11个百分点；出岛游客总支出（含国际机票）7134亿元新台币，比2019年负增长12.73%，人均每次出岛旅游平均消费60481元新台币。2024年1~7月出岛游客数整体上升，累计984.12万人次（见图6），较2023年同期的616.08万人次增长59.74%。尽管尚未完全恢复至疫情前水平，但台湾出岛旅游市场复苏明显。

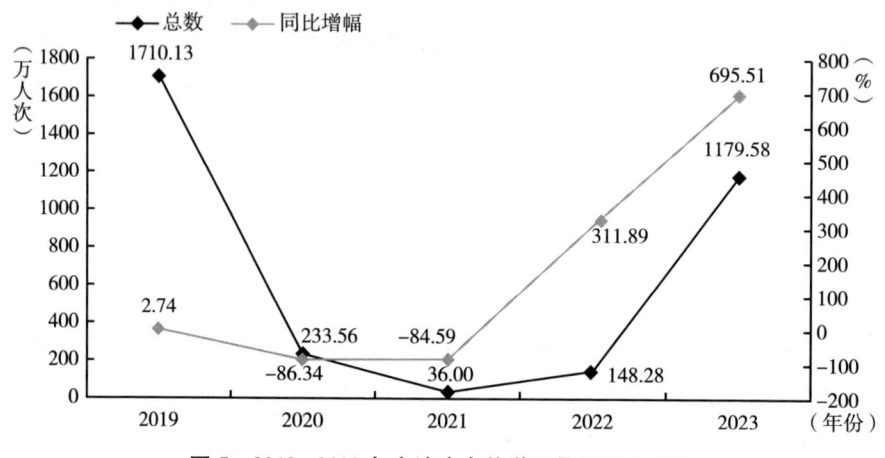

图5 2019~2023年台湾出岛旅游总量及同比增幅

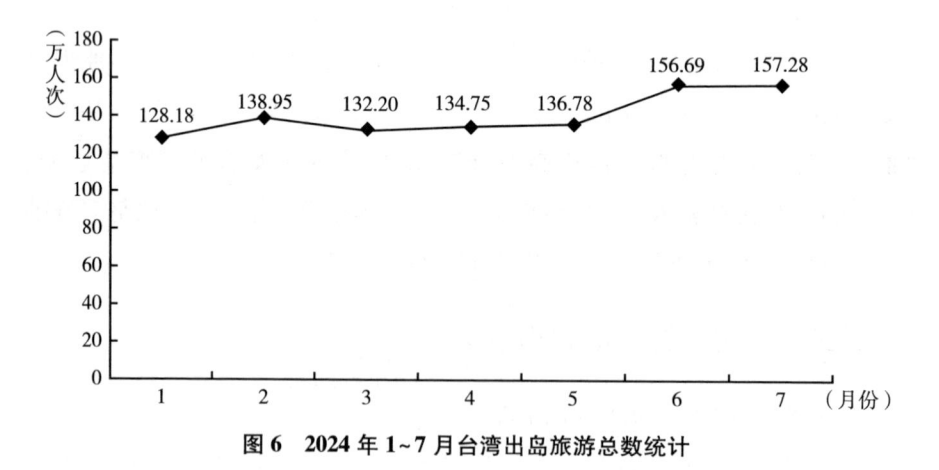

图6 2024年1~7月台湾出岛旅游总数统计

2. 出岛旅游以亚洲为主，个人游是主要方式

2023年台湾居民出岛旅游以近程为主，亚洲地区旅次占88.1%，其中赴日旅游人数居首，赴中国大陆地区旅游人数次之（见表3）。与2019年相比，赴日本、韩国、泰国、马来西亚及越南的比例上升，赴中国大陆及澳门的比例下降。赴美洲、欧洲地区旅次分别占4.2%、6.4%，较2019年下降。

表3 2023年出岛旅游目的地游客数量

单位：人次，%

序号	目的地	出岛游客 2023年	比例
1	日本	4225804	35.82
2	中国大陆	1761134	14.93
3	中国港澳地区	1019422	8.64
4	韩国	954693	8.09
5	越南	853859	7.24
6	泰国	777326	6.59
7	美国	465756	3.95
8	新加坡	316715	2.68

2023年出岛旅次在7月（10.5%）、10月（10.3%）及8月（10.0%）相对较多。个人游是出岛旅游主要方式，占比74.9%，团体旅游占25.1%。游客选择旅行社的原因包括"价格合理""亲友推荐""亲友或学校公司安排""曾参加该旅行社行程"等。

3. 以观光为主，假期和预算影响出游意愿

出岛游客中，"观光"目的占比最高，达80.5%，其次是"探亲访友"（10.2%）及"商务旅行"（9.4%）。对于观光游客，亲友邀约是重要决定因素，占比29.4%。影响台湾居民出岛旅游意愿的主要因素是"假期长短或时间合适"（25.9%），其次是"行程有吸引力"（12.3%）、"预算充足"（12.1%）、"机票或团费便宜"（11.3%）。17.2%的居民表示无出岛意愿，较2019年增加8个百分点。2023年，9.9%的出岛民众表示与疫情前相比改变了出岛旅游安排，主要是"选择有防疫认证住宿""选择有防疫措施交通"。

二 2023~2024年台湾旅游业发展分析

（一）2023年台湾旅行社发展状况

据台湾"观光局"统计，截至2023年底，台湾地区旅行社总公司达3358家，较2022年的3267家增加91家，增幅2.79%。其中综合类旅行社总公司144家，甲种旅行社总公司2856家，乙种旅行社总公司358家，三类旅行社较2022年分别增加4家、74家、13家，增幅为2.86%、2.66%和3.77%（见表4）。与2022年增幅相比，旅行社总公司、综合类及甲种旅行社总公司增幅上升，分别提高1.52个百分点、1.41个百分点和1.94个百分点，乙种旅行社总公司增幅下降2.06个百分点。总体而言，2023年台湾地区旅行社总公司数量上升，甲种旅行社增加最多，行业呈上升趋势。

表4 台湾地区旅行社总公司发展情况

单位：家

旅行社总公司种类	旅行社总公司数量		
	2023年数量	2022年数量	2023年增加数量
综合类旅行社总公司	144	140	4
甲种旅行社总公司	2856	2782	74
乙种旅行社总公司	358	345	13
合计	3358	3267	91

资料来源：台湾"观光局"2022年和2023年台湾地区旅行社统计。

在旅行社从业人员方面，2023年岛内持有中文、英语、日语、泰语、越南语等执照的导游人数均有增长，持有马来语、意大利语和土耳其语执照的导游人数不变。截至2023年底，中文、英语、日语导游人数位居前三，分别为35191人、7354人和4130人,较2022年分别增长1.73%、5.16%和2.89%。截至2023年12月,旅行社领队人数为69897人,导游人数为46876人,均较上年同期小幅增长。

(二)2023年台湾旅馆业及民宿发展状况

2023年台湾岛内观光旅馆数量总体增长,一般旅馆数量负增长,民宿业持续增长(见表5)。截至2023年12月,观光旅馆119家,客房27320间。国际观光旅馆73家,与2022年持平,客房20109间,较2022年减少;一般观光旅馆46家,较2022年增加2家,客房7211间,增长9.22%。一般旅馆3318家,较2022年减少9家,客房171203间,增加1440间,增长率0.85%。民宿方面,截至2023年12月,民宿11464家,较2022年增加623家,增长率5.75%;客房49007间,较2022年增加2627间,增幅5.66%。

表5 台湾地区旅馆业及民宿发展情况

旅馆及民宿		旅馆或民宿数量			客房数量		
		2023年(家)	2022年(家)	增长率(%)	2023年(间)	2022年(间)	增长率(%)
观光旅馆	国际观光旅馆	73	73	0	20109	20329	-1.08
	一般观光旅馆	46	44	4.55	7211	6602	9.22
	合计	119	117	1.71	27320	26931	1.44
一般旅馆		3318	3327	-0.27	171203	169763	0.85
民宿		11464	10841	5.75	49007	46380	5.66

资料来源:台湾"观光局"2022年和2023年台湾旅馆业及民宿家数、客房数统计。

从地理分布看,旅馆集中于台北、台中、高雄,民宿主要分布在宜兰、花莲、台东、澎湖、屏东。截至2023年12月,台北、台中、高雄三地的一般旅馆数量分别为574家、397家、374家,占全岛一般旅馆总数的40.54%。而宜兰、花莲、台东、澎湖、屏东五地的合法民宿数量均超1100家,共计7629家,占全岛合法民宿总数的66.55%,其中宜兰与花莲的合法民宿数量分别为

1933家与1787家，分别占岛内合法民宿总量的16.86%和15.59%。

从经营状况分析，2023年观光旅馆整体营业收入上升，客房与餐饮营业收入均增长。岛内民宿业营收平稳上升，主要源于客房收入，餐饮收入占比小。2023年1~12月，台湾观光旅馆总营业收入594.94亿元新台币，其中客房营业收入272.77亿元新台币，餐饮营业收入256.95亿元新台币。较2022年同期，总营业收入增加137.69亿元新台币，增长率30.11%，客房营业收入增加75.75亿元新台币，增长率38.45%，餐饮营业收入增加49.20亿元新台币，增长率23.68%（见图7）；2023年1~12月台湾民宿总营业收入96.62亿元新台币，客房营业收入94.14亿元新台币，餐饮营业收入2.00亿元新台币，客房营业收入占比97.43%。民宿总营业收入较2022年同期增加5.24亿元新台币，增长率5.73%。民宿客房平均房价2509元新台币，入住率26.62%，均与2022年基本持平。

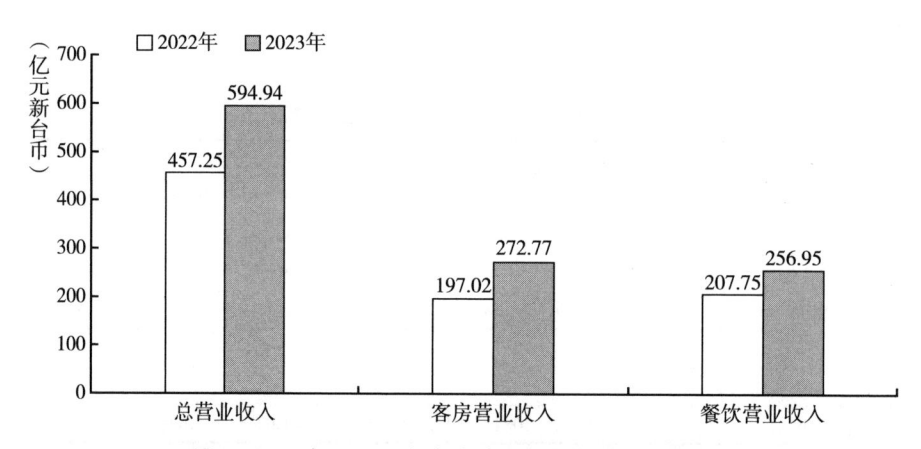

图7 2022年、2023年台湾地区观光旅馆业运营统计

（三）2023年台湾观光业的恢复

新冠疫情发生期间，全球旅游产业遭受重创。疫情解封后，旅游业虽逐步复苏，旅游消费潜力释放，但台湾观光业与疫情前相比仍有差距，相关措施有待加强。据台湾"观光局"统计，2019年来台旅客总数1186.41万人

次，疫情后大幅下降，2020年为137.79万人次，2021年降至14.05万人次，2022年回升至89.60万人次。2023年来台旅客总数增长至648.70万人次，但仍比2019年减少537.71万人次。2023年来台旅客观光支出86.61亿美元，较2019年的144.11亿美元减少57.50亿美元。

三 推行相关政策及效应分析

（一）多项观光策略推动产业复苏，但综合效果有限

为推动产业复苏，2023年台湾以可持续、绿色旅游为导向，实施"打造魅力景点、整备主题旅游、优化产业环境、推展数字体验、广拓观光客源"五大策略，展现台湾"五好"新气象，即"台湾好魅力""台湾好多元""台湾好服务""台湾好畅游""台湾好集客"①。2023年举办首届"观光亮点奖"活动，24个观光亮点获奖，向游客推荐重点转向的魅力景点设施或活动体验；依据相关条例，4月向全民普发现金新台币6000元提振经济；针对优质无障碍旅游景区，为银发族团体游提供补助，并通过老年群体常用的社群工具（FB）加强营销，鼓励出游。2023年台湾进岛旅游总数恢复至疫情前的54.68%，12岁及以上居民岛内旅游总人次较上年增长22.49%，但总体而言，综合效果有限。自2021年旅游业复苏以来，与2021年相比，2023年进岛旅游总人次增幅达4517.73%，进岛游客观光支出增幅为1620.55%，但进岛游客观光支出增幅远低于旅游总人次增幅，原因是游客平均观光支出持续负增长，2023年较2021年平均观光支出增长率为-74.81%。岛内旅游方面，平均旅游天数与2021年持平，为1.45天，较2022年少0.02天。与2022年相比，2023年台湾居民岛内旅游总人次、旅游总费用增幅均下降，其中旅游总人次增幅从34.13%降至22.49%，旅游总费用增幅从50.33%降至26.15%。台湾地区推行的观光策略成效有限。

---

① 《2024至2025年双轴转型观光政策及施政重点》，台湾观光管理部门网，2024年3月21日，https：/admin.taiwan.net.tw/。

（二）持续推进专业人才培训，着力提升服务质量

人才培养是产业发展的关键。顺应全球疫后可持续旅游趋势，台湾地区致力于提升观光产业服务质量，持续推进"观光产业关键人才培育计划"，加强从业人员专业培训。台湾观光管理部门通过开设各类主题课程、举办观光论坛、开展交流访学活动等，汲取成功案例经验，强化管理阶层专业知识和基层人员应变能力培训，并积极推广培训成果[1]。疫情后旅游业复苏，人才短缺问题凸显。自2024年起，台湾采用"通用制"及"专用制"双制并行方式，以"优先协助产业发展，兼顾培育人才"为目标，评价导游及领队人员，使选才、育才机制更契合市场需求。同时，推动跨部门合作，协同培育产业人才，开展招募活动，实施"疫后扩大旅宿服务征才计划"，与产业协会、学会及22个县市合作，全面开展育才、训才工作，如举办人才招募说明会，持续培训中高阶人才等。这些举措在增强人才投身旅宿业意愿、提升服务品质、响应疫后可持续旅游趋势等方面发挥了积极作用[2]。

（三）拓展旅游市场及目标客群，成效差距明显

2024年，台湾地区以进岛游客恢复至疫情前规模为目标，拓展目标客群，鼓励特色新旅游。市场布局上推行短程"巩固八方、拓展双印"，长程"深化欧美、开拓中东"；组织布局上扩增办事处，培养营销人才。2023年成立16个办事处，开展特定客群奖助及"加速扩大吸引国际观光客方案"等促销活动，创新多元营销，加速旅游市场复苏。2024年重点发展印度和欧洲客源市场，加强与当地辖区及媒体合作，争取高端客群，并为加拿大温哥华等地提供旅游咨询服务。同时推进三个扩大计划，即"扩大引客、扩大行销、扩大

---

[1] 《台湾观光管理部门持续培育产业人才，厚植观光永续创新能量》，台湾观光管理部门网，2023年8月24日，https：//admin.taiwan.net.tw/News/NewsTravel？a＝35&sdate＝&edate＝&q＝&pi＝30&p＝2&id＝29316。

[2] 《培育观光产业关键人才推动永续创新策略高阶主管养成班即日起受理报名》，台湾观光管理部门网，2023年5月23日，https：//admin.taiwan.net.tw/News/NewsTravel？a＝35&id＝28858。

合作"，配合新南向政策实施加州游客及穆斯林倍增计划，拓展商务游客，提供补助并推荐优质行程，延长商务游客停留时间，鼓励顺访旅游[①]。

然而，从台湾观光管理部门统计数据看，这些政策虽促进了进岛游客增加，但效果有限。2023年台湾出岛旅游1179万人次，进岛旅游仅648万人次，相差较大。不同月份游客量波动大，2023年初至2024年8月，月份间游客量极差超50万人次，且波动反复。据台湾《中国时报》报道，"今年1至8月有497万境外旅客赴台，却有多达1138万台湾旅客出境，逆差达641万人次，未至年底已打破历年纪录。据推估，2024年台湾地区出境旅客上看1750万人次，境外旅客可能只来750万人次，一来一往相差达千万人次，产值逆差将达7300亿元新台币，都是史上最大"[②]。

四 台湾旅游业发展展望

（一）旅游市场稳定增长，进岛、出岛旅游人数逐步达疫情前水平

2022年后，赴台旅游人数持续稳步增长。据台湾"观光局"统计，2023年9月至2024年8月，进岛游客达763.39万人次，同比增长71.18%；其中2024年1~8月进岛旅游人数为496.97万总人次，大陆赴岛游客26.12万人次，同比增长107.79%。预计2024年进岛游客约800万人次。出岛旅游人次也稳定增长，2024年1~8月出岛旅游总人数达1138.82人次，同比增长55.08%。岛内旅游趋势向好，2023年12岁以上台湾居民岛内旅游总次数较

[①] 《贸易和观光共同推出"顺道观光"方案，抢占国际商务客观光商机》，台湾观光管理部门网，2023年12月19日，https://udn.com/news/story/7238/7651719?from=udn~ch1_breaknews~1~99~news。

[②] 《台媒推估：台湾地区旅游逆差人次将达千万、金额7300亿 均为史上最大》，今日头条台海网官方账号，2024年10月16日，https://www.toutiao.com/article/7426204127716098587/?upstream_biz=doubao&webview_progress_bar=1&show_loading=0&source=m_redirect&wid=1732099115042。

2019年增长22.13%①。预计2025年，进岛、出岛旅客人次将逐步增长，基本恢复至疫前水平。重视科技及个性化体验游、铁道旅游、环岛旅游、会展旅游、个人自由行、养生旅游、休闲度假、商务旅游、探亲旅游仍将是趋势。

（二）两岸民众共盼来往，旅游交流合作进一步加强

据统计，台湾近4000家旅游业者中，近九成直接或间接从事与大陆往来业务，曾受益于大陆游客赴台旅游。近年来，受两岸关系及疫情影响，旅游业受挫，从业者期盼大陆游客到来②。2024年1~8月，两岸人员往来近300万人次，同比增长70%；暑期两岸交流热络，共同举办青年、文化等交流活动③。2024年8月22日起，福建省居民赴马祖旅游开放，截至10月13日共接待游客372人次；9月27日起，福建省居民赴金门旅游恢复，虽受台当局审查及台风等因素影响，游客量未达预期，但仍受当地民众欢迎④。目前，近2500个大陆景区对台湾"首来族"推出优惠活动，可通过景区网站等渠道了解，获岛内民众好评⑤。随着党的二十届三中全会精神贯彻落实及相关支持意见推进，预计两岸旅游交流合作将进一步加强，推动台湾旅游业稳定发展。

（三）旅游产业向生态化、品牌化、数字化发展，相关工作仍需加强

疫情管控放开后，台湾地区推动观光产业转型，重点发展"Eco~

---

① 台湾交通观光署行政资讯网，2024年8月1日，https：//admin.taiwan.net.tw/News/NewsTravel? a=35&id=32187&p=3。
② 《评论：两岸旅游交流合作为何重要?》，中国新闻网，2024年9月29日，http：//www.chinanews.com.cn/gn/2024/09~29/10294958.shtm。
③ 《国台办：民进党当局的政治操弄是两岸旅游恢复正常的真正障碍》，中国新闻网，2024年9月11日，http：//www.chinanews.com.cn/gn/2024/09~11/10284136.shtml。
④ 《民进党当局设障阻挠 闽客赴金马远未达预期》，华夏经纬网，2024年10月20日，https：//www.huaxia.com/c/2024/10/20/1970055.shtml。
⑤ 《国务院台办新闻发布会辑录（2024-10-30）》，中共中央台办、国务院台办官网，2024年10月30日，http：//www.gwytb.gov.cn/xwdt/xwfb/xwfbh/202410/t20241030_12659811.htm。

travel"（低碳生态旅游），向环境、社会和公司治理（ESG）转型，2024年引入GTS（Green Travel Seal）认证，鼓励从业者践行可持续发展理念。提出"品牌台湾"策略，整合旅游资源，开展特色主题活动，强化旅游品牌建设，升级"星级旅馆""好客民宿"，评选"金质好客民宿"，建立"凤金旅程"认证机制，推动品牌营销。鼓励旅宿业智慧化经营管理，推进旅游业务数字化，如13个"风管处"创建观光云数据共享，2024年1月1日起，旅行业务报备全面改为线上办理①。较多台湾居民和从业者使用微信、抖音等新媒体分享推介旅游信息，2023年网络与社群媒体成为居民获取旅游资讯的主要渠道。

但台湾地区也面临诸多问题，截至2023年底，全台暂置垃圾达84万吨，"垃圾山"遍布②，凸显基础设施建设滞后，工商界多次呼吁解决"缺水、缺电、缺地"等"五缺"问题③。2024年上半年旅馆业财报显示，约一半旅馆亏损④，9月调查显示，超52%的岛内观光旅宿业绩下滑，平均衰退20%⑤。环保、基础设施及旅馆业财务状况严重影响旅游产业生态化、品牌化发展。目前岛内居民网络订购旅游产品和使用移动支付旅次比例均约10%，处于较低水平，旅游产业数字化发展面临挑战，台湾地区需切实做好基础设施、专业人才、产业政策等方面工作。

---

① 《2024至2025年双轴转型观光政策及施政重点》，台湾交通观光署行政资讯网，2024年7月8日，https：//admin.taiwan.net.tw/zhengce/FilePage?a=209。
② 《台媒：岛内至少有100座"垃圾山"，有的已堆到三层楼高》，新浪财经网，2024年6月10日，https：//finance.sina.com.cn/jjxw/2024~06~10/doc~inayfuvc0244344.shtml。
③ 《李牧野：回归理性务实，台湾才可稳健发展》，环球网，2024年6月20日，https：//3w.huanqiu.com/a/de583b/4IHGSmCJEac。
④ 《台媒推估：台湾地区旅游逆差人次将达千万、金额7300亿 均为史上最大》，今日头条台海网官方账号，2024年10月16日，https：//www.toutiao.com/article/7426204127716098587/?upstream_biz=doubao&webview_progress_bar=1&show_loading=0&source=m_redirect&wid=1732099115042。
⑤ 《大陆游客不去，台观光目标一再下修，岛内直言"最惨标准"》，环球网，2024年10月30日，https：//finance.sina.cn/2024~10~30/detail~incuhrzi7103250.d.html?webview_progress_bar=1&show_loading=0。

Abstract

Tourism Development in China: Analysis & Forecast (2024-2025) (*Vol. 23 of Tourism Green Book*) is the 23rd annual report on tourism development compiled by the Tourism Research Center, Chinese Academy of Social Sciences (CASSTRC). The book provides insights and foresight into China's tourism development during 2024-2025 through 1 main reports and around 20 thematic reports.

In 2024, under the background of further decline in global economic growth, the global tourism industry recovered relatively steadily. China's national economy has made progress in stability, macro-control policies have been constantly strengthened, and reform and innovation have become the main theme. The first tourism development conference held in the name of the Party has been successfully held, and General Secretary Xi Jinping has made important instructions on the development of tourism. With the implication of a series of policies on domestic consumption and inbound tourism, tourism market develops fast. Meanwhile, multiple integration of culture, tourism and other industries improves, inbound tourism market grows well with China Travel highlighting in the international media, and tourism industry equipment update. In 2025, the key to high-quality tourism development is to make good use of the market opportunities brought by the extension of legal holidays, continue to play the leading role of large-scale events, and consolidate and use the visa-free policy to promote the development of inbound tourism. For the long-term goal of building a strong tourism country, we should focus on handling the relationship between quantity and quality, industry and cause, international and domestic, integrity and innovation, and take the unique road of China's tourism development.

Abstract

Apart from the main report, the book features three special topics inviting experts from different fields to provide comprehensive analysis from various angles. The first topic is "Strategic Vision", focusing on development situation of tourism industry in China during the "14th Five-Year Plan" period and the problems of development strategy, regional coordination and new quality productivity during the "15th Five-Year Plan" period. The second topic is "Industry Forefront", analyzing China's tourism enterprises transnational operation, tourism enterprises ESG development, digital enabling tourism scene consumption, artificial intelligence technology application and other issues. The third topic is "Regional Development", paying particular attention to the innovative practices and typical experiences in promoting tourism development in different regions. This involves the promotion of national "three exchanges", the evolution of urban cultural tourism brands, the new scenes of traditional culture and consumption, the innovation of regional cultural heritage protection and supervision, and the development of local cultural tourism groups.

As traditional strengths of the "Tourism Green Book", reports on domestic tourism, inbound tourism, outbound tourism, and cross-strait tourism provide readers with detailed data

Keywords: Tourism; Strong Tourism Country; China Travel

Contents

I General Report

G.1 Analysis and Prospect of China's Tourism

Development: 2024-2025

Tourism Research Center, Chinese Academy of Social Sciences / 001

Abstract: In 2024, the global economy will continue its low-level growth trend, and the global tourism market is expected to see a comprehensive recovery in passenger flow and revenue scale. Despite facing complex and severe situations, China's economic growth fundamentals still maintain strong resilience. Relevant reform measures and macroeconomic policies have significantly boosted market expectations, especially a series of industrial innovations that have effectively cultivated new quality productivity. In 2024, targeted policies will be implemented to build a strong tourism country, and a series of new highlights will be presented in the urban and rural tourism markets. The integration of culture and tourism and diversified integration will promote industrial innovation, and the trend of inbound tourism market will continue to improve. The equipment and facilities of the tourism industry will be updated in an orderly manner. In 2025, the key to high-quality development of the tourism industry lies in making good use of the market opportunities brought by the extension of statutory holidays, continuously leveraging the driving force of large-scale events, and consolidating and utilizing visa free policies to support the development of inbound tourism. For the long-term goal of building a strong tourism country, efforts should be made to balance the relationship between quantity and quality, industry and career, international and domestic, and adherence to integrity and innovation, and to embark on a unique path of tourism development in China.

Keywords: Building China into a Tourism Power; High-quality Development of Tourism Industry; Modern Tourism Industry System

II　Strategic Vision

G.2 The Strategic Focus and Path Choice for Regional Coordinated Development of Tourism Industry in China during the 15th Five-Year Plan Period

Wang Xuefeng, Zhang Hui / 019

Abstract: The "15th Five-Year Plan" period is a critical period for the high-quality development of China's tourism industry. By analyzing the new situation facing the current development of China's tourism industry, and aiming at the outstanding problems of the coordinated development of China's tourism region, we put forward the strategic focus is to build a spatial pattern for high-quality development of a tourism powerhouse, promote coordinated development in the eastern, central, western, and northeastern regions, integrate into major national regional strategies to play a leading role, promote the integration of urban and rural planning and innovation in leisure space. To this end, we need to focus on the development of county-level tourism and build a solid foundation for a strong country; Strengthen corridor construction and promote regional linkage; Adapt to local conditions and shape regional patterns; Grasp the flow trend and innovate the development of cultural tourism; Improve the industrial system and stimulate market vitality; for the coordinated development of China's tourism region during the "15th Five-Year Plan" period, and make every effort to build a large tourism pattern of deep integration of cultural tourism, prosperity of domestic and external markets, multi-industry mutual promotion and coordinated regional development.

Keywords: Tourism Industry; 15th Five-Year Plan Period; Regional Coordinated Development

G.3 The Basic Understanding and Main Tasks of Developing New Quality Productive Forces in the Field of Tourism

Zeng Bowei, Meng Chenchen and Dong Shuo / 030

Abstract: With the economic globalization and the improvement of people's living standards, tourism has become the pillar industry of economic development in many countries. In order to innovate and develop new tourism forms and improve the overall competitiveness of tourism, it is of great practical significance to study and explore the promotion of new quality productivity. Tourism new quality productivity refers to the comprehensive ability formed by tourism resources, tourism facilities and tourism services, which plays an important role in promoting high-quality tourism development. At the same time, by introducing new technology and innovative management mode, the tourism industry can better meet the needs of tourists, provide richer and more personalized tourism products and services, and promote the long-term sustainable development of tourism.

Keywords: Tourism Industry; New Quality Productivity of Tourism; Innovation of Tourism Industry

G.4 Recovery of the Tourism Industry during the 14th Five-Year Plan Period and Related Reflections

Gao Shunli / 039

Abstract: This paper focuses on the recovery status of the tourism industry and market during the 14th Five-Year Plan period. It deeply analyzes the rise and fall changes of the tourism market curve and the underlying reasons, and sorts out and studies the exploration practices, consumption phenomena, and industry views in this process. In view of the upcoming critical period of building a strong tourism country during the 15th Five-Year Plan period, five suggestions for comprehensively implementing the new development concept are put forward, including effectively transforming the tourism development mode, accelerating the recovery of the industry and market, giving full play to the comprehensive functions of tourism, striving to showcase and disseminate the Chinese image, and accelerating the integration of the tourism industry with the international community.

Keywords: Toruism Industry; Tourism Market; 15th Five-Year Plan; Transformation and Upgrading

Ⅲ Industry Forefront

G.5 New Trends of International Operations of Chinese

Tourism Enterprises *Jin Zhun, Fu Yuyu* / 049

Abstract: Since the reform and opening-up, government policies have continuously improved, promoting the "go global" strategy for Chinese tourism enterprises. Cross-border operations have gradually become a strategic choice for these enterprises. In recent years, with the advancement of the "Belt and Road" initiative and the recovery of the global tourism market, the international operations of Chinese tourism enterprises have gradually become an important growth point. Tourism companies such as Huazhu, Ctrip, and Jinjiang have been continuously acquiring and expanding in overseas markets, successfully advancing the internationalization of Chinese tourism brands. This has enabled Chinese tourism enterprises to rapidly expand in the international market, thereby driving the overseas growth of China's tourism industry. The cross-border operations of Chinese tourism enterprises are forming various cyclical models, promoting the international overflow of Chinese tourism demand and culture. Through this international strategy, Chinese tourism enterprises with global influence are taking shape.

Keywords: Cross-Border Operations; Cultural Outbound Expansion; Dual Market Cycle; Industry-Service Model; Digitalization

G.6 New Trends of the Development of ESG in China's Tourism Enterprises　　*Tao Zhihua, Song Changyao and Song Rui* / 064

Abstract: At present, sustainable development has increasingly become a global consensus, and ESG information disclosure has become an important tool for enterprises to achieve sustainable development. The tourism industry's active practice of ESG is not only a response to the requirements of relevant policies but also a mirror of the basic characteristics of tourism development. Improving ESG performance is conducive to tourism enterprises to enhance their core competitiveness, and also plays a positive role in ecological environmental protection and social governance. From CSR to ESG, the development of ESG in China's tourism industry has roughly experienced three stages: germination, preliminary exploration and acceleration. In general, China's listed tourism companies' ESG performance is good, but there is still room for tourism industry to improve the level of ESG disclosure. China's tourism enterprises are facing some obstacles to promote ESG performance. For example, the industry's understanding of ESG is insufficient, the system of ESG disclosure of tourism industry is imperfect, the investment cost of tourism enterprises' ESG is high, and the professionals related to ESG disclosure are not enough, which are the main factors restricting the development of ESG performance of tourism enterprises in China. In the future, we suggest tourism industry associations should further deepen their understanding of ESG, the ESG disclosure guidelines tourism industry should be issued quickly and provide normative references for tourism industry, and tourism enterprises should actively participate in ESG practices. Scholars should also strengthen the ESG research in tourism area, provide theoretical support for the practice of tourism enterprises, and jointly promote the further development of ESG in tourism industry.

Keywords: Tourism Enterprises; ESG Philosophy; ESG Performance

G.7 Digitalization Empowerment for Tourism Full-scene Consumption　　　　　　　　　　　*Liu Jiahao, Zhang Lin* / 081

Abstract: China's tourism development has stepped into the era of widespread leisure activities, and full-scene consumption is becoming a typical feature of current cultural and tourism consumption. Throughout their journeys, travelers are experiencing an increasingly diverse range of tourism scenes, a steady shift in structure, and a greater overlap between tourism and local settings. This evolution is backed by the rise in residents' income and the improved offerings in the culture and tourism industry, and is also facilitated by advancements in information communication technology and government's policy support. However, the blending of consumption elements and the interconnection of scenarios wouldn't have been possible without the empowering effect of the industry's digital transition. The article, through industry data analysis and case studies, explores the impact of digitalization on tourism full-scene consumption. It argues that digitalization, by scene presentation, scene discrimination, and scene entry, better caters to the evolving consumption trends of travelers, and constructing a supply system more attuned to current consumption needs. Digitalization has emerged as a sturdy pillar for expanding cultural and tourism consumption in the new era, promoting the high-quality development of the tourism industry, and fulfilling people's aspirations for a better life.

Keywords: Tourism Consumption; Full-Scene Consumption; Digitalization; High-Quality Development

G.8 Trends and Prospects of AI Technology in Inbound Tourism

Yang Yijiang, Chen Qingyang and Shen Han / 098

Abstract: The rapid development of artificial intelligence (AI) technology is injecting new momentum into the high-quality development of China's inbound tourism. Notable potential is emerging in areas such as personalized recommendations, intelligent customer service, real-time translation, and tourist profiling. By enhancing the intelligence and convenience of tourism services, AI technology not only optimizes the visitor experience but also plays a critical role in improving visitor well-being and strengthening the national image. With technological advancements, digital scenarios in inbound tourism are becoming increasingly diverse, enabling AI applications to offer international visitors more immersive, engaging, and interactive cultural experiences. However, the extensive use of AI also presents new challenges, such as data privacy concerns, cultural authenticity, and ethical issues. Effective strategies to address these opportunities and challenges include technology optimization, policy support, service improvement, and public education.

Keywords: Inbound Tourism; AI Technology; Inbound Tourists

G.9 Overview and Trend of Tourism Vehicle Rental Industry

Fu Lei, Song Lei, Liang Guoqing / 112

Abstract: Tourism vehicle rental is an integrated industry of transportation and tourism, which is closely related to automobile manufacturing, transportation, tourism and other industries. Due to the joint action of macro-factors and endogenous factors, it has evolved in terms of industrial organization structure, market segmentation, business model, and has formed its own characteristics. Under the new situation, it is faced with opportunities and challenges such as changes in the economic environment, application of new technologies, and population iteration, exposing its shortcomings and problems as an emerging industry. Combined with the investigation and analysis, the industry should implement platformization and sharing, adopt green and intelligent technology, execute standardization and customization. In terms of strategy, it is necessary to adapt to the era of mass travel, identify accurate position, and expand the industry space.

Keywords: Integration of Transportation and Tourism; Tourism Transportation; Vehicle Rental

Ⅳ Regional Development

G.10 The Practical Development of Promoting Communication, Exchange and Integration among Various Ethnic Groups Through Tourism　　　　　*Yang Mingyue* / 133

Abstract: Tourism is an important platform for promoting communication, exchange, and integration among various ethnic groups, and an important lever for strengthening the sense of community of the Chinese nation. Taking tourism as a carrier, promoting the construction of the Chinese national community and strengthening the awareness of the Chinese national community has become a major political task entrusted by the times. The article focuses on the practical development of promoting communication, exchange, and integration among various ethnic groups in the tourism industry. It extracts and summarizes the practical models of promoting communication, exchange, and integration among various ethnic groups in the tourism industry in ethnic regions, aiming to provide reference for enriching the practice of promoting communication, exchange, and integration among various ethnic groups in the development of tourism. Research has found that the development of tourism can help promote the all-round integration of various ethnic groups in space, culture, economy, society, psychology, and other aspects, promote the formation of regional communities, cultural communities, economic communities, social communities, and spiritual communities among various ethnic groups, and advance the construction of the Chinese national community.

Keywords: Tourism Industry; Interactions, Exchanges, and Integration Among Various Ethnic Groups; Ethnic Regions

G.11 Evolution and Upgrading of Urban Cultural and Tourism Brands

Liu Yanping, Zhang Xiangyi / 145

Abstract: This paper focuses on the evolution process and upgrading logic of urban cultural and tourism brands in China. Based on the research background and significance of urban cultural and tourism brands, it sorts out the three development stages they have gone through, namely the stage of mass publicity and promotion of scenic spots, the stage of urban cultural and tourism image marketing, and the stage of interactive development between urban cultural and tourism project branding and overall branding. The development of urban cultural and tourism brands has emerged with highlights such as diversified communication modes, IP based and scene based branding of cultural and tourism projects, and brand expression of cultural and tourism integration. During the "15th Five Year Plan" period, it is necessary to solidify the solid foundation for reshaping urban cultural and tourism brands, expand the system architecture of urban cultural and tourism brands, increase regional synergy of urban cultural and tourism brands, promote breakthroughs in urban cultural and tourism branding methods, and optimize the endogenous driving force of urban cultural and tourism brands.

Keywords: Urban Cultural and Tourism Brands; High-Quality Development; Urban Brands

G . 12 Lighting up New Consumption Scenarios with Festival Laterns Show of Intangible Cultural Heritage

—Insights from the Jingcai Lantern Show

Wu Jinmei / 162

Abstract: In the autumn of 2024, Jingcai Lantern Show——the largest lantern festival in the history of the capital——was held in Beijing, which established multiple records and became the top trend among the cultural and tourism projects of the season. Throughout the planning and hosting of the lantern show, a series of issues were involved, such as the innovative development of excellent traditional culture, the upgrading and renewal of old scenic spots, the optimization of the layout of urban cultural and tourism functions, the new presentation of the capital's culture, and the creation of new consumption scenarios. During this process, elements like culture, skills, resources, and capabilities were integrated and collided. Under the high-quality development of the cultural and tourism industry, cultural and tourism integration are practiced in multiple dimensions in the direction of "shaping tourism with culture, highlighting culture through tourism".

Keywords: Traditional Culture; Consumption Scenarios; Cultural and Tourism Integration; Jingcai Lantern Show; Intangible Cultural Heritage

G . 13 Innovative Approaches to Systematic Protection and Unified Supervision of Regional Cultural Heritage

—The example of Ancient Huizhou Region

Wu Wenzhi, Liu Qixin and Tang Pei / 173

Abstract: Historical and cultural heritage has distinctive regional characteristics. The report of the Third Plenary Session of the 20th CPC Central Committee proposed to "facilitate systematic protection and unified supervision of cultural heritage," which presents new challenges for the holistic protection of regional cultural heritage in China. Taking the ancient Huizhou region as an example, this paper examines the current protection system for regional cultural heritage and identifies several issues: inadequate cross-regional protection mechanisms, insufficient interdepartmental coordination in protection efforts, imperfect mechanisms for social participation, lack of a unified cognitive system for cultural heritage, and insufficient application of digital protection methods. In response, the paper proposes innovative approaches including strengthening community consciousness, establishing regional protection systems, innovating protection and utilization forms, building cultural consensus systems, and introducing new digital and intelligent technologies. This research provides theoretical support and policy references for promoting systematic protection and unified supervision of regional cultural heritage.

Keywords: Regional Cultural Heritage; Systematic Protection; Unified Supervision; Digital and Intelligent Protection; Ancient Huizhou

G.14 The Stage History, Current Situation Analysis, and Development Trends of Local Cultural and Tourism Groups

Wang Xinyu / 195

Abstract: Local cultural and tourism groups are important participants in the tourism industry. Since 1978, local cultural and tourism groups in China have gone through four stages: initial stage, exploration stage, explosive stage, and innovation stage. In the development of tourism industry in various regions, they play a role in integrating local tourism resources, investing and developing projects, asset management and operation, shaping regional cultural and tourism brands, and promoting regional cultural and tourism prosperity. Local cultural and tourism groups face pressures such as low operating efficiency and transformation of products and models. They have also accumulated rich achievements in creating high-end boutique products, iterative product updates, digital transformation, creative driving, and operational improvement.

Keywords: Local Cultural and Tourism Groups; State Owned Tourism Group; Tourism State-owned Enterprises; Regional Tourism

V Three Major Tourism Markets

G.15 The Overview and Prospect of China's Domestic Tourism Development (2023-2025) *Huang Huang / 209*

Abstract: In 2023, the domestic tourism economy recovered strongly, especially the per capita consumption of domestic tourism reached a record high. Entering 2024, the growth rate of the domestic tourism economy slowed down compared with 2023, but it was still in the boom range overall. The tourism market during holidays was stable and orderly, and the domestic tourism market presented a situation where demand stratification and consumption upgrading coexisted. From the perspective of the tourist source market, the urban and rural tourist source markets showed a dual structure, and cities and the eastern regions occupied the main body of the domestic tourist source market. From the perspective of tourist destinations, the income of eastern tourist destinations accounted for nearly 40% of the country, but the number of tourists in the western region gradually approached that of the eastern region. From the perspective of tourist flows, the provincial tourist flows accounted for three-quarters of the domestic tourist flows, and the inter-provincial tourist flows were concentrated between adjacent provinces. Domestic tourism presented trends of localization and short-range.

Keywords: Domestic Tourism; Tourist Source; Tourist Destination; Tourist Flow

G.16　The Overview and Prospect of China's inbound

　　　Tourism Development（2024-2025）　　*Liu Xiangyan* / 226

Abstract: From an international comparative perspective, the recovery of China's inbound tourism market is largely in line with the trends in the Asia-Pacific region. As inbound tourism has returned to the national strategic framework, China has introduced numerous facilitation policies and measures, leading to a sustained recovery in the inbound tourism market. 2024 marks a year of concentrated recovery for inbound tourism, with a significant improvement in recovery levels. It is expected that inbound tourism will fully emerge from the impact of the pandemic by 2025. Despite the influence of uncontrollable external negative factors, China's inbound tourism recovery enjoys the support of many internal positive factors. In the current and near future, tourism destinations at all levels in China must continuously innovate in destination management and marketing, making new breakthroughs in management systems, promotional content, marketing channels, and operational mechanisms.

Keywords: Inbound Tourism; Tourism Market; Facilitation Policies

G.17　The Overview and Prospect of Chin's Outbound Tourism

　　　Development: 2024-2025

Yang Jinsong, Shao Yufei / 238

Abstract: Thanks to the optimization of the development environment and the efforts of destinations and market entities, the recovery process of China's Outbound Tourism in 2024 has been significantly accelerated. The characteristics of obvious strengthening of certainty, and the interweaving of fast and slow in sustainable and high-quality development have become key features. Looking ahead to 2025, the determined and comprehensive recovery will finally come. Structural development and more frequent disturbances are shaping the future normalcy. The linkage between domestic tourism and inbound connections will be closer.

Keywords: Outbound Tourism; Tourism Market; Visa Facilitation

Ⅵ Hongkong, Macau & Taiwan Tourism

G.18 The Overview and Prospect of Hong Kong's Tourism Development (2024-2025)

Wan Yan, Jie Jiacheng and Li Mimi / 250

Abstract: In 2024, Hong Kong SAR's tourism industry grew steadily based on a full recovery in 2023, demonstrating strong market resilience and development potential. Various indicators, including the number of visitor arrivals and total inbound tourism-related spending, saw a significant increase. In the *Chief Executive's* 2024 *Policy Address* (hereinafter, "Policy Address"), the Hong Kong SAR government presents its goal to develop Hong Kong as a premier tourism destination. The government claims it will strengthen policy coordination, develop new tourist hotspots, enhance infrastructure facilities, promote specialty products, and optimize visa policy. This report first inspected the overall situation of Hong Kong's tourism industry in 2024. Second, supportive measures for facilitating the development of Hong Kong's tourism industry were summarized. Finally, Hong Kong's tourism market outlook was prospected, and suggestions were addressed based on a review of the *Policy Address*.

Keywords: Hong Kong Tourism Industry; Inbound Tourism; High-Quality Development

G.19 The Overview and Prospect of Macau's Tourism Development (2024-2025) *Tong KaiChung / 272*

Abstract: The Macau Special Administrative Region Government has been vigorously promoting the diversified development of the comprehensive tourism and leisure industry and facilitating the healthy development of the gaming industry in accordance with the law. Through the "tourism +" model, it is striving to build a comprehensive tourism destination integrating food, vacation, sightseeing, shopping, entertainment, culture, medical care, sports and other elements, so as to enhance the quality of the comprehensive tourism and leisure industry, attract more domestic and foreign tourists, raise the city's popularity and reputation, and strengthen the cultural exchanges and understanding and cooperation among different cultures. In the future, Macau will further consolidate its position as a world tourism and leisure center by virtue of its unique advantages.

Keywords: Macau Economy; Macau Tourism; Guangdong-Hong Kong-Macao Greater Bay Area; Comprehensive Tourism; Gaming Industry

G.20 The Overview and Prospect of Taiwan Tourism Development (2023-2025)

Chen Wuxiang, Zhang Jinfu / 285

Abstract: From 2023 to 2024, Taiwan's tourism market will further recover. From January to July 2024, the total number of inbound tourists reached 4,352,800, the total number of tourists leaving the island was 9,841,200. The growth rate of Taiwan residents' intra-island tourism is limited, and the growth rate of the total number of Taiwan residents' intra-island tourism in 2023 is 11.64% lower than that in 2022; Taiwan's travel agency industry, catering industry, hotel industry and accommodation industry, as a whole are in a state of growth. Taiwan has adopted a number of tourism strategies to promote industrial recovery, but the output value deficit between outbound tourism and inbound tourism is very large. It is expected that by 2025, the number of inbound and outbound tourists will basically recover to the pre-epidemic level. Taiwan's tourism industry is still facing challenges in the development of ecology, branding and digitalization, and Taiwan needs to solve problems in infrastructure, professionals and industrial policies.

Keywords: Taiwan Tourism; Tourism Market; Tourism Recovery

社会科学文献出版社

皮 书
智库成果出版与传播平台

❖ 皮书定义 ❖

皮书是对中国与世界发展状况和热点问题进行年度监测,以专业的角度、专家的视野和实证研究方法,针对某一领域或区域现状与发展态势展开分析和预测,具备前沿性、原创性、实证性、连续性、时效性等特点的公开出版物,由一系列权威研究报告组成。

❖ 皮书作者 ❖

皮书系列报告作者以国内外一流研究机构、知名高校等重点智库的研究人员为主,多为相关领域一流专家学者,他们的观点代表了当下学界对中国与世界的现实和未来最高水平的解读与分析。

❖ 皮书荣誉 ❖

皮书作为中国社会科学院基础理论研究与应用对策研究融合发展的代表性成果,不仅是哲学社会科学工作者服务中国特色社会主义现代化建设的重要成果,更是助力中国特色新型智库建设、构建中国特色哲学社会科学"三大体系"的重要平台。皮书系列先后被列入"十二五""十三五""十四五"时期国家重点出版物出版专项规划项目;自2013年起,重点皮书被列入中国社会科学院国家哲学社会科学创新工程项目。

权威报告・连续出版・独家资源

皮书数据库
ANNUAL REPORT(YEARBOOK) DATABASE

分析解读当下中国发展变迁的高端智库平台

所获荣誉

- 2022年,入选技术赋能"新闻+"推荐案例
- 2020年,入选全国新闻出版深度融合发展创新案例
- 2019年,入选国家新闻出版署数字出版精品遴选推荐计划
- 2016年,入选"十三五"国家重点电子出版物出版规划骨干工程
- 2013年,荣获"中国出版政府奖・网络出版物奖"提名奖

皮书数据库 　　"社科数托邦"微信公众号

成为用户

登录网址www.pishu.com.cn访问皮书数据库网站或下载皮书数据库APP,通过手机号码验证或邮箱验证即可成为皮书数据库用户。

用户福利

- 已注册用户购书后可免费获赠100元皮书数据库充值卡。刮开充值卡涂层获取充值密码,登录并进入"会员中心"—"在线充值"—"充值卡充值",充值成功即可购买和查看数据库内容。
- 用户福利最终解释权归社会科学文献出版社所有。

数据库服务热线: 010-59367265
数据库服务QQ: 2475522410
数据库服务邮箱: database@ssap.cn
图书销售热线: 010-59367070/7028
图书服务QQ: 1265056568
图书服务邮箱: duzhe@ssap.cn

社会科学文献出版社　皮书系列
卡号: 896875311693
密码:

S 基本子库
SUB DATABASE

中国社会发展数据库（下设12个专题子库）

紧扣人口、政治、外交、法律、教育、医疗卫生、资源环境等12个社会发展领域的前沿和热点，全面整合专业著作、智库报告、学术资讯、调研数据等类型资源，帮助用户追踪中国社会发展动态、研究社会发展战略与政策、了解社会热点问题、分析社会发展趋势。

中国经济发展数据库（下设12专题子库）

内容涵盖宏观经济、产业经济、工业经济、农业经济、财政金融、房地产经济、城市经济、商业贸易等12个重点经济领域，为把握经济运行态势、洞察经济发展规律、研判经济发展趋势、进行经济调控决策提供参考和依据。

中国行业发展数据库（下设17个专题子库）

以中国国民经济行业分类为依据，覆盖金融业、旅游业、交通运输业、能源矿产业、制造业等100多个行业，跟踪分析国民经济相关行业市场运行状况和政策导向，汇集行业发展前沿资讯，为投资、从业及各种经济决策提供理论支撑和实践指导。

中国区域发展数据库（下设4个专题子库）

对中国特定区域内的经济、社会、文化等领域现状与发展情况进行深度分析和预测，涉及省级行政区、城市群、城市、农村等不同维度，研究层级至县及县以下行政区，为学者研究地方经济社会宏观态势、经验模式、发展案例提供支撑，为地方政府决策提供参考。

中国文化传媒数据库（下设18个专题子库）

内容覆盖文化产业、新闻传播、电影娱乐、文学艺术、群众文化、图书情报等18个重点研究领域，聚焦文化传媒领域发展前沿、热点话题、行业实践，服务用户的教学科研、文化投资、企业规划等需要。

世界经济与国际关系数据库（下设6个专题子库）

整合世界经济、国际政治、世界文化与科技、全球性问题、国际组织与国际法、区域研究6大领域研究成果，对世界经济形势、国际形势进行连续性深度分析，对年度热点问题进行专题解读，为研判全球发展趋势提供事实和数据支持。

法律声明

"皮书系列"(含蓝皮书、绿皮书、黄皮书)之品牌由社会科学文献出版社最早使用并持续至今,现已被中国图书行业所熟知。"皮书系列"的相关商标已在国家商标管理部门商标局注册,包括但不限于LOGO( )、皮书、Pishu、经济蓝皮书、社会蓝皮书等。"皮书系列"图书的注册商标专用权及封面设计、版式设计的著作权均为社会科学文献出版社所有。未经社会科学文献出版社书面授权许可,任何使用与"皮书系列"图书注册商标、封面设计、版式设计相同或者近似的文字、图形或其组合的行为均系侵权行为。

经作者授权,本书的专有出版权及信息网络传播权等为社会科学文献出版社享有。未经社会科学文献出版社书面授权许可,任何就本书内容的复制、发行或以数字形式进行网络传播的行为均系侵权行为。

社会科学文献出版社将通过法律途径追究上述侵权行为的法律责任,维护自身合法权益。

欢迎社会各界人士对侵犯社会科学文献出版社上述权利的侵权行为进行举报。电话:010-59367121,电子邮箱:fawubu@ssap.cn。

社会科学文献出版社